기술적 분석의 시작과 끝

엘리어트 파동이론

기술적 분석의 시작과 끝

엘리어트 파동이론

랠프 넬슨 엘리어트 지음 | 김태훈 옮김

page2

현재 주식시장에는 성공이라는 미명하에 쏟아진 비기들이 넘쳐흐르고 있다. 유행이 쏜살같이 지나듯이 매매 패턴도 빠르게 변화한다. 그러나 과거 없이는 현재나 미래도 있을 수 없다. 때로는 가장 처음으로 돌아가 하나씩 다시 점검하는 시간을 갖는 것도 필요하다. 기술적 분석의 고전으로 잘 알려진 『엘리어트 파동이론』은 복잡하게 뒤얽힌 시장에서 투자의 ABC를 짚어나가는 데 도움이 될 것이다.

_ 한봉호(마하세븐), 『주식시장의 승부사들』 저자, 타스톡 대표

엘리어트 파동이론을 접한 지 10년이 더 되었다. 주식시장뿐만 아니라 나의 삶 속에서 파동이론을 목격할 때마다 묘한 기분이 들곤 한다. 주식시장, 비즈니스, 감정 등 모든 것에는 오르막과 내리막이 있다. 파동의 움직임처럼 내려가면 다시 오른다. 상황이 좋을 때도, 좋지 않을 때도 언제나 용기와 희망을 잃지 않는 것. 나의 경험으로는 이 두 가지가 상승 파동의 연속성을 갖게 하는 원동력이었다. 『엘리어트 파동이론』만이 정답은 아니겠지만, 때때로 독창적인 이론들은 투자 시야를 트이고 성공 가능성을 높여주기에 추천한다.

_ 강민우(돈깡), 『개장 전, 아직 켜지지 않은 모니터 앞에서』 저자

금융시장의 가격의 움직임을 기술적으로 분석하는 지표는 정말 다양하다. 그중에서도 엘리어트 파동이론은 가장 독창적인 기법으로, 기존의 기술적 지표의 관점에서 설명할 수 없는 가격의 움직임과 추세의 방향성을 해석하는데 탁월하다고 할 수 있다. 물론 파동의 움직임을 해석하는 과정에 있어서 정량적이지 않고 주관성이 강하다는 일각의 비판도 있지만, 역설적으로 이 점이 기존의 전통적인 기술적 지표로 해석할 수 없는 엘리어트 파동이론의 강력한 차별점이자 장점이라고 할 수 있다. 『엘리어트 파동이론』은 엘리어트 파동의 기본 철학부터 실전적인 해석에 이르기까지 그 핵심을 간결하고도 심도 있게 잘 다루고 있다. 새로운 관점에서 차트를 해석하고 트레이딩에 응용하고 싶은 투자자들에게 일독을 권한다.

_ systrader79, 『주식투자 ETF로 시작하라』 저자

3부
에세이

4부
자연의 법칙: 우주의 비밀

The Wave Principle

1부

파동이론과 법칙

※주의사항※

새로운 현상을 발견하고 이를 세상에 공개하면 자칭 '전문가'들이 바로 나타납니다. 그러나 그들의 의욕과는 별개로 형성 중인 파동을 정확하게 해석하기 위해서는 상당한 경험이 필요합니다. 장기 예측을 하려면 선례도 잘 알아야 합니다.

앞으로 몇 년 동안 시장은 1932년부터 1937년 사이에 관찰된 패턴을 따르지 않을 것입니다. 저나 저의 제자가 해석한 것이 아니라면 파동이론에 대한 어떤 내용도 사실로 받아들여서는 안 됩니다.

1938년 뉴욕에서
R. N. 엘리어트

ELLIOTT'S WAVE PRINCIPLE

01

자연의 리듬에는
인간 활동이 포함된다

우주가 법칙에 지배된다는 것만큼 폭넓게 받아들여지는 진실은 없다. 법칙이 없다면 혼돈이 발생하고, 혼돈 속에서는 그 어떤 것도 존재할 수 없다. 항해술, 화학, 항공술, 건축술, 무선 통신, 의술, 음악 등 예술과 과학을 포함한 모든 분야에서 생물과 무생물을 다룰 때에도 자연의 법칙은 그대로 적용된다. 이 법칙은 질서가 있고, 항구성을 유지한다. 일어나는 모든 일은 반복되므로 법칙을 알면 예측할 수 있다.

지구가 둥글다고 믿었던 콜럼버스Christopher Columbus는 유럽 대륙에서 출발하여 서쪽으로 가다 보면 결국은 새로운 땅에 당도할 것이라고 예측했다. 선원들 중에서 그의 생각을 비웃는 사람도 있었지만, 예상은 들어맞았다. 핼리Edmund Halley는 1682년에 발견한 혜성의 궤도를 계산한 후 혜성이 다시 돌아올 것이라고 예측했다. 그가 세운 가설은 1759년에 확실하게 검증되었다. 마르코니Gugleimo Marconi는 전기 신호를 연구한 후 전선이 없어도 소리를 전달할 수 있을 것이라 예측했다. 오늘날 우리는 편안하게 누워 바다 건너에서 유행하는 음악이나 다른 프로그램을 들을 수 있다.

앞서 이들 모두는 다른 분야에 속했던 수많은 사람처럼 법칙을 파악했다. 파악한 법칙은 수학적으로 계산할 수 있었기 때문에 예측이 쉬웠다.

우리는 특정 현상에 관한 원인을 이해하지 못하더라도 관찰을 통해 그 현상이 언제 다시 일어나는지 알 수 있다. 태양은 수천 년 동안 정해진 시간에 떠올랐다. 그러한 이유를 알지 못했던 때에도 태양이 떠오른다는 예측은 할 수 있었다. 미국 원주민들은 초승달이 뜨는 시기에 맞추어 달력을 만들었지만, 천상의 신호에 일정한 간격이 생기는 이유를 지금까지도 알지 못한다. 전 세계에 걸쳐서 봄이 되면 파종을 하는 이유는 뒤이어 여름이 올 것임을 알기 때문이다. 하지만 농부는 계절이 끝없이 반복되는 이유까지는 알지 못한다. 이렇듯 각각의 경우에서도 사람들은 특정한 리듬을 터득했다.

인간 역시 태양이나 달처럼 자연의 일부분으로써 존재하며 어떤 행동이 반복되면서 운율이 발생한다는 측면에서 분석의 대상이 될 수 있다. 인간의 활동은 각각 놀라운 특징을 지니지만, 리듬의 관점에서 접근하면 엄청 복잡한 문제에 대해서도 정확하고 자연스러운 답을 내릴 수 있다. 이러한 운율적 절차는 현재 도달하기 불가능한 수준으로 먼 미래의 활동까지 타당하고 확실하게 계산할 수 있도록 도와준다.

인간의 활동과 관련된 폭넓은 연구는 사회·경제적 장치를 통해 여과된 모든 내용이 하나의 법칙을 따른다는 사실을 보여준다. 이 법칙은 비슷하게 되풀이되는 인간의 활동을 일정한 수와 패턴을 지닌 파동이나 충격으로 이어지도록 만든다. 파동이나 충격의 세기intensity는 서로 간에 일관된 상관관계를 지니거나, 시간 경과에 따라 일관된 상관관계를 지니게 된다. 이러한 현상을 더 깊게 이해하려면 인간의 활동 분야에서 몇 가지 사례를 가져와야 한다. 이 사례들은 신뢰할 수 있는 데이터를 풍부하게 제공한다. 그러한 목적을 가지고 살펴보기에 주식시장 데이터보다 나은 것이 없다.

주식시장에 주목하는 이유는 2가지이다. 첫째, 집중적인 예측이 이루어지지만 주식시장만큼 성과가 부실한 분야가 없다. 경제학자, 통계학자, 차티스트, 기업가, 은행가들 모두는 뉴욕증권거래소New York Stock Exchange에서 거래되는 종목을 대상으로 향후 주가를 예측하려고 시도했다. 심지어 오로지 시장에만 집중하고 예측하는 직업도 생겼다. 그러나 1929년(대공황)이 왔다가 떠나며 사상 최고의 강세장을 사상 최고의 약세장으로 돌아서게 했던 반전이 대부분 투자자의 허를 찔렀다. 해마다 시장 조사에 수십만 달러를 들였던 주요 투자기관도 속수무책으로 당했다. 그들은 주식을 너무 오래 보유한 바람에 주식의 가치가 줄어들어 수백만 달러의 손실이 났다.

주식시장을 사회·경제적 활동의 흔한 파동·충격 사례로 선택한 또 다른 이유는 주식시장을 성공적으로 예측하면 큰 보상이 주어지기 때문이다. 시장 예측으로 거둔 단 한 번의 우연한 성공에서조차 엄청난 부를 거머쥘 수 있다. 가령 1932년 7월부터 1937년 3월까지 이어진 상승장에서 30개의 선도주는 평균 373퍼센트 상승했다. 5년에 걸친 상승기 동안 더 큰 상승폭을 기록한 개별 종목도 있었다. 이러한 상승은 일직선을 그리지 않았고 여러 달에 걸쳐 상승과 하락을 반복하며 지그재그 형태의 움직임을 보였다. 작은 규모의 등락일수록 더 큰 수익을 올릴 기회를 제공했다.

주식시장을 향한 관심이 한결같았음에도 불구하고 예측의 정확성에 대한 보상으로 주어지는 성공은 마구잡이일 수밖에 없었다. 시장 동향에 대처하려고 시도했던 사람들은 주가의 많은 부분이 심리적 현상에서 비롯된다는 것을 깨닫지 못했기 때문이다. 그들은 시장의 변동에는 규칙성이 작용한다는 사실, 달리 말해 주가의 움직임이 리듬 또는 질서를 따른다는 사실을 이해하지 못했다. 이 문제와 관련된 경험이 있는 사람은 잘 알고 있겠지만 시장에 대한 예측은 확실성이나 가치를 얻지 못한 채 우연에만 의존해왔다.

우주 전반에 작용하는 법칙처럼 시장에도 나름의 법칙이 있다. 법칙이 없다면 주가를 전개시키는 토대나 주식시장이 존재하는 대신, 매일 뚜렷한 이유나 질서를 찾을 수 없는 난잡하고 혼란스러운 일련의 가격 변동만이 있었을 것이다. 시장을 자세히 살펴보면 그렇지 않다는 사실을 깨닫게 되며, '리듬' 그 꾸준하고 정연하며 조화로운 움직임을 파악할 수 있게 될 것이다. 시장을 움직이는 법칙의 이면을 발견하려면 적절한 시각으로 바라보고 접근하여 분석해야 한다. 다시 말하자면 인간이 주식시장을 만들었으므로 시장을 움직이는 법칙의 이면에는 인간의 특성이 반영되었음을 감안해야 한다. 이제부터 보게 될 어떤 리듬이나 법칙은 확실하게 설명되는 파동이론에 따라 오르내리는 시장의 동향으로 기록된다.

파동이론은 인간의 모든 활동에 자연스럽게 적용할 수 있는 현상이다. 다양한 규모의 파동이 발생할 때 다음에 제시된 요소들이 갖춰져 있을수록 패턴이 완벽해지며, 전문가의 눈에 보이게 된다.

- 발행주식수가 많은 기업의 광범위한 상업적 활동
- 매수자와 매도자가 중개인을 통해 신속하게 거래할 수 있는 보편적인 시장
- 신뢰할 수 있는 거래 기록 및 자료
- 기업과 관련된 모든 문제에 관한 적절한 통계
- 모든 규모의 파동을 드러내는 일간 차트

주식 거래의 일간 기록은 1928년에 시작되었고 시간별 기록은 1932년에 시작되었다. 빠르게 변하는 시장에서 소형 파동과 미세 파동을 관찰하려면 이 기록들이 필수적이다.

파동이론은 2개 이상의 지수로 검증할 필요가 없다. 각각의 지수, 산업군, 종목 또는 인간의 활동은 독자적인 파동으로 해석된다. 파동의 특성과 움직임은 충분히 탐구되었지만, 지식을 활용하여 정확하게 시장을 예측하기 위해서는 꾸준한 훈련이 필요하다.

02

숫자 '5'에 담긴 우주의 비밀

앞서 언급했던 대로 인간의 감정은 운율의 형태를 띠고 마치 일정한 수와 방향을 지닌 파동처럼 움직인다. 이 현상은 사업이든, 정치든, 쾌락 추구든 영역의 제한 없이 파동형 움직임을 보이는 인간의 모든 활동 분야라면 똑같이 적용할 수 있다.

대중이 참여하는 자유 시장에서는 가격 변동폭이 크기 때문에 파동의 형태가 더욱 두드러지는데 특히 채권$_{bond}$, 주식$_{stock}$, 원자재 가격$_{commodity\ price}$의 추세에서 볼 수 있는 파동형 움직임은 분석과 증명이 필요하다. 여기서는 주가의 움직임으로 이 현상을 설명하려고 한다.

완료된 움직임은 5개의 파동으로 구성된다. 왜 다른 숫자가 아니라 하필 '5'인지는 우주의 비밀 중 하나이다. 그 이유를 설명하려는 시도는 하지 않을 것이다. 다만 가볍게 언급하자면 숫자 5는 자연의 다른 기본적인 패턴에서도 두드러진다. 가장 가까운 예로 사람의 몸을 보면 알 수 있다. 일반적으로 몸통에는 머리, 두 다리, 두 팔이 붙어 있고 머리에는 두 귀, 두 눈, 코 5개의 기관이 있다. 손에는 손가락이, 발에는 발가락이 5개씩 붙어 있다. 또 사람은 크게 미각, 후각, 시각, 촉각, 청각 등 5개의 감각을 통해 자극을 수용한다. 이런 경우는 다른 영역에서도 반복된다. 아무튼 5개의 파동은 완료된 사회적 움직임의 기본적인 요소이다. 따라서 굳이 추론할 필요 없이 그대로 받아들이면 된다.

모든 완료된 움직임을 구성하는 5개의 파동 중 3개는 진행 방향으로 나아가고, 2개는 반대 방향으로 나아간다. 1번째 파동(1파동), 3번째 파동(3파동), 5번째 파동(5파동)은 전진하려는 힘을 나타내고, 2번째 파동(2파동), 4번째 파동(4파동)은 반대의 힘 또는 조정을 나타낸다. 다시 말해서 홀수 파동은 주된 방향이고, 짝수 파동은 주된 방향을 거스른다. 이를 나타낸 것이 [그림 1]이다.

5개의 파동은 하나의 주기로 묶여 더 큰 차원 또는 더 큰 규모에 속하는 파동의 1번째 파동이 된다. 예를 들어 [그림 1]에 나오는 5개의 파동은 M 지점에서 N 지점까지 나아갔다. [그림 2]는 이보다 한 단계 더 큰 규모의 움직임을 나타낸다. [그림 1]의 M에서 N까지 나아가는 5개 파동의 움직임은 M에서 R까지 나아가는 5개 파동 중 하나의 파동일 뿐이다. 뒤이어 M에서 R까지 나아가는 파동 역시 이보다 규모가 큰 움직임의 1번째 파동이 된다.

[그림 1]

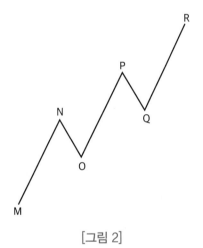

[그림 2]

03

파동 이해하기

앞선 논의는 주가의 파동형 움직임을 포괄적으로 다루었다. 요점은 하나의 움직임이 5개의 파동으로 구성되어 있으며, 이 5개의 파동은 한 단계 더 커진 움직임의 1번째 파동에 해당한다는 것이다. 여기서 파동형 움직임과 관련된 사실을 더 소개하고자 한다. 이 사실은 홀수 파동과 짝수 파동의 차이에 대한 것이다.

이미 말한 것처럼 1파동, 3파동, 5파동은 주된 방향으로 나아가려는 파동이다. 반면 2파동과 4파동은 이를 되돌리려는 파동이다. 2파동은 1파동을 조정하고, 4파동은 3파동을 조정한다.

주된 방향으로 나아가는 파동과 거기에 맞서는 파동 사이에는 형태상의 차이가 있다. 전자는 더 작은 규모에 속하는 5개의 파동으로 나눌 수 있는 반면, 후자는 더 작은 규모의 속하는 3개의 파

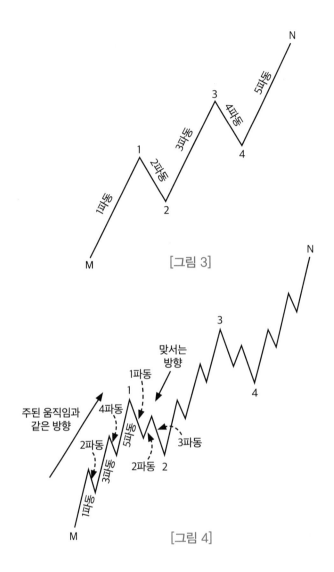

[그림 3]

[그림 4]

동으로만 나눌 수 있다. [그림 3]은 앞서 나온 M에서 N까지 나아

가는 움직임을 나눈 것이다.

　이 움직임을 다시 한 단계 더 작은 규모로 나누면 [그림 4]처

럼 될 것이다.

[그림 4]에서 2번째 파동(1파동에서 2파동까지)과 4번째 파동(3 파동에서 4파동까지)은 3개의 보다 작은 파동으로 이루어진 반면 1 번째, 3번째, 5번째 파동은 각각 5개의 보다 작은 파동으로 이루 어졌다는 점을 주의 깊게 봐야 한다. 이 그림에서 구할 수 있는 법 칙(이 법칙은 전체 파동이론의 핵심이다)을 정리하면 다음과 같다.

① 주된 움직임의 방향으로 나아가는 파동 또는 홀수 파동은 5 개의 더 작은 파동으로 구성된다.

② 조정 파동 또는 주된 움직임을 거스르는 파동(짝수 파동)은 3 개의 더 작은 파동으로 구성된다.

언급된 규칙을 자세히 설명하기 위해 [그림 4]에 나오는 1에 서 2까지의 움직임을 예로 들어보자. 이 파동은 M에서 N까지 나 아가는 5개의 파동 또는 전체 움직임에서 '2파동'에 해당한다. 모 든 조정 움직임이 그러하듯이 3개의 파동으로 구성된다.

따로 떼어 내서 보더라도 확연한 조정 움직임에 해당한다는 것을 알 수 있으며 규칙에 따라 홀수 파동(또는 [그림 5]의 파동 a와 c)은 1에서 2까지 나아가는 전체 조정 움직임과 같은 방향이므로 각각 규모가 더 작은 5개의 파동으로 구성되어야 한다.

반면 짝수 파동(또는 파동 b)은 1에서 2까지 나아가는 움직임에 맞선다. 따라서 해당 움직임을 조정하는 것이므로 3개의 파동으

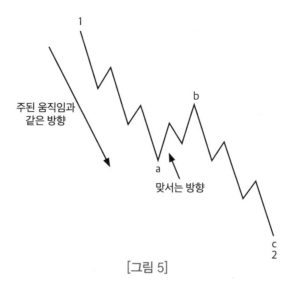

주된 움직임과
같은 방향

맞서는 방향

[그림 5]

로 구성되어야 한다. 1에서 2까지 나아가는 움직임을 규모가 더 작은 파동으로 나타내면 [그림 5]처럼 보일 것이다.

편의성을 위해 하나의 움직임 안에서 홀수 파동을 기본 파동 cardinal waves,• 짝수 파동을 조정 파동 corrective wave 이라 부르겠다. 기본 파동은 규모가 더 작은 5개의 파동을 포함하는 반면 조정 파동은 규모가 더 작은 3개의 파동을 포함한다는 사실을 기억해야 한다.

┌─ 더 알아보기 ├─────────────────────

● 엘리어트는 '기본' 파동에 관한 용어를 『파이낸셜 월드 Financial World』에서는 '진행 progressive' 파동, 마지막 저서인 『자연의 법칙 Nature's Law: The Secret of the Universe』에서는 '충격 impulse' 파동이라는 용어로 다양하게 사용했습니다. 『엘리어트 파동이론 Elliott's Wave Principle』에서는 다른 글에서 쓴 의미와 다르게 더 구체적으로 의미를 구분했습니다.

파동과 관련된 법칙의 흥미로운 점은 다음과 같다.

파동형 움직임은 다우존스Dow-Jones, 스탠더드 스태티스틱스Standard Statistics, 〈뉴욕 타임스New York Times〉 같은 주가 지수뿐 아니라 철강steel, 구리copper, 면화textile 같은 종목군과 개별 종목에 각각 적용된다.* 개별 종목을 살펴보면 다른 종목은 하락하거나 조정받을 때 일부 종목은 상승하는 경우를 발견하게 된다. 그러나 일부를 제외하면 개별 종목은 어느 때든 같은 패턴을 따르며, 그 결과 주가 지수 또는 전체 시장에서 파동 현상을 볼 수 있다. 주가 지수에 포함된 종목의 수가 많을수록 파동 패턴은 더욱 완벽해진다.*

파동은 정해진 길이나 정해진 지속 시간이 없다. 5개의 파동으로 구성되는 전체 움직임은 언제나 하나 이상의 지배적인 영향으로 발생한다. 다만 3개의 상승파는 2개의 조정파(2파동과 4파동)와 함께 전체 움직임을 구성하며, 현재의 상황에 다소 영향받을 수 있다.* 이런 움직임이 발생하게 된 근본적인 원인은 그 효과가 완료된 움직임의 형태에 영향을 미치기 전까지는 파악되지 않는다. 반면 움직임이 전개되는 동안 발생하는 뉴스는 모두에게 노출되어 규모와 지속 시간 측면에서 완료된 움직임을 구성하는 5개의 파동을 각각 수정한다.

일반적으로 3파동은 1파동보다 높은 지점까지 오르고, 5파동은 3파동보다 높은 지점까지 오른다고 가정할 수 있다. 반대로 4파동은 2파동만큼 낮은 지점까지 내려가서는 안 된다.■ 2파동이 1파동의 상승폭 만큼 다시 떨어지는(모두 되돌려지는) 경우는 드물

다. 또한 4파동이 3파동의 상
승폭 만큼 떨어지는(모두 되돌
려지는) 경우는 드물다.♣ 다시
말해서 완성된 5파동 움직임
은 대개 [그림 6]과 같이 대각
선 모양이 된다.

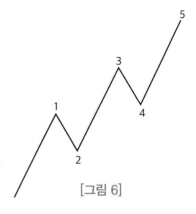

[그림 6]

　시장 동향을 적절하게 관
찰하려면 개별 파동을 구분해야 한다. 그러기 위해서는 현재 진행
되는 동향을 평행한 채널로 그려낼 수 있어야 한다. 대부분의 문
구점에는 평행자가 있다. 이 자를 활용하면 채널을 그리는 데 크
게 도움이 된다.

┌─ 더 알아보기 ├──────────────────────────

● 엄밀히 말하면, 파동이론을 주가 지수에 적용할 때보다 개별 종목에 적용
　할 때 신뢰도가 더 떨어집니다. 광범위한 시장 참여자가 가격 움직임에 영
　향을 미치며 대중의 심리 또한 반영되기 때문입니다.
◆ 거래량이 많은 종목으로 구성된 지수는 거래량이 적은 10개의 저가주로
　구성된 지수보다 파동이론을 반영하기에 더 알맞으므로 세세하게 따져보
　면 이 말은 참이 될 수 없습니다. 잘 알려진 지수일수록 투자자의 심리와
　상응하기 때문에 파동이론의 효용성이 높아집니다.
★ '현재 상황에 영향받을 수 있다'는 말은 적당하지 않습니다. '전체 움직임'
　은 더 큰 규모를 구성하는 파동 중의 하나이기 때문입니다. '뉴스'가 아주
　작은 파동(예, 소형 주기 이하의 파동)에는 영향을 미칩니다.
■ 엘리어트는 추후에 4파동이 1파동의 고점 아래로 내려가서는 안 된다고
　경험을 통해 증명했습니다.
♣ '경우가 드물다'기보다 '경우는 없다'로 말하는 것이 파동이론의 일관성을
　유지하기에 더 적절해 보입니다.

└────────────────────────────────────

1파동과 2파동이 완성되기 전까지
는 채널을 시작할 수 없다. [그림 7]을
보면 1파동과 2파동이 완성되어 3개
의 접점 또는 지점이 확연하게 드러난
다. 1번째 접점은 1파동의 시작점이다.
2번째 접점은 1파동의 종결점이자 2파

[그림 7]

동의 시작점이다. 3번째 접점은 2파동의 종결점이다. 이 접점들
은 설명을 위해 M, N, O로 표기되었다. 채널을 파악할 때 먼저 M
과 O를 잇는 '주추세선'을 그려야 한다. 그다음 주추세선과 평행
하게 N을 지나는 선을 그려야 한다. 이 선은 '채널 상한선' 또는
'보조 추세선'이다. 채널 상한선은 N의 오른쪽으로 어느 정도 연
장되어야 한다. 이 작업을 마치면 [그림 8]과 [그림 9]처럼 채널
이 드러난다.

3파동은 대개 채널 상한선 부근에서 종결되어야 한다. 3파동
이 채널 상한선을 넘으면 상승 움직임이 일시적인 힘을 얻은 것이

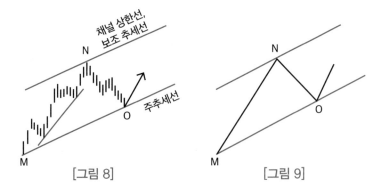

[그림 8] [그림 9]

다. 반면 3파동이 채널 상한선 밑에서 종결되면 상승 움직임이 일시적으로 약화된 것이다. 어느 경우든 3파동이 종결되면 지난 채널을 버리고 새 채널을 그릴 수 있다. 새 채널은 N과 P 또는 1파동과 3파동의 종결점을 잇는 상한선을 그려서 만들 수 있다. 그다음 기존의 주추세선을 새로운 상한선과 평행하게, 접점 O를 지나 오른쪽으로 연장되도록 그린다. 4파동은 이 선 부근에서 종결되어야 한다. [그림 10]은 구 채널 또는 폐기된 채널과 새로운 채널을 보여준다. 물론 3파동이 N 지점에서 그린 원래의 상한선에서 정확하게 종결되면 폐기된 채널과 새로운 채널이 동일할 것이다.

4파동이 새로운 주추세선에서 또는 그 위나 아래에서 종결되면 최종 채널을 그릴 수 있다. 이 채널은 5번째 또는 마지막 파동의 종결점을 찾는 데 도움이 되기 때문에 상당히 중요하다. 장기

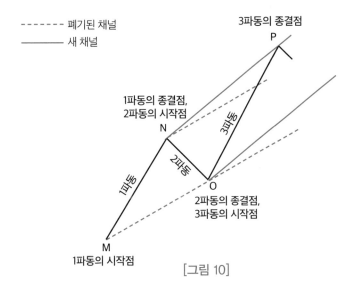

[그림 10]

투자자와 단기 투자자가 투자에 성공하려면 긴 움직임의 종결점
에 주목해야 한다.

최종 채널은 2파동의 말단 또는 접점(O)과 4파동의 말단 또
는 접점(Q)을 잇는 선을 그려서 찾아낸다. 이 주추세선과 평행하
게, 3파동의 말단(P)을 지나는 선을 그으면 또 다른 채널 상한선
이 된다. [그림 11]이 그 모습을 보여준다. 폐기된 1번째, 2번째
채널은 관찰을 어렵게
만들어서 삭제했다. 5
파동은 대개 채널 상
한선 부근에서 종결되
어야 한다. 이 내용은
매우 중요하기 때문에
나중에 파동의 성격을
설명할 때 자세히 살
필 것이다.

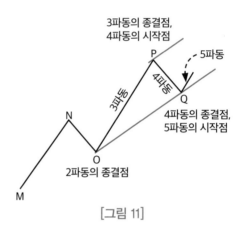

[그림 11]

5파동이 종결되면 앞서 논의한 채널이 진행되는 동안 드러난
것보다 큰 규모의 하락 움직임 또는 조정이 이루어지며 이렇게 생
성된 파동은 한 단계 더 큰 규모에 속하는 움직임의 2파동이 된
다. 또 2파동보다 앞서 채널을 형성한 5개의 파동은 더 큰 규모의
파동을 구성하는 1파동으로 번호를 붙인다. 더 큰 규모의 채널을
파악하는 작업은 [그림 11]에서 설명한 원칙에 따라 2파동의 종
결점에서 시작하면 된다.

04

파동의 규모를 표기하는 방법

주식시장에 적용되는(또는 같은 맥락으로 인간 활동의 다른 분야에서 파악되는) 파동형 움직임을 분류할 때 어떤 규모의 파동을 더 크거나, 작은 규모의 파동과 구분할 수 있는 명명법이 필요하다. 이제부터 제시하는 파동의 규모는 주식시장에 대한 연구 내용도 포괄하고 있다. 그러므로 시장 추세를 연구하는 사람들은 이 주기를 참고하여 해당 현상을 연구할 수 있다.

파동은 가장 작은 규모에서 가장 큰 규모까지 나열할 수 있다. 한 규모 안의 5개 파동은 한 단계 더 큰 규모에 속한 파동의 1번째 파동을 이룬다. 가령 5개의 극초미세 파동은 초미세 파동의 1번째 파동이 되며, 5개의 초미세 파동은 미세 파동의 1번째 파동이 되는 식이다. 구체적인 순서는 다음과 같다.

- 극초미세_{極超微細} 주기_{Sub-Minuette}

- 초미세_{超微細} 주기_{Minuette}

- 미세_{微細} 주기_{Minute}

- 소형 주기_{Minor}

- 중간 주기_{Intermediate}

- 기본 주기_{Primary}

- 주기_{Cycle}

- 대형 주기_{Super Cycle}

- 초대형 주기_{Grand Super Cycle}

차트에서 파동을 표시할 때 어떤 규모의 파동을 다른 규모의 파동과 한눈에 구분할 수 있어야 혼란스럽지 않다. 따라서 규모별로 9개의 표기를 다르게 했다.*

파동의 규모	표기 방법	설명
극초미세_{Sub-Minuette}	a에서 e	영문자 소문자
초미세_{Minuette}	A에서 E	영문자 대문자
미세_{Minute}	1에서 5	숫자
소형_{Minor}	Ⅰ에서 Ⅴ	로마 숫자
중간_{Intermediate}	①에서 ⑤	흰색 원 안의 로마 숫자
기본_{Primary}	①②③④⑤	불스아이_{Bullseye} 안의 로마 숫자
주기_{Cycle}	cⅠ에서 cⅤ	로마 숫자 앞에 'c' 붙임
대형_{Super Cycle}	scⅠ에서 scⅤ	로마 숫자 앞에 'sc' 붙임
초대형_{Grand Super Cycle}	gscⅠ에서 gscⅤ	로마 숫자 앞에 'gsc' 붙임

앞서 정한 명명법과 표기법에 크게 신경 쓰지 않아도 된다. 그러나 주가 동향에 대한 공부가 진전될수록 유용하다고 느낄 것이다.

주가의 초대형 주기Grand Super Cycle는 1857년, 미국에서 시작되었다. 이 규모의 1번째 파동은 1857년부터 1928년까지 진행되었다. 1번째 파동을 조정하는 2번째 파동은 1928년 11월부터 1932년까지 진행되었다. 3번째 파동은 1932년에 시작되었으며, 앞으로 수년간 진행될 것이다.

1857년부터 1928년까지 이어진 초대형 주기 파동은 '1파동'으로 불린다. 그러나 3파동이나 5파동일 수도 있다.* 1854년부터 1857년까지 심각한 불황이 발생했으며, 그 기간은 1929년부터 1932년까지 발생한 불황과 비슷했다. 초대형 주기의 3파동,▲ 즉 1857년부터 1928년까지 이어진 상승 파동은 5개의 파동으로 구성된다. 이 5개의 파동을 한데 묶어서 하나의 완전한 대형 주기Super Cycle로 볼 수 있다. 이 주기를 나누면 다음과 같다([그림 12] 참고).

┌─ 더 알아보기 ├─────────────────────────────

- A. J. 프로스트A. J. Frost와 로버트 프렉터Robert R. Precher는 대표적인 엘리어트 파동이론 연구자들입니다. 이들은 조정 파동에만 문자를 쓰고, 동인 파동motive waves에는 숫자를 쓰도록 표기법을 표준화했습니다.
- ◆ 엘리어트가 1857년을 대형 주기의 저점으로 본 것은 정확했습니다. 그러나 당시에는 어떤 번호를 붙여야 할지 분간할 수 있는 데이터가 없었던 듯합니다. 『자연의 법칙』에 실린 [그림 98]을 보면 엘리어트가 왜 이러한 판단을 했는지 이해됩니다.
- ▲ 엘리어트가 쓴 원전에는 '1파동'으로 되어 있지만 '3파동'이 맞습니다.

대형 주기 1파동: 1857~1864

대형 주기 2파동: 1864~1877(조정 파동)

대형 주기 3파동: 1877~1881

대형 주기 4파동: 1881~1896(조정 파동)

대형 주기 5파동: 1896~1928

초대형 주기의 시작점까지 거슬러 올라가는 유일한 자료는 액스 호턴 지수Axe-Houghton Index이다. 이 대표 종목 지수(《뉴욕 타임스 애널리스트New York Times Annalist》에 수록)는 1854년부터 지금까지의 주가 동향을 기록한다.

추가 설명을 위해 대형 주기 5파동을 한 단계 작은 규모로 분

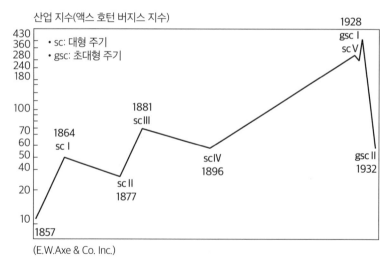

[그림 12]

해해 보겠다. 1896년부터 1928년까지 이어진 이 파동은 앞서 설명한 명명법에 따라 그냥 '주기_{Cycle}'로 불릴 것이다. 이 주기는 5개의 파동으로 구성된다. 각 파동은 다음과 같다([그림 13] 참고).

주기 1파동: 1896~1899

주기 2파동: 1899~1907(조정 파동)

주기 3파동: 1907~1909

주기 4파동: 1909~1921(조정 파동)

주기 5파동: 1921~1928

주기 5파동(1921년부터 1928년까지 이어진 파동)을 더 작은 규모로 쪼개면 5개의 기본 주기_{Primary} 파동으로 구성되어 있음을 알 수 있다. 각 파동은 다음과 같다([그림 14] 참고).

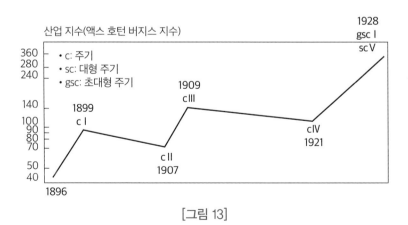

[그림 13]

기본 주기 1파동: 1921.6.~1923.3.

기본 주기 2파동: 1923.3.~1924.5.(조정 파동)

기본 주기 3파동: 1924.5.~1925.11.

기본 주기 4파동: 1925.11.~1926.3.(조정 파동)

기본 주기 5파동: 1926.3.~1928.11.

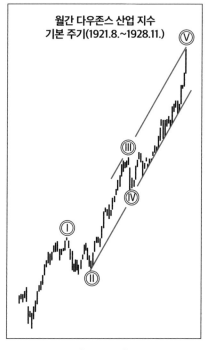

[그림 14]

마찬가지로 1921년 6월부터 1928년 11월까지 이어진 주기 파동을 구성하는 기본 파동들도 각각 중간 주기Intermediate 파동으로 쪼갤 수 있다. 또한 중간 주기 파동은 각각 소형 주기Minor 파동으로 쪼갤 수 있으며, 가장 미세한 움직임이 적절하게 분석되고 분류될 때까지 점점 더 작은 규모로 쪼갤 수 있다.

1928년 11월 28일에 30개 산업주로 구성된 다우존스 산업 지수가 295.62포인트를 기록했다. 이는 초대형 주기 1파동에 속한 대형 주기 5파동에 속한 주기 5파동에 속한 기본 주기 5파동에 속한 초미세 주기 5파동의 종결점이었다.

10년, 1년, 1개월, 1주, 1일, 1시간 단위 변동을 기준으로 주식시장의 패턴을 파악하면 지난 10년의 어떤 기간에 해당하는 추세도 헷갈리지 않는다. 몇 년, 몇 월뿐 아니라 며칠, 몇 시, 심지어 몇 분까지 대규모 강세장이 끝나는 시점을 파악할 수 있다. 시장은 대형 주기부터 가장 미세한 주기에 걸쳐 최종 고점에 이르기까지 더 작은 규모에서 5개의 파동을 완성해야 한다. 1928년 12월에 나온 첫 반락은 11월에 연장된 작은 규모의 상승 5파동을 통해 예측할 수 있다.

대형 주기 5파동의 고점은 가장 높이 올라간 1929년 9월이 아니라 1928년 11월(정상적인 고점)에 끝난 것으로 보아야 한다.* 이 두 지점 사이에 [그림 15]에서 보는 것과 같은 파동이 나타났다.

┌─ 더 알아보기 ┐

● 이에 대해 로버트 프렉터는 '1929년 정상적인 고점'이라는 해석을 선호한다고 밝힌 바 있습니다. 엘리어트는 『에세이』의 "시장의 미래 패턴"(1942)에서 이에 대한 해석을 제시했습니다.

파동 A는 1928년 11월부터 12월까지 이어지며 하락했다.

파동 B는 1928년 12월부터 1929년 9월까지 이어지며 3개의 소규모 상승 파동이 비정상적인 반등을 이루어냈다.

파동 C는 1929년 9월부터 1932년 7월까지 이어지며, 5개의 하락 파동으로 구성된다. 비정상적인 고점은 빠르고 급격한 하락 움직임을 나타낸다.

같은 비정상적인 패턴이 1937년 8월에 고점이 형성될 때도 나타난다.* 이 비정상적인 패턴은 다음 장의 '조정'에서 자세히 설명할 것이다.

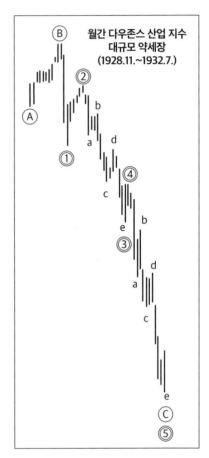

[그림 15]

┌ 더 알아보기 ┐

● 이 설명은 애매하게 느껴집니다. 후에 엘리어트 역시 '오랜 시간이 지나야만 이런 극적인 하락을 예상할 수 있다.'고 밝혔습니다.

05

파동 더 자세히 이해하기

앞선 논의에서 5개의 파동이 전개되는 모양을 최대한 단순하게 설명하려고 애썼다. 이번에는 세부적인 내용에 더 주의를 기울일 차례이다. 그래야만 파동형 움직임을 공부하는 사람들이 이 주제를 완전히 터득하고, 주가 또는 인간이 시작하거나 영향을 미친 다른 움직임을 스스로 분석할 준비를 마칠 수 있다.

장기 투자자와 단기 투자자들은 특히 5번째 파동의 종결점을 신경 쓴다. 이 지점에서 전체 움직임은 비슷한 규모의 반전된 움직임을 통해 조정되기 때문이다. 여러 달 동안 진행되는 중간 주기의 등락이나 몇 년 동안 진행되는 기본 주기의 등락 같은 중요한 주가 움직임은 종결점에서 상당한 조정을 받는다. 그러므로 종결점에서 보유 주식을 처분해야 한다.

조정의 종결점을 파악하는 일도 중요하다. 이 지점은 매수 타이밍을 정해야 하는 가격 구간에 해당하기 때문이다. 이제부터는 5번째 파동과 조정 파동을 자세히 살펴본다. 종결점과 관련된 다른 요소도 다룰 것이다.

5번째 파동

주가의 움직임이 끝났다고 결정할 때 반드시 확인해야 할 것이 있다. 바로 해당 움직임이 종결되기 전에 한 단계 작은 규모에서 5개의 파동이 나왔는지 여부이다. 또한 이 규모의 5번째 파동은 한 단계 더 작은 규모에 속한 5개의 파동을 필요로 한다.

예를 들면 중간 주기 움직임이 거기에 속한 소형 주기의 5번째 파동에 속한 미세 주기Minute의 5번째 파동에 속한 초미세 주기Minuette의 5번째 파동에 속한 극초미세 주기Sub-Minuette의 5번째 파동에서 끝나야 한다는 말이다. [그림 16]에서 소형 주기의 5번째 파동은 5개의 초미세 주기 파동으로 나누어지고, 초미세 주기의 5번째 파동은 5개의 극초미세 주기 파동으로 나뉜다. 이는 앞서 말한 원칙을 그대로 보여준다.*

어떤 움직임의 5번째 파동, 특히 중간 주기보다 큰 규모의 5번째 파동은 대개 앞서 설명한 대로 2번째, 3번째, 4번째 파동의 종결점을 이어서 만든 보조 추세선(평행선)의 상단을 관통 또는 '상향 돌파'한다. [그림 17]이 그 양상을 보여준다.

상(하)향 돌파 지점에서는 거래량이 늘어나는 경향이 있다. 기
본 주기에 속한 5번째 중간 주기 파동에서 상향 돌파가 발생하면

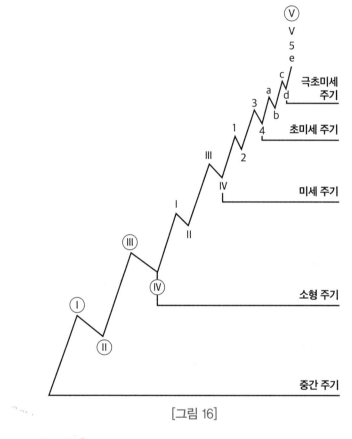

[그림 16]

┌ 더 알아보기 ├─────────────────────────────────

● 소형 주기의 5번째 파동은 5개의 미세 주기 파동으로 나눠지고, 미세 주
기의 5번째 파동이 5개의 초미세 주기 파동으로 나눠지는 것이 맞습니다.
[그림 16]은 그림의 배율이 조정되면서 미세 주기 5번째 파동이 생략되었
습니다.

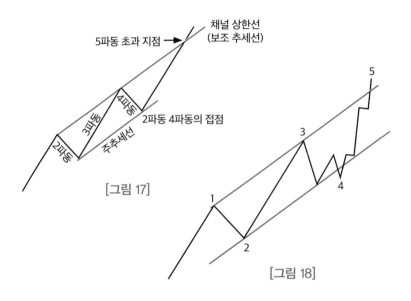

[그림 17]

[그림 18]

거래량이 상당히 많아진다. 모든 규모의 5번째 파동이 채널 상한선을 관통 또는 상향 돌파하지 못하고 하락하는 것은 약세 신호이다. 약세의 정도는 파동의 규모에 따라 달라진다.

때로는 상향 돌파 지점 근처에서 5번째 파동이 바로 완성되지 않으며, 4번째 파동이 횡보하다가 5번째 파동이 시작된다([그림 18] 참고).

상(하)향 돌파 지점을 찾을 때, 시장이나 개별 종목의 주간 등락폭을 기준으로 삼을 경우 로그 차트Logarithmic Scale(주가의 변화율을 나타내는 차트- 옮긴이)를 권장한다. 반면 일간 또는 주중 등락폭을 기준으로 삼을 경우 산술 차트Arithmetic Scale(주가를 그대로 나타내는 차트- 옮긴이)를 써야 한다. 산술 차트는 기본 주기 이상의 움직임이 속한 고점에서 상(하)향 돌파 지점을 만들어낼 가능성이 훨씬 높다. 반대로 바닥에서 상(하)향 돌파 지점을 찾을 때는 로그 차트가 더 적합하다. 그러나 두 경우 모두, 산술 차트는 30개 이상의 지점을 가진 파동에서 상(하)향 돌파 지점을 착각하게 만든다. 이 말을 명확하게 설명하기 위해 [그림 19]에 1929년부터 1932년에 걸쳐 다우존스 산업 지수의 월간 차트를 로그 척도와 산술 척도로 표시했다.

[그림 19]

5번째 파동은 때로 분산되거나 확산되며 이는 일종의 '연장'으로 간주된다. 이런 경우 5번째 파동은 자신이 속한 움직임을 종결하지 않고 대신 규모가 더 작은 4개의 다른 파동으로 이어진다. 즉 5개의 파동으로 다시 나누어지는 것이다. 연장은 이례적으로 강한(하락 방향으로 연장되는 경우에는 약한) 시장의 특징이다. 1921년부터 1928년까지 이어진 상승장이 상승 방향 연장의 예이다. 이 기간에 72년에 걸친 상승이 정점에 달했다.

조정

파동이론은 아주 단순하며, 시장을 예측하는 데 매우 유용하다. 그러나 미묘한 측면에서 공부하는 사람들을 당황시킨다. 특히 파동이 형성되는 도중에는 더욱 그렇다. 미묘한 측면이 무엇인지 설명하는 최선의 방식은 차트로 그려 보는 것이다. 이 예들은 이론적으로 완벽한 표본이기는 하지만 실제로 해당 패턴이 전개되는 방식은 그렇게 단순하지 않다.

'조정correction'은 언제나 3개의 파동을 지닌다.• 이 파동들은 4가지 일반적 형태로 나누어지지만 형성되는 동안에는 정확한 패턴과 범위를 예측하기 힘들다. 완성된 패턴은 뒤이은 움직임의 강도를 알려준다. [그림 20]부터 [그림 23]까지 제시된 유형은 아주 작은 조정을 의미한다. 조정 패턴의 전반적인 윤곽은 모든 규

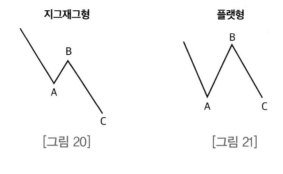

[그림 20] 지그재그형

[그림 21] 플랫형

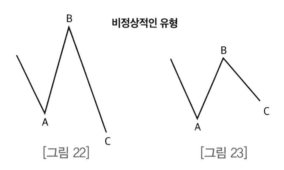

비정상적인 유형

[그림 22]

[그림 23]

모에서 똑같다.

[그림 24]부터 [그림 26]까지는 앞서 나온 것과 같은 유형이지만 더 큰 규모의 조정이다. 전반적으로 패턴은 동일하지만 더 큰 유형의 조정을 중간 주기와 기본 주기에서도 확인할 수 있다 ([그림 27]부터 [그림 29]까지).

┌─ 더 알아보기 ├────────────────

● 엘리어트가 나중에 이중 3파동형과 삼중 3파동형을 발견하면서 이 의견에 예외가 발생합니다. 이 변형은 이중 지그재그형과 같이 『자연의 법칙』에서 다루었습니다.

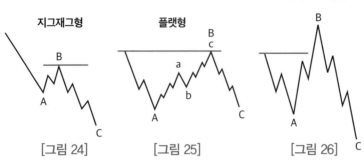

비정상적인 유형

지그재그형   플랫형

[그림 24]   [그림 25]   [그림 26]

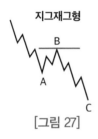

지그재그형

[그림 27]

플랫형

[그림 28]

비정상적인 유형

[그림 29]

연장

'연장extention'은 1파동, 3파동, 5파동 중 어디에서도 나타날 수 있다. 다만 하나 이상에서 나타나는 경우는 드물며, 대개 5파동에서 나타난다.● [그림 30]이 그 예이다.

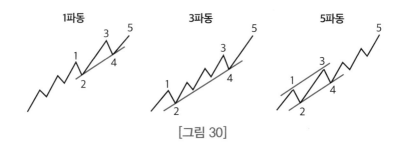

[그림 30]

연장의 연장

같은 규칙이 연장과 연장의 연장을 관장한다. [그림 31]에서 3가지 연장의 연장 유형을 볼 수 있는데, 이것이 일반적인 형태이다.

┌ 더 알아보기 ├─────────────────────────

● 엘리어트는 이렇게 주장했지만, 지금까지의 자료에 따르면, 3파동에서 연장되는 경우가 더 많았습니다. 다만, 엘리어트가 시장을 경험했던 시기 (1921~1929년, 1932~1937년)의 강세장에서는 5파동의 연장이 나왔기 때문에 이렇게 서술하지 않았나 싶습니다.

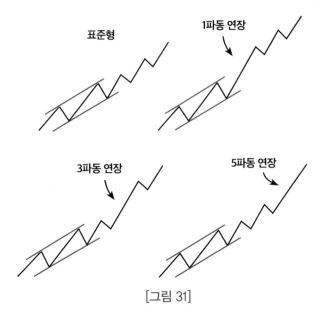

표준형   1파동 연장

3파동 연장   5파동 연장

[그림 31]

연장 이후 시장의 행동

철저하게 연장을 이해하는 일은 참으로 중요하다. 그러나 이 현상
의 단서를 찾으려는 노력은 성공하지 못했다. 특정한 이유로 그
단서가 존재하지 않을 가능성도 있다.* 다만 연장이 이루어진 후
시장이 어떻게 행동하는지 알면 손실을 피하고 수익을 올릴 수 있
다. 그 규칙은 다음과 같다.

① 연장은 현재 주기의 새로운 영역에서 이루어진다.
② 연장은 두 번 되돌아간다.*

③ 1번째 되돌림$_{retracement}$은 3개의 파동으로 구성되어 있고 되돌림의 저점은 연장의 시작점 근처에 머문다(연장의 2파동).

④ 2번째 되돌림은 보통 시장이 상승할 때 발생하며, 연장의 범위를 넘어선다.

⑤ 그러나 연장이 기본 주기 5파동의 끝(대규모 반전이 일어나는 곳)에서 발생하는 경우, 1번째 되돌림과 2번째 되돌림은 조정의 비정상적인 유형인 파동 A와 파동 B가 된다. 이는 이중 되돌림 규칙에 부합한다. 파동 C는 5개의 하락 방향 파동으로 구성되며, 앞서 강세장을 이루었던 기본 주기 5파동의 시작점까지 빠르게 나아간다.* 1928년 11월부터의 하락, 1929년 9월까지의 상승, 1932년까지의 하락에서 이 내용을 찾을 수 있다([그림 15] 참고).

⑥ 때로 약세장에서도 앞서 설명했던 규칙에 따라 연장이 이루어진다. 1937년 10월에 진행된 연장이 그 예이다.

┌ 더 알아보기 ├─────────────────────────

- ● 『파이낸셜 월드 칼럼』 9장, '더 알아보기'의 3번째 내용과 같은 맥락에서 작성되었습니다.
- ◆ 엘리어트는 『자연의 법칙』에서도 이 내용을 설명합니다. 5파동이 연장될 경우에만 두 번의 되돌림이 발생합니다.
- ★ 반드시 그런 것은 아닙니다. 비정상적인 조정은 앞서 강세장 5파동의 시작점 위에서 머물기도 합니다.

⑦ 연장은 움직임의 끝이 아니다.* 이 말은 모든 움직임이 연장으로 끝나야 한다는 의미가 아니며 연장이 없다고 해서 더 높거나 낮은 수준으로 나아가지 못한다는 의미 또한 아니다.

⑧ 되돌림은 2개의 구체적인 지점 사이에서 일어난 움직임을 반복한다는 뜻이다. 가령 추세가 조정되는 것과 재개되는 것은 이중 되돌림이다.

하락하는 방향으로 연장이 이루어진다고 해서 오래 보유하고 있던 주식을 바로 매도해서는 안 된다. 주가가 더 낮은 수준으로 내려가기 전에 3개의 파동을 거쳐 연장을 즉시 되돌릴 것이기 때문이다. 다음의 경우는 연장을 관찰할 만한 중요한 시기를 메모했다.

산업 지수가 상승 방향일 때

-1925.7~1925.11.

-1933.7.

-1936.3.

산업 지수가 하락 방향일 때

-1929.11.

-1937.10.

철도 지수가 상승 방향일 때

-1936.2.

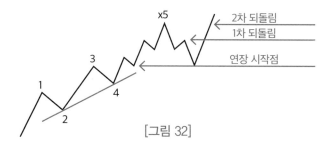

[그림 32]

1번째 되돌림은 3개의 파동을 통해 바로 일어날 수 있지만, 2번째 되돌림은 한동안 일어나지 않을 수 있다. 그래도 결국에는 현재 주기 안에서 끝난다. [그림 32]는 연장과 이중 되돌림의 패턴을 보여준다.◆

비정상적인* 조정

조정의 사례는 앞서 제시했다. 그러나 조정받기 전의 움직임에 속

┌─ 더 알아보기 ├─────────────────────────────

● 추세의 방향과 일치하는 '움직임'의 끝은 5파동에 속한 5번째 파동의 종결점이기도 합니다. 엘리어트는 5번째 상승 파동이 연장되면 비정상적인 고점이 새로운 가격대로 시장을 끌어올리고, 5번째 파동의 정상적인 고점 너머로 '움직임'이 연장된다는 것을 말하고자 하는 듯합니다.

◆ 엘리어트는 연장 파동을 [그림 32]에서처럼 'x5'로 표기했지만 활용하는 사람은 적었습니다.

★ 본문에서 쓰인 '비정상적인'의 의미는 엘리어트의 파동이론에 의거하여 나타나지 않는 고점(가격대)입니다. 반대로 '정상적인'의 의미는 엘리어트의 파동이론에 의거하여 나타난 고점(가격대)입니다.

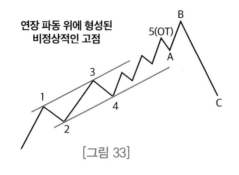

연장 파동 위에 형성된
비정상적인 고점

[그림 33]

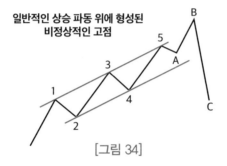

일반적인 상승 파동 위에 형성된
비정상적인 고점

[그림 34]

해 있는 파동을 제시한 적은 없다. [그림 33]과 [그림 34]에서 이
를 확인할 수 있다. 'A' 'B' 'C'는 비정상적인 패턴의 조정 움직임
속 1파동, 2파동, 3파동을 가리킨다. 2번째 파동인 'B'가 이전 움직
임의 정상적인 고점$_{OT,\,orthdox\,top}$(5)을 넘어서는 부분을 봐야 한다.

강력한 조정

조정은 강력한 움직임에 대한 경고 신호로서 유용하게 활용된다.
[그림 35]는 정상적인 지그재그형 패턴으로서 뒤이어 일반적인

움직임이 나올 것임을 말해준다. [그림 36]은 플랫형 패턴으로서 뒤이어 강력한 움직임이 나올 것임을 말해준다(1933년 7월부터 1934년 7월까지 이어진 기본 주기 4파동이 이 내용을 뒷받침한다).

[그림 37]을 보면 '2'에 형성된 조정의 끝이 파동 'a'의 끝보다 높다. 이는 뒤이어 이례적인 강도의 움직임이 나올 것임을 말해준다([그림 37]에 보이는 2차 조정은 이보다 약하다).

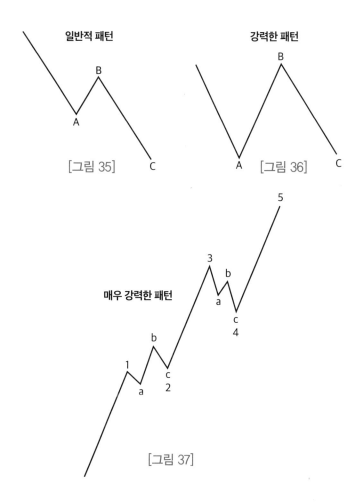

[그림 35]

[그림 36]

매우 강력한 패턴

[그림 37]

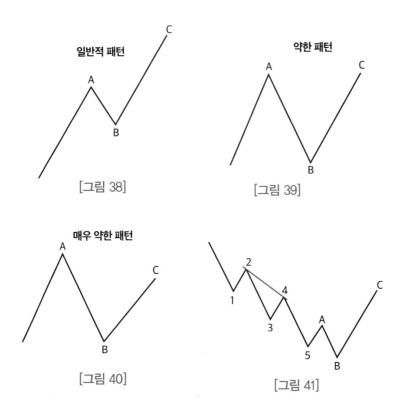

[그림 38]

일반적 패턴

[그림 39]

약한 패턴

[그림 40]

매우 약한 패턴

[그림 41]

약세 추세의 조정, 즉 하락 방향 움직임 뒤에 이어지는 조정 또한 상승 방향 움직임에 대한 조정과 같은 특성을 지닌다. 단지 방향만 바뀔 뿐이다. [그림 38]부터 [그림 40]은 [그림 35], [그림 36]의 방향과 반대이다. 약세 추세에서도 비정상적인 조정이 나타나지만 아주 드물다. [그림 41]에서는 5파동의 하락 추세 이후 비정상적인 조정이 나타나는 것을 볼 수 있다.

목표치 미달

[그림 42]의 패턴에서는 5
번째 파동이 실현되지 않았
다. 그렇다면 'B'에서 매도해
야 한다. 조정은 본래 3개의

[그림 42]

파동으로 구성되어야 하지만 이 경우에는 천정인 '3' 이후에 하락
방향으로 5개의 파동이 나왔다. 이 부분을 좀 더 들여다보자.

여기서 B는 3개의 하락 파동을 초래한 진짜 고점이다. 패턴의
수준이 정상적이라고 가정할 때 상승 파동의 수는 5개, 하락 파동
의 수는 3개로 총 8개의 파동을 확인할 수 있다. 그러나 이 경우
에는 상승 파동의 수가 3개, 하락 파동의 수가 5개로 총 8개의 파
동 개수는 같지만 일반적인 형태와는 다르다. 강력한 하락 파동이
상승 파동 2개를 누른 것이다.

이런 패턴은 드물지만 심각한 경고 신호로서 즉시 대응해야
한다.

의문스러운 경우

[그림 43]

[그림 43]에 나오는 지점에서는 연
장과 패턴이 정상적으로 나타나지

않을 때의 조정 중, 무엇이 이어질지 알 수 없다. 이 경우 거래량이 답을 알려줄 수 있다. 일반적으로 다양한 형태의 조정(지그재그형, 플랫형, 삼각형) 파동이 전개되는 동안에는 거래량이 줄어든다고 알려져 있다. 따라서 거래량이 상당히 적다면 그림에 나온 마지막 파동은 비정상적인 조정의 파동 B에 해당한다. 반대로 거래량이 비교적 많다면 연장이 진행되고 있는 것이다.•

삼각형 패턴

파동의 움직임은 때로 한 점으로 모이면서 좁아지거나, 한 점으로부터 넓어지면서 삼각형이 된다. 삼각형 패턴은 중요하다. 종결점 또는 꼭짓점 근처에서 시장이 나아갈 방향을 알려주기 때문이다.

삼각형 패턴은 수평 삼각형horizontal triangle과 쐐기형 삼각형diagonal triangle, 2가지로 나누어진다. 수평 삼각형은 주가가 머뭇거리는 양상을 나타낸다. 수평 삼각형이 끝나는 지점에서 시장은 머뭇거림이 발생하기 전과 같은 추세(상승 방향 또는 하락 방향)를 재개한다. 수평 삼각형은 단순한 머뭇거림을 나타내며, 플랫형과 같은 중요성을 지닌다. 2파동에서 지그재그형이 나타나면, 4파동에서 플랫형이나 삼각형이 나타난다([그림 44] 참고).• 반대로 2파동에서 플랫형이나 삼각형이 나타나면 4파동에서 지그재그형이 나타난다([그림 45] 참고).▲ [그림 46]은 수평 삼각형의 예로 4가지 유형을

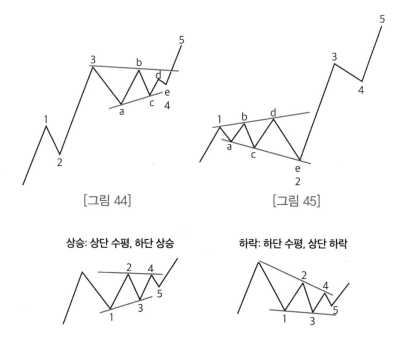

[그림 44]　　　　　　　　　[그림 45]

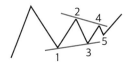

상승: 상단 수평, 하단 상승

하락: 하단 수평, 상단 하락

대칭: 하단 상승, 상단 하락

역대칭: 끝으로 갈수록 확장

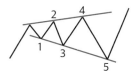

[그림 46]

┌ 더 알아보기 ├─────────────────────────────

● 이는 작은 규모의 파동에 적합한 말입니다. 중간 주기 이상의 파동에는
　적합하지 않습니다.

◆ 이는 나중에 '교대 규칙'이라는 규칙의 일부가 됩니다. 사실 교대 규칙은
　대다수 파동에는 적용되지만 파동 전체에 적용되지는 않기 때문에 규칙
　보다는 지침에 더 가깝습니다.

▲ 엘리어트는 후에 이 규칙을 수정했습니다. 삼각형 패턴은 언제나 마지막
　충격 파동 앞에서 나오고, 진행되는 5개의 파동 중 4파동에서만 발생한다
　고 말했습니다.

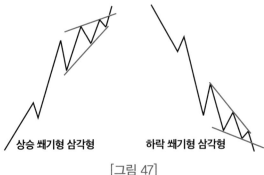

상승 쐐기형 삼각형　　　하락 쐐기형 삼각형

[그림 47]

나타냈다. [그림 47]은 쐐기형 삼각형의 예로 2가지 유형이 있다.

그림에서 확인할 수 있듯이 수평이든 쐐기형이든 삼각형은 5개의 파동을 지닌다. 파동 수가 5개 미만이면 여기서 다루고 있는 파동 현상으로 볼 수 없으며, 무시해야 한다.

수평 삼각형과 관련하여 주목해야 할 가장 중요한 점은 어디서 시작하는가이다. 삼각형이 끝나면 시장은 2파동과 같은 방향으로 나아간다. 2파동을 지정하는 것이 무엇보다 중요해지는데, 2파동이 확실해지려면 1파동을 먼저 파악해야 하기 때문이다. [그림 48]에서 수평 삼각형의 2파동은 하락 방향으로 나아간다. M에서 N까지 하락하는 동안 머뭇거리던 시장은 5파동이 끝나는

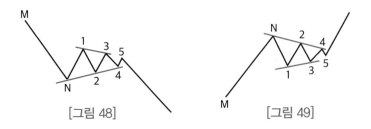

[그림 48]　　　　　　　　[그림 49]

지점에서 하락을 재개한다.

[그림 49]에서 5개의 삼각형 파동은 상승 방향을 가리킨다. M에서 바닥을 친 시장은 N까지 상승한 후 머뭇거리다가 상승을 재개한다.

[그림 50]에서 상승 쐐기형의 2파동은 하락 방향이다. 그래서 시장은 파동의 끝에서(즉, 5번째 파동이 끝나면) 방향을 돌릴 것이며, 그림처럼 삼각형의 바닥 근처로 돌아갈 것이다.

대칭형과 역대칭형 삼각형을 제외한 모든 삼각형 패턴의 5번째 파동은 종종 추세선 또는 삼각선에 못 미치는 경우가 많다. 그러나 [그림 50]에서 볼 수 있듯이 5번째 파동이 삼각선을 뚫는 경우도 있다.

기본 주기 움직임의 마지막 파동(중간 주기의 5번째 파동)이 쐐기형 삼각형을 만들면 빠른 반전에 대비해야 한다.

삼각형에 속한 모든 파동은 한 쪽을 향해 나아가는 어떤 움직

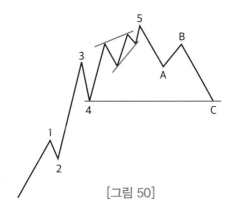

[그림 50]

임의 일부여야 한다. 그렇지 않으면 삼각형이 나오지 않으며, 우
연에 불과하다.

쐐기형 삼각형은 5번째 파동에 의해서만 형성된다. 다시 말해
같은 규모에 속하는 4개의 파동을 달고 있어야 한다.

삼각형 파동 안에서 나오는 변동폭(주간 또는 일간)이 삼각형 패
턴의 전체 폭을 아우르면 거의 끝에 다다른 것이다. 따라서 5파동
에서 형태가 확정되어야 한다. 이때 반드시 상(하)향 돌파가 나와
야 하는 것은 아니다.

삼각형 패턴의 크기는 대부분 상당히 작으며, 모든 파동이 세
밀하게 형성되지 않는다. 그러나 1937년 10월에서 1938년 2월
사이에 최초로 5개 파동이 모두 3개의 작은 파동으로 구성된 것

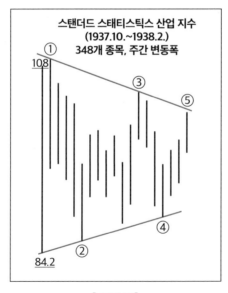

[그림 51]

을 볼 수 있을 만큼 큰 규모의 삼각형이 나왔다. 또한 5개의 파동은 각각 다른 패턴을 형성했다.[*]

다우존스 산업 지수로는 이 시기에서 삼각형 패턴을 관찰하기가 어렵다. 반면 348개 종목으로 구성된 스탠더드 스태티스틱스의 주간 변동폭은 [그림 51]처럼 완벽한 패턴을 만든다. 이는 기록상 최대 규모의 완벽한 삼각형 패턴이다. 이 차트는 주간 차트이기 때문에 5개 파동의 구성을 보여주지는 않는다. [그림 66]의 다우존스 산업 지수의 일간 변동폭은 그 구성을 보여준다.

⌐ 더 알아보기 ⌐─────────────────────────────

● 교대 규칙의 다른 측면을 보여주는 말입니다.

06

시장의 변화 속도와 거래량,
파동과 관련 있다!

시장이 한 방향으로 빠르게 나아가면 반대 상황에서도 거의 예외 없이 이와 비슷한 속도가 나온다. 가령 1932년 여름에 다우존스 산업 지수는 9주 만에 40포인트 또는 100퍼센트 상승했다. 주당 4.5포인트씩 상승한 셈이다. [그림 52]를 보면 1932년부터 1937년까지 상승 속도가 느려지는 것을 알 수 있다.

1932, 1933년의 상승처럼 빠르게 변화하는 시장에서는 주간 변동폭뿐만 아니라 일간 변동폭을 관찰하는 것이 중요하다. 삼각형 패턴과 연장처럼 중요한 특징을 지나칠 수 있기 때문이다.

다음 장에는 '선'에 대한 내용이 나온다. 속도가 느린 평균적인 시장에서는 일간 변동폭만 활용하면 중요한 패턴이 가려진다. 1904년 1월 마지막 주부터 6월 첫 주까지 5개월 동안의 변동폭

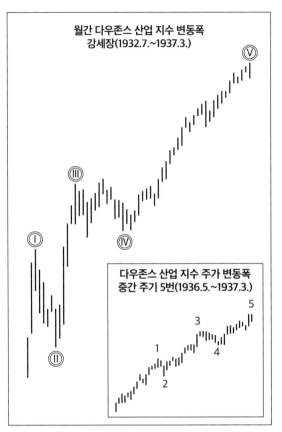

[그림 52]

을 보면 이 기간 다우존스 산업 지수의 일간 최대 마감 변동폭은 4.09포인트(50.50-46.41)에 불과하다. 일간 차트에서 이런 양상은 흥미롭지 않은 선을 이룬다. 그러나 이를 주간 변동폭으로 압축하면 완벽한 삼각형이 드러난다. 이 삼각형에서 2번째 파동은 상승 방향이므로 삼각형 패턴이 끝날 때 시장이 상승할 것이라고 확신할 수 있다.

거래량

수평 삼각형 파동이나 플랫형 파동 또는 다른 조정 파동의 시작에서 끝을 보면 거래량이 점점 줄어든다는 것을 알 수 있다. 거래량은 움직임의 속성을 밝히는 데 종종 도움을 주지만, 거래량이 비정상적으로 적을 때는 일반적인 거래량 관련 신호로 분류되는 것들이 속임수가 될 수 있다.

거래량은 5개의 파동 주기와 연계하여 살피면 인상적인 속성을 지니고 있음이 드러난다. 어느 정도 중요한 상승이나 하락이 이루어지는 동안 거래량은 1파동, 3파동, 5파동에서는 늘어나고 2파동, 4파동에서는 줄어든다. 또한 5파동이 끝난 직후에는 아주 잘 유지된다. 그동안 주가는 거의 또는 전혀 오르지 않으면서 반전을 암시한다.

좀 더 효과적으로 거래량을 활용하기 위해 여기서는 거래량과 함께 거래주식비율을 다루고자 한다. 거래량$_{Volume}$은 실제로 거래된 주식의 양을 가리킨다. 거래주식비율$_{Ratio}$은 뉴욕증권거래소에 상장된 주식수를 기준으로 하여 그 가운데 실제로 거래된 주식수의 비율을 가리킨다.

뉴욕증권거래소는 1938년 7월 회보에 거래량과 거래주식비율을 비교한 차트를 실었다. 1914년에 시작된 거래주식비율의 상승 방향 주기는 5개의 기본 주기 파동을 완성하면서 1929년에 끝났다. 뒤이어 거래주식비율의 하락 방향 주기가 시작되어

1938년 6월 18일에 끝났다([그림 53] 참고). 뉴욕증권거래소 거래권 가격price of seats (과거 NYSE에서 주식을 거래하려면 영화관에서 매표買票하듯이 회원 전용 좌석seat을 구매해야 했고, 거래권의 가격은 유동적이었다)에서도 똑같은 현상이 일어났다([그림 54]와 [그림 55] 참고).

거래주식비율의 파동은 자세하게 추적하기가 쉽지 않다. 거래량이 순간적인 시장 동향에 따라 바뀌기 때문이다. 반면 증권거래소 거래권의 가격 변동은 순간적인 시장 동향에는 영향받지 않는다. 그래서 거래비율 규모를 가늠하는 유용한 지침이 된다. 10장, "주식시장 밖의 파동이론"에서 상세하게 설명했다.

《뉴욕증권거래소 회보》 11쪽 내용에 따르면 1928년 5월의

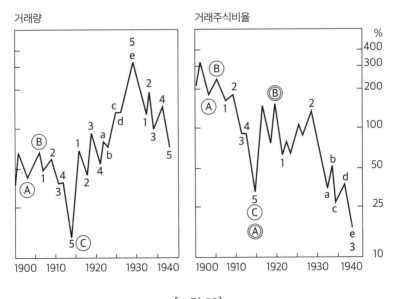

주식시장 활동(뉴욕증권거래소)

[그림 53]

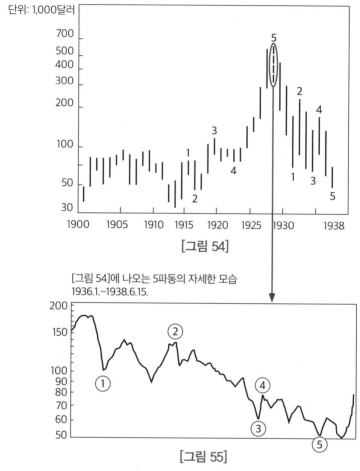

뉴욕증권거래소 거래권 가격

단위: 1,000달러

[그림 54]

[그림 54]에 나오는 5파동의 자세한 모습
1936.1.~1938.6.15.

[그림 55]

거래주식비율은 12.48퍼센트, 1938년 5월의 거래주식비율은 0.98퍼센트였다. 또한 나의 계산에 따르면 1938년 6월이 시작된 이후 18일 동안에는 거래주식비율이 0.65퍼센트였다. 1938년 6월 18일 토요일에 실제 거래량은 10만 4,000주였다. 5시간으로 환산•하면 20만 주에 해당한다. 6월 18일 이전에는 여러 주에 걸쳐 거래량이 상당히 낮았다. 지수를 구성하는 주요 종목조차 긴 매매 공백이 생길 정도였다. 그 결과 때로 시간별 파동에서 극초미세 파동이 나타나지 않거나, 나타나지 말아야 할 때에 나타났다. 같은 이유로 시간당 거래량도 때로 신뢰할 수 없는 결과를 보여줬다. 이처럼 낮은 거래량은 앞으로 20여 년 동안 다시 나오지 않을 것이다.

뉴욕증권거래소는 1937년 11월 회보의 1쪽에 8월 14일부터 10월까지 그리고 비슷한 7번의 다른 기간에 따른 주가 변동 대비 거래량 비율을 제시했다. 퍼센트 기준으로 따져 보니 1937년이 가장 두드러졌다.

[그림 56]은 뉴욕증권거래소 홍보부에서 얻은 거래액 기준 데이터이다. 다음의 비교는 흥미롭기까지 하다. 1937년 3월부터 1938년 6월까지 거래량은 87.5퍼센트 감소했다.

[그림 56]

━┐ 더 알아보기 ┝━

● 1952년 9월에 토요일 거래가 사라지고 거래시간이 30분 연장되기 전까지(10:00~15:30), 1887년 5월 이후 뉴욕증권거래소의 거래시간은 월요일~금요일(10:00~15:00), 토요일(10:00~12:00)이었습니다. 따라서 5시간 기준 환산은 일간 거래를 의미합니다.

근래 약세장

고점(1937.3.10.)	195.59포인트
저점(1938.3.31.)	97.46포인트
하락폭	98.13포인트 또는 50.1%
기간	1년 3주

뉴욕증권거래소 거래액

1937.3.	26억 1200만 달러
1938.5.	4억 9900만 달러
1938.6.(추정치)	1억 8700만 달러
하락폭	92.9%
기간	1년 4개월

64일 동안의 주가 거래량 비율
(1937.8.14.~10.19. 주가가 하락한 기간 및 다른 기간)

1937.8.14.~1937.10.19.	22.2%
1937.3.~1937.5.	10.9%
1929. 말	11.1%
1934.2.~1934.4.	6.5%
기타 기간	2.1%에서 1.0%

뉴욕증권거래소 거래권 가격

고점(1929)	62만 5,000달러
저점(1938.6.15.)	5만 1,000달러
하락폭	92%
기간	9년

07

차트 속에서 파동 찾기

① 대형 움직임의 고점은 여러 종목군과 종목으로 분산되거나 확산된다. 반면 대형 움직임의 저점은 통합된다. 여러 종목군과 종목이 동시에 저점을 찍는다. 1932년 7월 동안 채권, 주식, 생산, 보험 판매 그리고 인간 활동의 수많은 영역이 같이 바닥을 쳤다(10장의 [그림 69]부터 [그림 79]까지 참고). 물론 이는 초대형 주기 4파동*의 바닥이었다. 따라서 해당 현상은 강조될 수밖에 없었다.

┌ 더 알아보기 ┤

● 엘리어트가 쓴 원전에는 '2파동'으로 되어 있지만 '4파동'이 맞습니다.

② 움직임이 진행되는 동안 번호를 붙이기가 어렵다면 파동의 상대적 크기가 규모를 구분하는 데 도움을 준다. 또한 노출된 접점을 활용하면(채널을 그리면) 움직임을 명확하게 파악하는 데 도움이 된다.

③ 언제나 2개의 노출된 접점을 연결하여 채널을 만든다.

④ 움직임의 종결점(5파동이 끝나는 지점)을 판단하기 전에 4번째 지점이 형성되기를 기다렸다가 마지막 채널을 그린다.

⑤ 채널 간 너비는 같은 범주에 속한 모든 움직임의 폭이 그대로 유지되어야 한다. 다시 말해서 채널선은 평행이어야 한다. 다만 5파동이 채널 상단에 이르지 못할 가능성은 있다.

⑥ 파동의 운동 범위가 클수록 상향 돌파할 가능성이 높아진다.

⑦ 채널을 그릴 때 상승하는 경우 아래가 주추세선이고, 하락하는 경우 위가 주추세선이다.

⑧ 주된 등락의 강도는 주추세선에 가까워졌을 때 드러난다. 1927년 1월부터 1928년 6월까지의 움직임이 이를 설명하는 데 적합하다.

⑨ 파동 현상을 보다 넓은 관점에서 적절하게 표시하려면 다음과 같은 특정한 차트가 필요하다.

- 로그 단위에서 일간 고점과 저점을 일반적인 경우보다 2, 3배 크게 표시한 주간 차트
- 5개의 기본 주기가 완전한 상승을 이루고 조정으로 이어지는 움직임을 담은 차트

⑩ 이 조언은 3개의 주요 지수(산업, 철도, 공공서비스)와 소규모 종목군 및 개별 종목에 적용된다. 3가지 지수를 비롯해 투자자가 관심을 가진 종목군 및 개별 종목의 일간 차트도 확보해야 하며, 일반적인 산술 차트도 괜찮다.

⑪ 주간 차트가 필요한 이유는 3가지이다.

- 충분한 역사적 배경을 토대로 움직임을 관찰할 수 있다. 그래야 여러 규모의 파동, 특히 큰 규모의 파동이 지닌 속성도 알 수 있다.

- '선'들은 플랫형이나 삼각형 같은 패턴으로 전환된다. 이 패턴들은 각각 3개나 5개의 파동으로 구성되며, 미래의 움직임을 판단하거나 확정하는 데 유용하다.

- 일간 차트에서 자칫 오판을 유도할 수도 있는 요소가 배제된다.

⑫ 차트에서 미세 주기든, 소형 주기든, 중간 주기든, 기본 주기든 또는 더 큰 규모의 주기든 간에 특정한 움직임을 주시해야 한다. 그렇지 않으면 파동에 번호를 붙이고, 상대적 규모를 파악하며, 채널을 그리는 작업이 왜곡되거나 혼란스러울 수 있다.

⑬ 기본 주기 이하의 움직임을 파악하는 최선의 도구는 주간, 일간, 시간 차트이다. 이 3가지 주요 차트 중에서 하나만 전적으로 신뢰하는 것은 매우 위험하다. 파동의 수를 분석할 때 이 모두를 염두에 두도록 한다. 변동이 빠른 시장에서는

일간 및 시간 차트가 최고의 지침이다. 변동이 느린 시장에서는 일간 및 주간 차트가 최고의 지침이다.

⑭ 1928년 이후, 1938년 6월 18일에 처음으로 주식, 채권, 거래주식비율이 모두 순조로운 양상을 보였다. 파동이론을 알아야만 이런 현상을 관찰하고 추적할 수 있다.

⑮ 일부 항목은 5개의 파동을 거쳐 하락한 것처럼 보일 수 있다. 이 경우 '조정' 부분에서 설명한 대로 비정상적인 고점이 발생하여 파동 'C'가 5개의 파동으로 구성된 것이다.

⑯ 일부 시장에서는 차트 그리기에 필요한 수치를 구할 수 없다. 예를 들면 부동산이 그렇다. 중심 시장이 없고, 항목이 표준화되어 있지 않으며, 거래에 명시된 가격이 종종 부풀려져 있기 때문이다. 부동산은 '경매 처분 건수'에서 해결책을 찾을 수 있다. 거기에 신뢰할 만한 수치가 나온다. 경매 처분 건수가 바닥일 때는 부동산 시장이 천정이며, 그 반대도 성립한다.

⑰ 신뢰할 만한 수치를 구했더라도 작은 규모의 주기를 파악하기 어려운 경우도 있다. 거래량이 그렇다. 거래량은 시장의 순간적인 동향에 따라 작은 규모에서 변동이 일어난다. 이 경우 뉴욕증권거래소 거래권 가격에서 해결책을 찾을 수 있다.*

⑱ 계절별 변동은 파악이 쉽지 않다. 이럴 때는 10년치 자료를 같은 기준에 따라 주간이나 월간, 분기 평균을 정리한 차

트로 극복할 수 있다. 주간 화물 열차 선적률 자료를 구하여, 10년 평균에 대비한 현재 주간의 비율을 차트로 그리는 것이다. 그러면 파동이론에 따라 변동을 해석할 토대가 마련된다.

⑲ 항상 같이 움직이는 것은 아닌 2개의 항목이 뭉치는 때가 있다. 이 경우 '거래량'에서 설명한 것과 같은 이례적인 소란이 일어날 수 있다.

⑳ 모든 종목은 조화롭게 움직이지 않는다. 주요 지수는 1937년 3월 10일에 고점을 찍었다. 그러나 스탠더드 스태티스틱스에 속한 여러 종목군은 1936년 11월에 고점을 찍기 시작했다. 또한 3월에는 그 수가 최대로 늘었지만 5월까지 점차 줄어들었다. 이와 달리 바닥은 동시에 확인하는 경향을 띤다.

┌─ 더 알아보기 ├─────────────────────────────

● 거래권은 소형 주기로 기록될 만큼 활발하게 거래되지 않았습니다. 그러므로 해당하는 파동이 단기 추세를 파악하는 데 도움이 될 것이라 판단하기는 어렵습니다. 엘리어트는 10장에서 이를 자세히 설명했습니다.

08

파동 움직임을 알면
매수·매도 제대로 할 수 있다

장기 투자자와 단기 투자자는 5번째 파동의 종결점을 크게 신경 쓴다. 전체 움직임이 반전되어 조정받는 지점이기 때문이다. 큰 규모의 움직임, 특히 수개월에 걸친 중간 주기와 수년에 걸친 기본 주기의 움직임은 종결점에서 상당한 조정을 겪는다. 따라서 종결점이 나오면 오래 보유하고 있던 주식을 청산해야 한다. 조정 파동의 종결점을 파악하는 일 또한 중요하다. 수익성을 극대화하면서 매수 타이밍을 재설정할 수 있는 자리이기 때문이다.

투자자가 가장 먼저 해야 할 일은 어느 주기의 움직임을 매수 타이밍으로 할지 결정하는 것이다. 많은 투자자는 기본 주기의 움직임을 선호하므로 기본 주기를 기준으로 이야기하겠다. 더 작은 규모나 더 큰 규모의 움직임에도 같은 원칙을 적용할 수 있다.

어떤 투자자가 1921년 6월에 정확하게 매수 타이밍을 포착했다고 가정하자. 초대형 주기([그림 12])를 분석한 결과, 시장은 1857년에 대형 주기 파동이 시작되었다. 전체 대형 주기 파동에 속한 주기 파동의 1파동, 2파동, 3파동, 4파동은 완료되었다. 1896년부터 1921년까지 4개의 기본 주기 파동이 완료되면서 1896년에 시작된 5파동도 드러났다. 기본 주기 5파동은 막 시작되었다. 이 파동은 5개의 중간 주기 파동으로 구성될 것이다. 중간 주기 5파동은 전체 기본 주기 파동뿐 아니라 전체 주기 및 대형 주기 파동까지 종결시키며 대단히 흥미로운 움직임을 보일 것이다.

우리의 투자자는 현재 진행되는 기본 주기 5파동보다 앞서 나온 1파동과 3파동을 분석했다. 그는 이를 토대로 기본 주기 파동의 크기와 길이에 대해 어느 정도 감을 잡았다. 그러나 이는 대략적인 지침에 불과하다. 특정 규모에 속한 파동을 구분하는 데 영향을 미치는 사건들이 일어나기 때문이다.

반면 채널은 보다 확실한 지침으로 삼을 수 있다. 1857년부터 시작된 대형 주기는 규모가 작은 4개의 파동(주기 파동)을 완성했다. 따라서 대형 주기 2파동과 4파동의 노출된 접점을 연결한 다음 3파동을 지나는 평행선을 그으면 상한선이 생긴다. 이 선 부근에서 주기의 5파동 또는 1896년부터 시작된 파동이 끝나면서 대형 주기 파동의 5파동을 완료해야 한다. 마찬가지로 1896년부터 시작된 주기 파동은 4개의 파동(기본 주기 파동)을 완료했다. 따라서 대형 주기의 최종 채널 상한선을 확정할 수 있다. 현재 진행 중인 기본 주기 5파동은 이 선 근처에서 종결되어야 한다.

이 투자자의 목표는 1921년 6월에 매수한 종목을 비슷한 시기에 시작된 기본 주기 파동이 끝날 때까지 보유하는 것이다. 그는 매도에 도움이 되는 규칙들을 살폈다. 그중에는 앞서 언급한 것도 있고, 처음 제시하는 것도 있다.

① 기본 파동은 5개의 중간 주기 파동으로 구성된다. 4개의 중간 주기 파동이 확인되고, 5파동이 진행되기 전까지 매도를 고려하지 않는다.

② 중간 주기 4파동이 종결된 후 5파동이 진행된다. 이 파동은 5개의 더 작은 주기 또는 소형 주기 파동으로 구성된다. 소형 주기 5파동이 진행되기 전까지 매도를 고려하지 않는다.

③ 중간 주기 5파동에 속한 소형 주기 4파동이 종결된 후 소형 주기 5파동이 진행된다. 이 파동은 5개의 미세 주기 파동이 확인될 때까지 종결되지 않는다. 미세 주기 5파동이 진행되기 전까지 매도를 고려하지 않는다.

④ 중간 주기 5파동에 속한 소형 주기 5파동에 속한 미세 주기 5파동을 시간 차트로 보면 5개의 초미세 주기 파동으로 구성된다. 마찬가지로 초미세 주기 5파동은 5개의 극초미세 주기 파동으로 구성된다. 따라서 1921년 6월에 시작된 기본 주기 파동의 최고점에 이르기 위해서는 중간 주기 5파

동에 속한 소형 주기 소파에 속한 미세 주기 5파동에 속한 초미세 주기 5파동이 종결될 때까지 주식을 매도해선 안 된다.

⑤ 대형 주기 파동, 주기 파동, 기본 주기 파동의 5파동은 대개 각 파동의 경계를 따라 그려진 채널의 상한선을 관통하거나 상향 돌파한다. 채널 상한선은 대형 주기 5파동과 주기 5파동의 종결점을 파악하기 위해 그어진다. 1921년 6월부터 시작된 기본 주기 파동은 주기 파동뿐 아니라 대형 주기 파동까지 종결시킨다([그림 14] 참고). 따라서 이 파동은 대형 주기 파동과 주기 파동의 채널 상한선 위로 주가를 밀어 올릴 때까지(로그 차트 기준) 끝나지 않을 것이라고 예상할 수 있다. 마찬가지로 기존 기본 주기 파동에 속한 중간 주기 5파동(아직 남아 있는 중간 주기 파동)은 해당 채널의 상한선을 관통하거나 상향 돌파해야 한다.

⑥ 대형 주기, 주기, 기본 주기에 속한 5번째 파동의 종결점은 대개 해당 주기에 속한 이전 파동보다 훨씬 많은 거래량이 나타난다. 따라서 현재 진행 중인 기본 주기 파동에 속한 중간 주기 5파동의 고점이나 근처에서 거래량이 집중되었는지 확인해야 한다.

이제 투자자는 앞서 제시된 일반적인 규칙을 염두에 두고 시장이 전개되는 양상을 지켜본다. 그는 주간 및 월간 단위로 움직임을 파악하면서 현재 발생하는 각 중간 주기 파동을 따라잡는다. [그림 57]에서 [그림 61]까지 주간 움직임이 제시되어 있다. 중간 주기 1파동은 1923년 3월에 종결된다. 이 파동은 [그림 57]에 나오듯이 5개의 소형 파동으로 구성되어 있다. 뒤이은 중간 주기 2파동은 짝수 번호 파동 또는 조정 파동이 그래야 하듯이 3개의 파동으로 구성된다. 중간 주기 3파동은 1925년 11월까지 전

[그림 57]

[그림 58]

개된다. 뒤이어 일반적인 3개의 조정 파동이 나오며 4파동이 전
개된다.

[그림 59]

[그림 60]

[그림 61]

09

약세장에 나타난 신기한 현상

1937~1938년의 약세장([그림 62]와 [그림 63])은 여러 새로운 양
상을 제공했다.

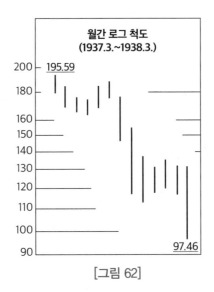

[그림 62]

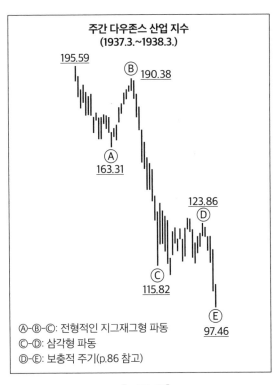

주간 다우존스 산업 지수
(1937.3.~1938.3.)

Ⓐ-Ⓑ-Ⓒ: 전형적인 지그재그형 파동
Ⓒ-Ⓓ: 삼각형 파동
Ⓓ-Ⓔ: 보충적 주기(p.86 참고)

[그림 63]

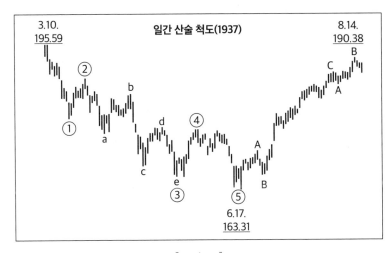

일간 산술 척도(1937)

[그림 64]

평행 사변형

187.31포인트에 이른 1937년 8월 4일의 주가는 랠리의 '정상적인' 고점이다.* 뒤이어 3개 파동의 하락과 8월 14일에 190.38포인트에 이르는 3개 파동의 상승이 나온다. 이 두 날짜 사이에 비정상적인 조정을 이루는 파동 A와 파동 B가 형성된다([그림 64] 참고). 파동 C는 상당히 빠르고 길며, 10월 18일에 115.8포인트까지 내려가면서 완벽한 평행 사변형을 형성한다. 그러한 이유로 속도는 빨라지고 크기는 커지지만 중요한 내용은 아니다. 또한 1928년, 1929년, 1932년의 경우처럼 비정상적인 고점으로 표시된다([그림 65] 참고).

[그림 65]는 내가 아는 한 흥미로운 특징들을 가장 많이 가진 데이터이다. 평행 사변형 모양을 보면 정상적인 고점에서 나아간 비정상적인 고점 B는 엄청난 하락을 예고한다. xa에서 xe로 이

┌ 더 알아보기 ├─────────────────────────────

● [그림 64] 오른쪽 상단의 파동 A와 파동 B는 뒤이어 나오는 파동 C와 비율이 맞지 않습니다. 엘리어트가 구분한 파동 C는 사실 [그림 63]에서 5개의 하락 파동에 속하는 파동 ⓒ에 해당합니다. 2파동의 정상적인 고점은 190.38포인트이고 이후에는 아주 당연하게도 5개의 하락 파동이 3파동을 구성하고 있습니다. [그림 64]를 제대로 해석하기 위해서는 a는 1, b는 2, c는 3, d는 4로, ③은 5로 바꾸어야 합니다. 그렇게 해야 비정상적인 조정이 완성됩니다. 바로 이어서 비정상적인 조정의 상승 파동이 나옵니다. ④는 A, ⑤는 B로 바꿉니다. 그리고 남은 C는 명확한 9개 파동(연장된 5개 파동) 상승의 천정인 8월 14일 고점에 붙입니다.

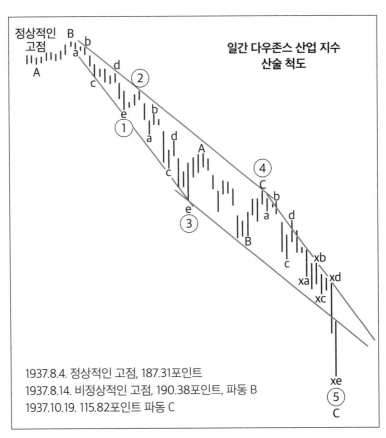

정상적인
고점

일간 다우존스 산업 지수
산술 척도

1937.8.4. 정상적인 고점, 187.31포인트
1937.8.14. 비정상적인 고점, 190.38포인트, 파동 B
1937.10.19. 115.82포인트 파동 C

[그림 65]

어지는 연장 파동은 xb까지 3개의 파동으로 나아가며 즉각적인
되돌림을 예고하고, 최종적으로 xe보다 더 낮은 하락을 예고한다.
첫 번째 되돌림은 [그림 66]에 나오는 대로 3개의 파동으로 구성
된다. 이는 지수가 더 낮은 수준으로 내려갈 것임을 확실하게 보
여준다. [그림 64]의 지그재그 A-B-C 패턴은 [그림 65]의 C에
이어질 조정이 플랫형이거나 삼각형 패턴일 것임을 말해준다. [그

림 51]에 나오는 삼각형 패턴은 1938년 2월과 3월의 동향을 보여주는 [그림 66]처럼 지수가 더 낮은 수준으로 내려갈 것임을 다시 확인시켜 준다.

반달

'반달half moon●'은 1938년 2월 23일부터 3월 31일까지 지수가 132포인트에서 97포인트까지 내려가는 동안 형성된 패턴에 붙

[그림 66]

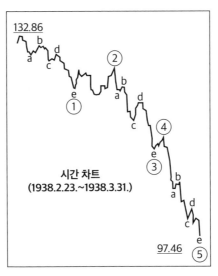

[그림 67]

인 명칭이다. 이 하락 패턴은 바닥과 거의 직각을 이룬다([그림 66] 과 [그림 67] 참고).

115.82포인트까지 내려가는 연장 파동([그림 65] 참고)은 더 낮은 수준을 예고한다. 115.82에서 시작된 첫 상승은 3개의 파동으로 확정된다. 삼각형 파동도 재확정된다.

1936년 4월에 지수가 163포인트에서 141포인트까지 하락할 때도 같은 패턴이 나왔다. 두 패턴 모두 연장 파동의 되돌림이

┌ 더 알아보기 ┤

- 반달 패턴은 조정의 속도를 예측하는 데 중요하게 쓰입니다. 안타깝게도 엘리어트의 다른 책들에서는 이 장에 관한 내용을 설명하지 않습니다.

다. 특히 후반부에서는 속도가 빠르기 때문에 시간 차트를 살펴야
한다.

1929년 9월부터 11월까지 381포인트에서 195포인트로 하
락하는 1파동이 연장되다가 1930년에 즉시 되돌려진다. 3파동
이나 5파동에서는 연장 파동이 나오지 않는다. 앞서 설명한 대로
1파동에서 이미 나왔기 때문이다([그림 19], 산술 차트 참고). 1932
년에 연장 파동이 1파동이 아니라 5파동에서 나왔다면 1929년
9월부터 1932년 7월까지의 하락 양상은 1938년 2월과 3월에
나온 반달 패턴과 같았을 것이다.

보충적 주기

지금까지 기록된 주가를 보면 1938년 2월 23일부터 3월 31일에
걸쳐 산업 지수가 132포인트에서 98포인트까지 하락할 때 최초
의 보충적 주기supplementary cycle([그림 66]과 [그림 67] 참고)가 나왔다.
5개의 파동을 거쳤던 파동 C의 종결점은 1932년의 경우처럼 주
요 조정 파동의 끝이었다. 같은 현상이 1934년 12월부터 1935
년 3월 사이에 철도 지수와 공공서비스 지수에서도 발생했다.

97.46포인트에서 121.54포인트로 상승하는 움직임([그림 68]
참고)은 5개의 파동으로 구성된다. 이 움직임은 1937년 3월 이래
해당 규모에서 처음으로 나온 5개 파동의 상승 패턴이며, 3월 31

[그림 68]

일에 찍힌 97.46포인트가 약세장 파동 A의 바닥임을 확정한다. 5
월 27일의 106.44포인트는 121.54포인트에서 시작된 전형적인
플랫형 조정 파동의 끝이다.

10

주식시장 밖의 파동이론

오랫동안 '주기'라는 단어는 흔하게 사용되었다. 그러나 비교적 느슨한 의미로 쓰였으며 폭넓은 상승이나 하락 움직임만을 가리켰다.

　일부 경제학자들은 미국의 경기 변동과 관련하여 1921년에서 1932년까지를 완료된 하나의 주기로 본다. 또 다른 경제학자들은 이 기간에 강도가 더 약하거나 센 주기 3개가 포함되어 있다고 말한다. 구체적으로는 1921년 초부터 1924년 중반까지, 1924년부터 1927년 말까지, 1927년부터 1932년 중반까지이다. 일반적으로 주기는 대략적으로 파악된다. 극단적인 측면에서 보면 주기가 우리의 계획과 의견을 침해할 수밖에 없기 때문이다. 그러나 대강 파악해서는 주기 이면에 있는 법칙을 놓치고 만다.

여기서는 주식시장을 사례로 활용하면서 주기의 법칙을 공고히 다졌다. 논의 과정에서 하나의 주기는 더 큰 움직임의 시작점이며, 보다 더 작은 움직임과 다를 바 없이 일부로서 존재하여 법칙을 따른다는 사실을 보여줬다. 이 점은 자연을 연구하고 얻은 결과와 전적으로 상통한다. 우리는 자연이 거대한 규모로 성장할 때에도 일련의 질서 위에서 나아간다는 사실을 안다. 분야를 막론하고 이런 진전의 이면에는 변화를 제어하는 정해진 원칙 또는 자연이 따르는 핵심 법칙이 있다. 이 책의 목적은 먼저 그 법칙을 제시하고, 분석적 연구의 가장 혼란스러운 분야 중 하나에 실질적으로 적용하는 방법을 보여주는 것이다.

또, 다른 분야에서도 확인할 수 있는 파동이론의 피상적인 사례를 몇 가지 그래프로 제시한다. 이 사례들은 무작위로 선택되었지만 변동이 존재하는 모든 곳에서 파동이론이 작동한다는 사실을 바로 보여준다([그림 69]부터 [그림 78]까지 참고). 주식시장이 아닌 다른 분야에서 활동하는 연구자들도 이 주제를 추가로 연구해볼 것을 권한다. 해당 영역에 대한 연구를 단순하고 명료하게 만들어줄 것이다.

이 사례들의 주기는 절대 의미 있는 고점을 같이 형성하거나 의미 있는 저점을 같이 형성하지 않는다. 2개 이상의 항목이 같이 의미 있는 고점을 형성할지 몰라도 의미 있는 저점을 형성하는 날은 각각 다르며, 그 반대도 마찬가지이다.

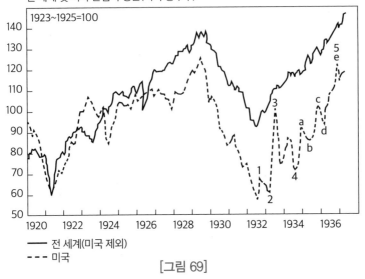

전 세계 및 미국 산업의 생산(미국 농무부)

[그림 69]

전 세계(미국 제외)
미국

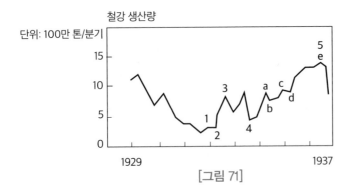

미국 휘발유 소비량

단위: 100만 배럴

[그림 70]

철강 생산량

단위: 100만 톤/분기

[그림 71]

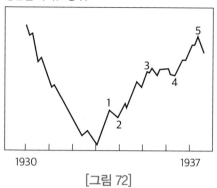

농산물 가격(노동부)

[그림 72]

생명보험 신규 가입액

[그림 73]

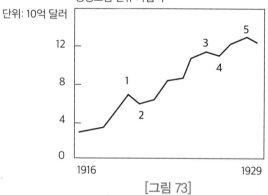

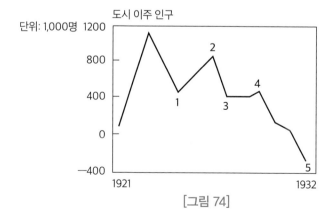

도시 이주 인구

[그림 74]

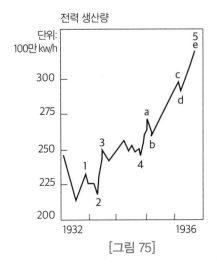

전력 생산량

[그림 75]

화재 재산 피해액

[그림 76]

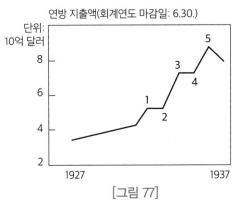

연방 지출액(회계연도 마감일: 6.30.)

[그림 77]

미국 재정 적자

[그림 78]

	정상적인 고점	저점
주식	1928(1929 아님)	1932
채권	1928	1932
생산 활동	1920	1933
원자재	1920	1932, 1933
부동산	1923	1933
거래주식비율	1928	1938.6.18.
뉴욕증권거래소 거래권	1928	1938.6.15.

회사채

[그림 79]

채권은 1932년에 바닥을 친 후 1934년 4월에 정상적인 고점을 찍었다. 전국산업부흥법_{NIRA, National Industrial Recovery Act}•이 아니었다면 아니었다면, 주식도 이 시기에 비슷하게 고점을 찍었을 것이다. 채권은 1934년의 정상적인 고점 이후 파동 ⒷB가 1936년 12월에 고점을 찍으면서 엄청난 비정상적인 조정에 들어간다. 이후 1938년 3월에 주식과 함께 파동 Ⓒ로 바닥을 친다.

⊢ 더 알아보기 ⊢

● 1933년 미국에서 뉴딜 정책의 일환으로 제정되었습니다. 근로자의 단결권, 단체 교섭권, 쟁의권, 최저 임금 보장 등 사회 노동 정책을 실시하고 동시에 독점 기업을 옹호하며 산업 내 기업의 카르텔을 강조했습니다. 1935년에 폐지되었습니다.

Financial World Articles

파이낸셜 월드 칼럼

1938년 8월 31일, 『파동이론과 법칙』이 발간된 이후 엘리어트는 자신이 발견한 것을 세상에 공개해야 하는 단계라고 생각했고, 함께 파동이론을 완성한 콜린스에게 그의 뜻을 전달했다. 《파이낸셜 월드》에 정기적으로 글을 싣고 있던 콜린스가 편집진에게 그를 소개하며 엘리어트는 파동이론을 다룬 12편의 칼럼을 기고할 수 있었다. 이 칼럼은 1939년 4월 5일 자 《파이낸셜 월드》에 처음 실렸으며, 7월까지 정기적으로 연재되었다.

ELLIOTT'S WAVE PRINCIPLE

01

'파동이론'이란 무엇인가?

역사가 시작된 이래로 운율의 성격을 가진 규칙성은 곧 창조의 법칙이기도 했다. 인간은 이 법칙을 통해 드러나는 다양한 현상을 연구하며 지식과 능력이 진일보했다. 법칙의 효과는 조류潮流, 천체, 태풍, 낮과 밤, 심지어 생명과 죽음의 양상에서도 나타난다. 이 운율적 규칙성을 '주기'라 부른다.

응용의 역사

이 법칙을 과학적으로 응용하는 일에서 최초의 진전은 콜럼버스의 시대에 레오나르도 다빈치Leonardo da Vinci가 이루었다. 그는 파동의 양상을 밝히는 연구를 진행했다. 뒤이어 다른 위인들도 전문적인 영역에 이 법칙을 응용했다. 가령 핼리는 혜성, 벨Alexander Graham Bell은 음파, 에디슨Thomas Alva Edison은 전파, 마르코니는 라디오파에 응용했다. 또한 심리, 우주, 텔레비전 등의 파동에 응용한 사람도 있었다. 이 모든 파동 또는 에너지 형태가 지닌 공통점 하나는 주기적 행동을 보인다거나 무한하게 반복되는 능력이다. 특히 주기적 행동에는 쌓아가는 힘과 무너뜨리는 힘, 이렇게 2가지 특성이 동시에 존재한다. 히틀러는 별의 운행으로 해석되는 이 자연법칙에 따라 침략의 시기를 정한다고 한다. 지금 시장에는 파괴적 힘이 축적되고 있으며, 적절한 시기에 주도권을 잡아서 주기를 완성할 것이다.*

'반복되어 운율의 형태로 이어진다'는 공통점 덕분에 다른 분야에서도 이 법칙의 양상을 관찰할 수 있고, 배운 교훈을 아주 실용적이고 수익성 있는 방식으로 활용할 수 있다. 주식시장의 거래 주기와 약세 움직임 및 강세 움직임도 같은 자연법칙을 따른다. 50여 년 전, 찰스 다우는 주식시장에서 일어나는 주요 변화를 관찰하면서 점진적으로 다우이론을 구축해나갔다. 시간이 지나자 다우이론은 많은 분야에서 특별한 예측력을 지닌 것으로 받아들여졌다. 다우의 연구 이후로 시장의 거래정보 축적량이 크게 배가

--- 더 알아보기 ---

● 여기서 '파괴적 힘'의 증거는 1942년에 끝난 약세장입니다.

되었다. 특정한 행동을 토대로 중요하고 가치 있는 추론의 예측이 가능해졌다.

　나는 오랜 투병 생활을 하는 동안 주식시장의 행동과 관련된 정보를 분석할 수 있는 기회를 가졌다. 의미 없고, 통제할 수 없는 것처럼 보이는 연간, 월간, 일간의 주가 변화가 점차 어떤 법칙에 따른 파동의 운율적 패턴으로 엮이기 시작했다. 이 패턴은 몇 번이고 반복되는 것으로 보인다. 이 법칙 또는 현상(나는 이를 파동 이론이라 부른다)을 알면 거대한 주기(소형 주기, 중간 주기, 대형 주기 그리고 이보다 더 큰 주기)를 완성하는 다양한 추세와 조정을 측정하고 예측할 수 있다.

[그림 1]

　[그림 1]은 이 현상을 나타낸다. 전체 파동 또는 주기의 진행 국면은 5개의 파동으로 구성된다. 그중 3개는 전진하고 2개는 후퇴한다. 1파동, 3파동, 5파동은 주된 추세와 같은 방향으로 나아간다. 2파동은 1파동을 조정하고, 4파동은 3파동을 조정한다. 3개의 전진 움직임은 대략적으로 추세와 평행한 구간을 만들며, 2파동과 4파동도 이와 마찬가지일 수 있다.

　완료된 움직임을 만드는 3개의 기본 주기 파동은 각각 한 단

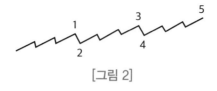

[그림 2]

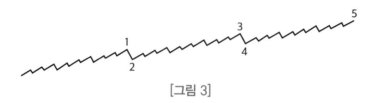

[그림 3]

계 더 작은 규모 또는 중간 주기에 속하는 5개의 파동으로 나누어
진다. [그림 2]는 이 하위 구분을 보여준다. 보다 작은 5개의 파동
또는 중간 주기 파동이 기본 주기 1파동, 3파동, 5파동을 구성한
다는 점이 보인다. 기본 주기 2파동은 5개의 중간 주기 파동으로
구성된 기본 주기 1파동을 조정한다. 뒤이어 4파동은 5개의 중간
주기 파동으로 구성된 기본 주기 3파동을 조정한다.

　각각의 중간 주기의 전진 파동은 [그림 3]에 나오듯이 다시 5
개의 소형 주기 파동으로 나누어진다. 5번째 기본 주기 파동에 속
한 5번째 중간 주기 파동에 속한 5번째 소형 주기 파동이 힘을 다
하면 강력한 고점이 형성된다. 이 규모의 움직임이 완료되면 파괴
적 힘이 주도권을 잡는다. 그에 따라 기본 주기의 추세는 하락하고
약세장이 진행된다. 이 일은 전망의 변화에 대한 경제적, 정치적,
재무적 측면의 원인이 명확하게 드러나기 오래 전에 이루어진다.

02

파동이론으로 주가 예측하기

앞선 글에서 파동이론을 주가 예측에 적용하는 일을 간단하게 논의했다. 또한 완료된 움직임은 5개의 파동으로 구성되며, 한 규모에 속한 5개의 파동은 한 단계 더 큰 규모에 속한 1번째 파동을 완성한다는 점을 지적했다. 모든 규모에 속한 5파동이 완성되면 해당 주기에서 앞서 이루어진 모든 조정보다 심한 조정이 발생한다.

완료된 움직임

조정 구간의 리듬은 주된 추세와 같은 방향으로 나아가는 파동의 리듬과 다르다. 이 조정 파동 또는 2파동과 4파동은 각각 3개의 더 작은 파동으로 구성된다. 반면 추세와 같은 방향의 파동(1파동, 3파동, 5파동)은 각각 5개의 더 작은 파동으로 구성된다. [그림 4] 를 보면 완료된 움직임이 나온다. 이 그림은 지그재그형의 2파동 과 4파동이 좀 더 자세하게 나온다는 점을 제외하면 [그림 3]과 똑같다. 2파동과 4파동은 각각 3개의 세부 파동으로 구성된다. 2 파동과 4파동 이 두 파동은 '완료된 움직임'이기도 하기 때문에 전진하는 5개 파동의 특징을 지닌다. 즉, a와 c 구간(조정 파동의 1 파동과 3파동) 역시 각각 5개의 더 작은 파동으로 구성된다. 반면 b(조정 파동에 속한 조정 파동)는 3개의 더 작은 파동으로 구성된다. 조정 파동과 관련된 문제는 나중에 자세히 논의하고자 한다. 일부 형태와 유형은 너무나 복잡한 구조를 지녔기 때문에 지금 단계에 서 설명하는 것은 혼란을 초래할 수 있다.

파동이론을 활용하여 주가를 예측하는 경우 비슷한 지수를 통 해 다시 증명할 필요가 없다. 파동이론은 개별 종목과 다양한 종 목군(철강, 철도, 공공서비스, 구리, 석유 등), 원자재뿐 아니라 다우존스, 스탠더드 스태티스틱스, 〈뉴욕 타임스〉〈뉴욕 헤럴드 트리뷴New York Herald Tribune〉〈파이낸셜 타임스Financial Times〉 같은 다양한 '지수'

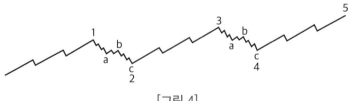

[그림 4]

에도 적용되기 때문이다. 어느 때든 일부 종목은 상승하고, 다른 종목은 하락한다. 그러나 대다수 개별 종목은 동시에 같은 패턴을 따른다. 그런 이유로 지수의 파동 패턴은 전체 시장의 주기적 위치를 정확하게 반영한다. 지수에 편입된 종목의 수가 많을수록 파동의 윤곽이 더욱 선명해진다. 바꿔 말해 주식이 수많은 개인에게 폭넓게 분산되어 있으면 분산되어 있지 않은 경우보다 주기의 영향력이 더 확실하고 운율적으로 기록된다.

등락폭

일간이든 주간이든 '종가'에는 의존하지 않는다. 뒤이어 나오는 주기의 방향은 최고가 또는 최저가 구간이 이끈다. 다우존스는 1928년에 '일간 차트', 1932년에 '시간 차트'를 만들고 발행했다. 덕분에 내가 파동이론이라고 부르는 현상의 운율적 반복을 파악할 수 있을 만큼 신뢰할 만한 데이터를 충분하게 확보할 수 있었다. 시장에 나타난 시간별, 일별, 주별의 실제 동향은 운율적 힘 전체를 드러내 준다. 종가로는 전체 이야기를 파악할 수 없다. 세부적인 데이터가 결여되어 있기 때문이다. 그런 이유로 런던 주식시장의 구간별 경로는 뉴욕 시장보다 예측하기 어렵다.

파동의 길이를 완전하게 구하려면 같은 규모나 더 큰 규모에 속한 2개의 조정 파동 길이를 지속적으로 파악해야 한다. 여기에서 파동이 될 수 있는 최소 규모의 길이는 시간별 기록으로 봤을 때도 아무런 조정 없이 한 방향으로 나아간 거리이다.[*] 시간별 기록에서 두 차례 조정이 나타난 후의 움직임은 5번째이자 마지막 단계 또는 상승하는 움직임의 3번째 파동으로 접어든다. 저항선을 비롯한 다른 기술적 고려사항은 파동의 길이, 지속 시간을 예측하거나 측정하는 데 거의 쓸모가 없다.

외부 영향

파동이론은 주기가 맞닥뜨릴 국면이나 구간을 예측한다. 경험 많은 투자자는 현재의 뉴스나 사건 또는 정부의 법령이나 규정이 주기의 경로에 거의 영향을 미치지 않는다는 사실을 알고 있다. 때로 예상치 못한 뉴스나 갑작스런 사건이 특히 감정을 자극한다면 조정 파동 사이의 거리가 늘어나거나 줄어들 수 있다. 그렇지만 파동의 수나 시장의 이면에 있는 운율적 규칙성은 그대로 유지된다. 심지어 전쟁이 주기를 만드는 것이 아니라 주기적으로 경기가 침체되면서 형성된 사회의 동요를 전쟁의 원인이라 하는 것이 훨씬 타당해 보일 정도이다.

┌ 더 알아보기 ├─────────────────────────────
● 엘리어트는 기간을 더 줄여서 분별 또는 틱별 기록이 있으면 더 작은 파동까지 잘 인식할 수 있다고 했습니다.
└──

03

시장 상황이
가장 유리할 때를 찾는다

상승하는 움직임의 5번째 파동이 완료된 후에 이루어지는 조정은 해당 주기에서 경험한 어떤 조정보다 심할 것이다. 따라서 파동의 고점이 어디일지 미리 파악하는 것이 좋다. 이를 알면 투자자는 방어 태세에 들어가 시장 여건이 가장 유리할 때 수익을 현금화하는 데 필요한 조치를 취할 수 있다. 또한 조정이 끝날 때 자신 있게 재매수에 나설 수 있는 강력한 위치에 서게 된다.

이전 글에서 '파동의 길이를 완전하게 구하려면 같은 규모나 더 큰 규모에 속한 2개의 조정 파동 길이를 지속적으로 파악해야 한다'라고 말했다. '채널링channeling'이라는 방법을 활용하여 두 파동이 형성되는 동안 길이를 반복적으로 측정할 수 있다. 그러면 4파동이 완성될 무렵에는 대략 어디쯤에서 5파동이 '고점'을 형성할지 판단할 수 있다.

[그림 6]은 완료된 움직임의 일반적인 모양 또는 주기를 보여
준다. 이 주기에서 1파동, 3파동, 5파동은 각각 비슷한 길이를 지
닌다.＊ 채널링을 통해 궁극적인 움직임을 예측하려면 1파동과 2
파동이 완성될 때까지 기다려야 한다. 그때가 되면 1파동의 출발
점에서 2파동의 종결점까지 직선을 그어서 '주추세선'을 확정할
수 있다. [그림 7]이 그 모습을 보여준다. 대개 1파동과 평행한 3
파동의 추세는 채널의 잠정적 상한선 또는 점선 부근에서 끝나야
한다.

이 잠정적 상한선은 1파동의 꼭대기에서 주추세선과 평행하
게 그어지며, 앞으로 연장된다. 다만 여건이 너무나 좋아서 3파동
이 일시적인 강세를 띠고 이론적으로 예상할 수 있는 범위를 뛰어
넘는 경우도 있다. [그림 8]이 그 모습을 보여준다.

3파동이 끝나면 1파동의 꼭대기에서 3파동의 꼭대기를 지나
실제 채널 상한선을 그을 수 있다. 4파동 반동의 바닥을 예측하려
면 2파동의 바닥에서 1파동과 3파동을 잇는 실제 채널 상한선과
평행하게 잠정적 주추세선 또는 점선을 그어야 한다. [그림 9]를
보면 4파동의 실제 종결점과 함께 이론적으로 예상되는 종결점을
알 수 있다.

2번째 반동 또는 4파동이 종결되면 매우 중요한 채널링 최종
단계를 밟을 수 있다. 채널의 주추세선은 두 반동 구간(2파동과 4파
동)의 종결점을 지나 연장된다. 또한 3파동의 꼭대기를 지나 평행

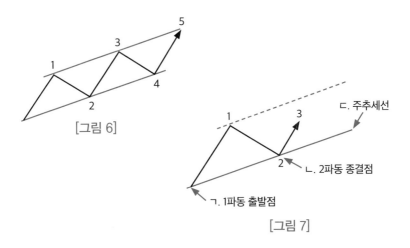

[그림 6]

ㄷ. 주추세선

ㄴ. 2파동 종결점

ㄱ. 1파동 출발점

[그림 7]

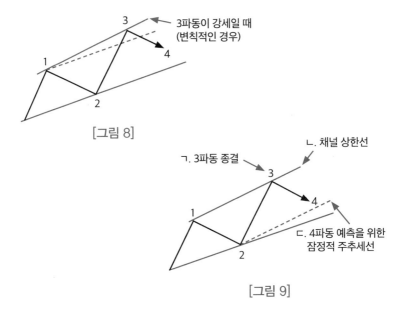

3파동이 강세일 때
(변칙적인 경우)

[그림 8]

ㄴ. 채널 상한선

ㄱ. 3파동 종결

ㄷ. 4파동 예측을 위한
잠정적 주추세선

[그림 9]

┌ 더 알아보기 ┌──────────────────────────────────

● 원전에서 [그림 5]를 찾지 못했습니다. 아마 편집 과정에서 착오가 있었
던 듯합니다.

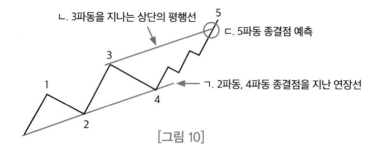

ㄴ. 3파동을 지나는 상단의 평행선

ㄷ. 5파동 종결점 예측

ㄱ. 2파동, 4파동 종결점을 지난 연장선

[그림 10]

한 상한선이 그어진다. 3파동이 예외적으로 강하지 않은 한 1파동은 완전히 배제된다.◆ 이렇게 주추세선과 상한선이 그어지면 5파동의 대략적인 종결점을 예측할 수 있다. [그림 10]이 그 모습을 보여준다.

이렇게 그린 채널은 움직임이 완료된 파동을 구성하는 다양한 구간의 리듬보다는 중요도가 낮다. 1파동, 3파동, 5파동은 각각한 단계 낮은 규모에 속한 5개의 파동으로 구성되어야 한다. 이론적으로 5파동은 [그림 10]에서 설명한 대로 상단 평행선과 교차하는 지점 부근에서 끝나야 한다. 그러나 때로 5파동이 과도한 힘을 지니는 경우가 있다. 이런 상승 돌파가 나오는 패턴은 뒤에 발표할 글에서 살필 것이다.

⊣ 더 알아보기 ⊢

◆ 만약 3파동이 비정상적으로 강해서 거의 수직이 되는 경우에 5파동의 종결점을 알 수 있는 정확한 채널을 그리려면 1파동의 종결점을 지나고 3파동의 종결점을 관통하는 채널 상한선을 그어야 합니다. 『엘리어트 파동이론』 3장에서 이 내용을 확인할 수 있습니다.

04

다양한 규모의 파동을
구분하는 방법

완료된 주가의 움직임은 5개의 파동으로 구성된다. 이 5개의 구성은 한 단계 더 큰 규모에 속한 1번째 파동에 해당한다. 구간의 규모를 다양하게 분류하면 시장의 상대적 위치뿐 아니라 뒤이어 올 경제적 변화까지 언제든지 판단할 수 있다.

　미국 주가와 관련하여 신뢰할 수 있는 가장 오랜 기록은 1854년부터 시작된 액스 호턴 지수(《뉴욕 타임스 애널리스트》에 게재됨)이다. 그러므로 파동이론에 따라 장기적으로 예측하려면 1857년에 완료된 약세장의 종결점에서부터 시작해야 한다. 1857년에 시작되어 1928년 11월 28일(정상적인 고점)에 끝난 71년간의 거대 조류는 최대 규모의 주기에 속한 하나의 파동에 해당한다. 이 장기적 움직임이 초대형 주기의 1파동인지, 3파동인지, 5파동인지 여부는 1857년 이전에 일어난 일에 좌우된다. 이러한 파동의 역사를 5개의 파동 움직임으로 구분하고, 뒤이어 한 단계 작은 규모에 속한 5번째 파동을 5개의 파동으로 구분하면 시장이 거쳐 온 다양한 규모의 실제 사례를 얻게 된다. 시장은 규모의 여러 가지 움직임을 모두 포함하고 있는 만큼, 이를 구분하는 과정에서 혼동을 피하기 위해 각각의 규모에 맞는 명칭과 기호를 쓰는 것이 바람직하다(다음 쪽의 표 참고).

이 파동들 중 가장 긴 것은 70년 넘게 지속되었으며, 장기적인 강세장과 약세장이 포함되어 있다. 그러나 이보다 작은 시간, 일간, 주간 리듬의 조합이 현실적으로 매우 중요한 중간 주기 및 기본 주기를 완성하고 측정한다.

다우존스 산업 지수는 1928년 11월 28일, 295.62포인트에 이르렀다. 이 주가 움직임은 초대형 주기의 1파동이나 3파동 또는 5파동에 속한 대형 주기 5파동에 속한 주기 5파동에 속한 기본 주기 5파동에 속한 중간 주기 5파동에 속한 소형 주기 5파동에 속한 미세 주기 5파동에 속한 초미세 주기 5파동을 완성했다. 그런 이유로 지수는 1929년 9월 3일에 실제 고점인 386.10포인트에 이르지만 1928년 11월 28일에 이른 지점이 '정상적인 고점'이 된다. 이 말은 대다수 독자들을 혼란스럽게 만든다. '비정상적인 고점'이 전통적 고점보다 높게 형성되는 패턴은 때가 되면 자세히 설명할 것이다.

파동 규모	파동의 기호와 번호	지속 기간(년)
초대형 주기	gsc I	1857~1928
대형 주기	sc I	1857~1864
	sc II	1864~1877
	sc III	1877~1881
	sc IV	1881~1896
	sc V	1896~1928
주기	c I	1896~1899
	c II	1899~1907
	c III	1907~1909
	c IV	1909~1921
	c V	1921~1928
기본 주기	Ⓘ	1921.6.~1923.3.
	Ⓘⓘ	1923.3.~1924.5.
	Ⓘⓘⓘ	1924.5.~1925.11.
	Ⓘⓥ	1925.11.~1926.3.
	Ⓥ	1926.3.~1928.11.
중간 주기	Ⓘ~Ⓥ	
소형 주기	I ~ V	
미세 주기	1~5	
초미세 주기	A~E	
극초미세 주기	a~e	

05

파동이론 실전 사용법

모든 주가 움직임의 규모와 지속 기간은 비슷하고 더 큰 규모에 속한 앞선 주기에서 일어난 일에 영향받는다. 1896년에 시작되어 33년 만인 1929년 9월 3일에 386.10포인트에서 완료된 움직임은 대단히 역동적이었다. 조정이 이루어지는 약세 주기도 그만큼 맹렬했다.

질서 있는 하락

3년이 채 못 되어 주가는 고점에서 10.5퍼센트 하락했다. 빠른 속도였지만 약세 주기의 하락 과정은 명확하게 운율의 성격을 띤 파동 패턴을 따랐다. 또한 먼저 측정한 채널의 경계 안에 머물렀다. 따라서 약세장이 대략 어디서 끝나고 새로운 강세장이 시작될지 미리 가늠할 수 있었다. 이전 주기의 진폭 때문에 새로운 강세장은 큰 규모로 수년 동안 지속될 수밖에 없었다. 이런 움직임 속에서 포지션을 잡을 때 장기 투자자는 주요_{Major} (기본 주기와 같은 의미임- 옮긴이) 주기의 5파동 종결점이 보이기 전까지 투자를 유지할 수 있다. 다만 해당 지점에 도달하고 난 후부터는 극도로 신중해야 한다.

앞서 글에서 파동이론에 대한 근본적인 원리를 설명했다. 이제는 파동이론을 시장에 실제로 적용하는 방법을 보여줄 차례이다. [그림 11]은 1932년 7월 8일에서 1937년 3월 10일까지 다우존스 산업 지수의 월간 산술 차트에서 완성된 5개 파동의 움직임을 보여준다. 월간, 주간, 일간, 시간 기록에서 초미세 주기, 미세 주기, 소형 주기, 중간 주기 파동이 연쇄적으로 해소되는 것을 볼 수 있다. 그에 따라 기본 주기에 속한 5개의 파동이 모두 형성되고 완료된다. 파동 ①, ③, ⑤는 각각 '5개의 개별적인 구간'으로, 파동 ②, ④는 각각 '3개의 개별적인 구간'으로 구성된다. 이는 A-B-C 패턴으로 나타난다. 각 주요 구간의 크기와 지속 기간은 표에 나온다.

파동 ④가 끝나고 파동 ⑤가 진행될 때 시장을 더 주의 깊게 관찰해야 한다. 채널 또한 세심하게 표시할 필요가 있다. 채널의 주추세선은 파동 ②의 저점에서 시작하여 파동 ④의 저점을 지

나서 그어진다. 주추세선과 평행한 상한선은 파동 Ⓘ의 고점에서 앞으로 연장된다.

1932년~1937년 기본 주기 파동의 각 구간
(월간 다우존스 산업 지수)

파동	시작(주가)	끝(주가)
Ⓘ	1932.7.8.(40.56)	1932.9.8.(81.39)
Ⓘ	1932.9.8.(81.39)	1933.2.27.(49.68)
A	1932.9.8.(81.39)	1932.12.3.(55.04)
B	1932.12.3.(55.04)	1933.1.11.(65.28)
C	1933.1.11.(65.28)	1933.2.27.(49.68)
Ⓘ	1933.2.27.(49.68)	1933.7.18.(110.53)
Ⓘ	1933.7.18.(110.53)	1934.7.26.(84.58)
A	1933.7.18.(110.53)	1933.10.21.(82.20)
B	1933.10.21.(82.20)	1934.2.5.(111.93)
C	1934.2.5.(111.93)	1934.7.26.(84.58)
Ⓥ	1934.7.26.(84.58)	1937.3.10.(195.59)

파동Ⓘ은 1932년 7월 8일에 40.56포인트에서 시작
파동Ⓥ는 1937년 3월 10일에 195.59포인트에서 종결

약세 신호?

1936년 11월에 루즈벨트Franklin Delano Roosevelt 대통령이 압도적인 표 차이로 재선된 직후 외부의 우호적인 분위기가 강세장에도 영향을 미치는 듯했다. 약세장을 상상하기가 어려울 정도였다. 그

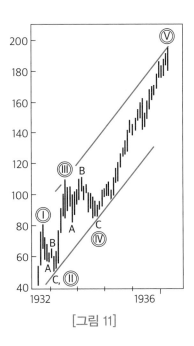

[그림 11]

러나 파동이론에 따르면 당시 강세장은 마지막 단계에 있었다. 1932년에 시작된 장기 움직임은 1936년 11월 12일에 185.52 포인트에 이르렀다. 앞선 53개월 동안 이루어진 다양한 5개 파동의 상승이 기본 주기를 마무리할 단계였다. 당시 주가 수준이 채널 상단에 얼마나 가까운지를 보면 알 수 있다. 그래도 패턴이 완료될 때까지 4개월이 더 필요했다.

강세장이 마지막에 가까워졌음을 확정하는 데 필요하지만 상대적으로 중요도는 낮은 파동의 움직임은 1937년 3월 10일 수요일에 끝이 났다. 그 주에 산업 지수와 철도 지수는 대규모 거래량과 함께 상승하여 약간 더 높은 수준으로 회복되었고 당시 대중적인 시장 이론 중 하나*에 따라 '주요 추세가 상승 방향임을 재확인' 했다.

산업 지수는 195.59포인트에 이르렀다. 이는 1929년 11월 패닉에 따른 저점인 195.35포인트와 1930년 2월의 랠리가 기록한 고점인 196.96포인트와 비슷한 수준이었다.◆ 그 주에 상승하던 주가는 채널 상단에 닿았다. 구리와 철강 가격이 너무 높다는 대통령의 발언은 4월에 나왔으며, 그 무렵 약세 움직임이 한창 진행 중이었다.

┌ 더 알아보기 ├─────────────────────────────

● 다우이론을 말합니다.
◆ 시장은 종종 방향을 돌리거나 극적으로 돌파할 어떤 수준을 선택합니다.
  그리고 이 수준은 피보나치수열과 관계있습니다.

06

5파동으로 미리 보는
상승 돌파와 하향 돌파

1932년부터 1937년까지 이어진 기본 주기 강세 움직임(5장의 [그림 11] 참고)에서 파동 ①과 ⑩은 빠른 속도로 나아갔으며, 자연스럽게 단기간으로 종결되었다. 반면 파동 ⑤는 점진적이고 질서 있게 나아갔다. 그래서 이전에 진행된 4개의 파동을 합친 것보다 더 긴 기간 지속되었다. 앞서 이 움직임을 논의하면서 1936년 11월 무렵의 강세장은 매우 격렬한 추세에 있음이 확실했지만 패턴을 완성하기까지 4개월이 더 필요했다는 점을 지적했다. 이를 통해 기본 주기 5파동의 최대 구간이 완료되는 단계라고 해도 파동을 구성하는 최소 구간(미세 주기 등)은 여전히 진행되고 있다는 점을 잊어서는 안 된다.

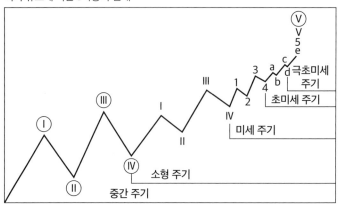

여러 규모에 속한 5파동의 전개

[그림 12]

　[그림 12]는 중요한 규모의 5파동이 한 단계 작은 규모에 속한 5개의 파동 그리고 그보다 한 단계 더 작은 규모에 속한 5개 파동의 전개로 연장되는 양상을 보여준다. 중간 주기 추세는 중간 주기 5파동에 속한 소형 주기 5파동에 속한 미세 주기 5파동에 속한 초미세 주기 5파동에 속한 극초미세 주기 5파동에서 끝날 것이다. 파동 Ⓥ가 나아갈 때 조정이 더 작고 짧아지는 경향을 보인다. 1935~1937년의 양상과 비교해보면 5파동의 종결점은 해당 규모에 속한 전체 움직임이 비슷한 규모에 속한 반전 움직임으로 조정되는 지점임을 알 수 있다.

　작은 규모에 속한 파동을 구분할 때는 혼란스러울 수 있다. 특히 중요한 규모에 속한 5파동이 끝나가는 지점에서는 더욱 그렇다. 때로 상승 및 하향 돌파 때문에 이런 현상이 발생한다.

　상승 및 하향 돌파는 상승 파동의 경우 채널의 상단 평행선을

(3장 참고), 하락 파동의 경우 채널의 하단 평행선을 관통하는 것을 말한다. 상향 돌파 및 하향 돌파 시 거래량은 늘어나는 경향이 있고 특히 기본 주기에 속한 중간 주기 5파동에서는 상당히 많아야 한다. 모든 규모의 5파동이 채널선을 관통하지 못하고, 지속적인 하락 신호를 보인다면 약세에 대한 경고이다. 약세의 정도는 파동의 규모에 좌우된다. 때로 이런 약세는 5파동이 재개될 새로운 기반을 제공한다.

파동을 분석할 때 쓰는 차트의 척도에 따라 상향 돌파하거나 하향 돌파하는 경우도 있다. 가령 산술 척도에서는 상승 파동에서, 로그 척도에서는 하락 파동에서 상향 돌파나 하향 돌파가 나올 가능성이 더 높다.

때로 5파동이 '늘어나기도' 한다. 즉, 분산되거나 확산된다. 이 경우 5파동은 전체 파동과 같은 규모에 속한 정상적인 1파동 패턴으로 나아가지 않는다. 대신 더 낮은 규모에 속한 5개의 파동으로 늘어나거나 나누어진다. 리듬을 토대로 예측할 때 이런 연장은 5파동이 소속된 마무리 단계의 주기가 아니라 5파동 자체에 적용된다. 또한 연장은 예외적으로 강한(또는 하락 파동인 경우 약한) 시장의 특징이다. 1921~1928년의 상승장에서 72년에 걸친 상승이 마무리되었을 때가 한 예이다.

07

비정상적인 조정 파동까지 알면
시장 흐름이 보인다

조정 파동의 리듬은 파동이론에서 해석하기 가장 까다로운 속성을 지녔다. 때로 시장의 위치를 파악하고 전망하려면 조정 파동의 세부 구성을 집중적으로 분석해야 한다. 쉽지 않은 주제이기는 하지만 이 주제에 통달하면 상당한 수익을 올릴 수 있다.

모든 조정의 파동 수는 3개이다. 다만 세부 구성과 크기는 상당히 다양하며, 그에 따라 여러 패턴이 형성된다. 또한 다양한 요소(시간, 속도, 이전 파동의 크기, 거래량, 재료 등)가 영향을 미치면서 조정 패턴을 형성하는 경향이 있다. 나의 시장 연구와 경험에 따르면 조정 패턴은 크게 4가지 유형으로 나누어진다. 각 유형은 지그재그형, 플랫형, 불규칙형, 삼각형이다. 삼각형의 다양한 형태에 대한 논의는 별도의 글에서 이루어질 것이다. [그림 13], [그림

14], [그림 15]는 다른 3가지 형태를 보여준다.

[그림 13]은 비교적 짧은 시간에 완료되는 작은 조정을 보여준다. [그림 14]는 [그림 13]보다 큰 규모의 조정이다. [그림 15]는 기본 또는 중간 추세가 하락 방향으로 돌아설 때 시장의 동향을 보여준다. 이 조정들 중 일부, 특히 비정상적인 조정이 1년 넘게 연장되면서 흔히 '강세장'으로 오해할 만한 움직임이 나올 수도 있다.

지그재그형, 플랫형, 비정상적 조정의 특징인 3개의 파동 또는 A-B-C 형태는 해당 그림에서 명확하게 드러난다. 지그재그형은 2장의 [그림 4]를 통해 간략하게 설명했다. 이 형태는 1파동과 3파동(A와 C)이 5개의 더 작은 파동으로 구성된다는 점에서 다른 형태와 차이를 만든다. 지그재그형 조정의 2번째(B) 파동은 3개의 충격 파동으로 구성된다. 때로 속도가 빠른 움직임에서는 처음의 구간(A)이 계속 이어지는 것처럼 보일 수 있다. 따라서 흐름을 파악하려면 시간별 차트나 보다 자세한 자료를 분석해야 한다.

플랫형과 비정상적인 유형의 1번째와 2번째 파동은 각각 이전 움직임보다 한 단계 작은 규모에 속한 3개의 파동으로 구성된

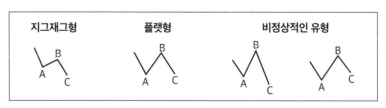

[그림 13]

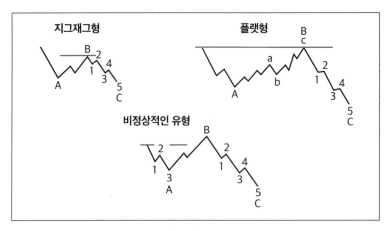

[그림 14]

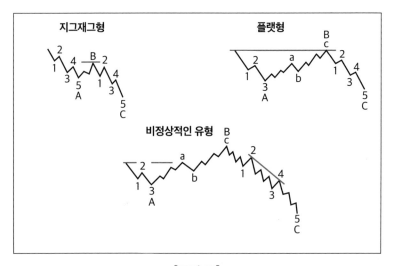

[그림 15]

다. 두 형태의 2번째 또는 B 구간을 이루는 3개의 파동 중에서 1번째와 3번째(a와 c) 파동은 5개의 더 작은 파동으로 구성된다. 또한 플랫형의 경우 3개의 파동이 비슷한 길이를 지닌다.

비정상적인 조정의 특징은 2번째 또는 B 파동이 기본 주기에서 형성된 정상적인 고점보다 높은 2차 고점까지 오른다는 것이다. 따라서 3번째 또는 C 파동에서 대개 1번째 구간보다 격렬한 매도세가 나온다. 이 때문에 보통 C는 A의 저점 아래에서 종결된다. C가 축소되는 경우도 있다. 기본 주기나 중간 주기에 속한 조정처럼 더 크고 중요한 조정에서 비정상적인 조정의 C 파동 또는 3번째 구간은 [그림 15]처럼 더 작은 규모에 속한 5개의 파동이 3번 나올 수 있다.

현재 진행되는 조정의 유형을 분석하고 확인하면 해당 파동과 다음 파동의 규모를 파악할 수 있는 토대가 마련된다. 이때 채널링(3장 참고)은 규모 파악에 도움을 준다. 이제부터는 조정 패턴을 시장에 적용하는 구체적인 방법을 설명할 것이다.

08

삼각형 조정의 특징

삼각형 조정은 주춤거리는 추세를 확연하게 나타낸다. 주된 움직임이 느리게 진전되는 경제 상황과 너무 동떨어지는 경우가 생긴다. 이 경우 주가는 상황이 반영될 때까지 시간을 보내게 된다. 삼각형 파동은 길게는 9개월, 짧게는 7시간 동안 지속된다. 삼각형에는 수평 삼각형과 쐐기형 삼각형, 두 종류가 있다. [그림 16]과 [그림 17]에서 볼 수 있다.

수평 삼각형의 4가지 유형은 상승형, 하락형, 대칭형 그리고 드물게 나오는 대칭이 반대로 된 유형이다. 이렇게 역대칭일 때는 꼭짓점이 조정의 시작점이 된다. 다른 유형에서는 꼭짓점이 조정의 끝이다. 다만 해당 조정 파동은 실제로 꼭짓점에 닿기 전에 종결될 수 있다.

모든 삼각형은 5개의 파동 또는 구간을 지닌다. 각 파동은 3개 이하의 보다 작은 파동으로 구성된다. 이 정의에 부합하지 않는 형태는 파동이론을 벗어난다. 삼각형에 속한 모든 파동은 한 방향으로 나아가는 파동의 일부가 되어야 한다. 그렇지 않으면 우연히 '삼각형'이 생긴 것일 뿐이다.

또 삼각형을 이루는 전체 파동은 주된 움직임에 속한 하나의

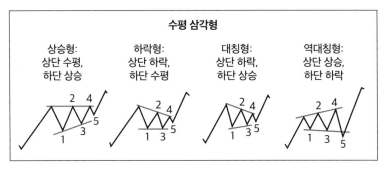

[그림 16]

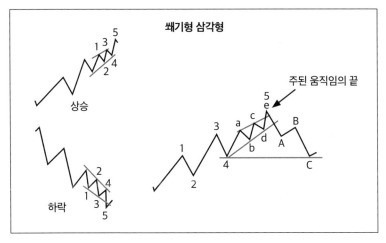

[그림 17]

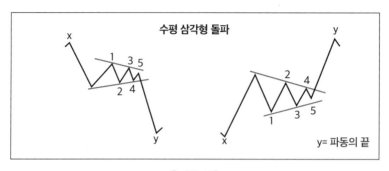

[그림 18]

파동에 해당한다. 수평 삼각형은 2파동이나 4파동에서 나온다. 2 파동에서 나온 경우 주된 움직임은 3개의 파동만 지닐 것이다. 수 평 삼각형이 끝나면 시장은 중단된 추세를 재개할 것이다. 이때 추세의 방향은 삼각형 패턴의 2파동과 같다.

수평 삼각형의 '돌파'(2파동 방향)는 빠른 속도로 이루어지며, 주 된 움직임의 마지막 파동에 해당한다. 뒤이어 추세의 반전이 나온 다. 돌파의 크기는 보통 삼각형에서 가장 넓은 부분의 폭과 비슷하 다. [그림 18]은 수평 삼각형에서 돌파가 나오는 양상을 보여준다.

쐐기형 삼각형은 상승 방향 또는 하락 방향으로 나아간다. 또 한 주된 움직임의 3파동 또는 5파동으로 형성될 수 있다.* 일반적 으로 5파동으로 나타나며, 4개의 주된 움직임을 뒤따른다. 쐐기 형 삼각형이 완성되면 주된 움직임의 끝을 알 수 있다.

쐐기형 삼각형 내의 2번째 파동은 주된 움직임과 반대 방향으 로 나아가며, 형태가 완성된 후 나올 반전의 방향을 가리킨다. 이 렇게 5파동이 완성되고 나면 추세는 빠르게 반전된다. 그 결과 시장은 삼각형이 시작한 지점 근처로 되돌아간다([그림 17]의 3번째 그림 참고).

삼각형 패턴이 모든 주가에 나타나는 것은 아니다. 주간 차트에서 나오는 경우도 있지만 일간 차트에서는 보이지 않는다. 또한 〈뉴욕 타임스〉 지수에는 나오지만 다른 지수에는 나오지 않는 경우도 있다. 1937년 10월부터 1938년 2월에 걸친 중요한 파동은 스탠더드 스태티스틱스 주간 차트에서 삼각형을 형성하지만 다른 지수에서는 보이지 않는다. 이 삼각형의 2번째 파동은 하락 방향을 가리키며, 5번째 파동은 2월 23일에 종결되었다. 이후 3월에 극적인 돌파가 이루어졌다.

┌─ 더 알아보기 ├─────────────────────────────────

● 『파동이론과 법칙』에서는 쐐기형 삼각형은 절대 3파동으로 형성되지 않는다고 하였으나, 칼럼에서는 내용이 약간 다르게 나옵니다. 5파동이 패턴을 종결하는 파동이지만 3파동은 강한 것이 특징입니다. 때로는 1파동으로 나타난다는 일부 증거가 있습니다.

09

'연장'이 가장 중요하다

'연장'은 자주 나오지 않지만 파동이론으로 파악할 수 있는 시장의 현상 중 가장 중요하다. 연장이 이루어지면 파동의 길이(그리고 규모)*는 일반적인 경우보다 훨씬 커진다. 연장은 1파동이나 3파동의 일부*로 발생할 수 있지만 대개 주된 움직임에 속한 5파동의 일부이다. 연장된 파동은 일반적인 5개의 파동 구간으로 구성된다. 뒤이어 3개의 파동으로 후퇴하는 조정이 나오며, 3개 구간에서 2번째 상승 파동이 나온다. 정상적인 5개의 파동 중에서는 5파동이 가장 크고 역동적이다. 따라서 실질적으로 연장의 연장이된다.

　역동적인 구간인 5파동이 다가온다는 사실을 알리는 신호는 1파동과 3파동이 짧고 규칙적인 움직임을 보이며, 채널 안에 갇히는 경우이다.▲ 또 다른 신호는 연장의 1번째 조정 파동이 채널 상한선 근처에서 완료되는 경우이다. 중요한 연장 파동의 길이는 본래의 채널 폭의 몇 배에 이를 수 있다.

채널링은 연장의 진행을 측정하는 데 유용하다. [그림 19]와 [그림 20]에서 'b-d' 선은 연장 파동에 속한 정상적인 '1번째 고점'이 형성되는 지점을 말해준다. 상승과 하락, 이 2개 파동 사이의 큰 폭은 강세장에서 최대로 상승한 힘이 온전히 반영되었다는 의미이기 때문이다.

연장의 처음 5개의 파동이 완료되고 나면 심한 조정(대개 3개의 파동으로 구성되며, 삼각형 패턴일 수 있음)이 시작된다. 이 조정은 비정상적인 주기의 파동 A가 되며 조정 파동 A는 일반적으로 연장의 시작점 부근까지 지수를 끌어내린다(연장의 채널선 돌파). 다만 오랜 기간에 걸쳐 오르락내리락 움직이며 강세장에서 최대로 상승한 폭만큼 이루어진 조정 국면의 심각성을 완화할 수 있다. [그림 20]에서 'X'로 표시된 점선은 파동 A가 완료되는 평균 지점을 가리킨다.

┌─┤ 더 알아보기 ├────────────────────────────────

- 연장 파동의 크기는 더 크지만 규모(소형, 중간, 기본)는 연장되지 않은 2개의 파동과 같습니다.
- ◆여기에서 연장은 연장된 파동의 3파동, 4파동, 5파동을 말합니다.
- ▲연장은 진행하는 3개의 파동 중 하나에서 나옵니다. 만약 연장 파동의 1파동, 3파동이 일반적인 형태라면(즉 3파동이 1파동보다 길기만 하면) 5파동이 연장될 가능성이 높습니다.

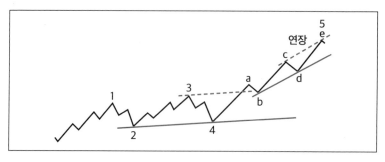

[그림 19]

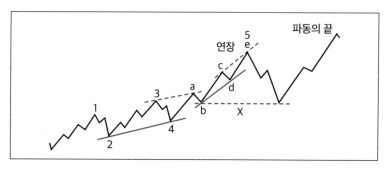

[그림 20]

　파동 A가 완료되면 주된 또는 주기적 움직임이 3개의 폭넓은 구간에 걸쳐 재개된다. 그에 따라 지수는 새로운 고점을 형성한다. [그림 19]와 [그림 20]의 'e'가 주요 주기 또는 기본 주기 강세장의 정상적인 고점일 수 있다. 새로운 고점 또는 비정상적인 고점은 강세장의 최종적 고점이다. 이 3개의 파동이 상승하는 구간은 비정상적인 주기 조정의 파동 B가 된다.

　파동 B가 완료되는 지점은 비정상적인 주기 조정에 속한 파동 C의 시작점이 된다. 이 구간은 대단히 중요한 약세장이다. 파동 C

는 5개의 빠른 파동을 거치면서 앞선 강세장을 이룬 기본 주기 파동 IV의 저점 부근까지 지수를 끌어내린다. 시장에서는 1928년에 역동적인 연장이 이뤄진 후 1928년 11월부터 12월까지 하락 파동 A가 나왔고, 1929년 9월까지 상승 파동 B가 나왔으며, 1932년 7월까지 하락 파동 C가 나왔다.

연장은 약세장에서도 발생한다. 1937년 10월 19일에 5개 파동으로 이어진 연장이 완료되었다. 지수는 115.83포인트에 이르렀다. 이후 폭넓은 삼각형 조정(비정상적인 A-B-C 패턴이 아니라)이 4개월에 걸쳐 진행되면서 1938년 3월 31일에 마침내 지수를 97.46까지 끌어내렸다. 이 삼각형 조정의 2파동은 하락 방향의 주기 추세와 같은 방향으로 나아갔다.

1937년 봄에 원자재, 그중에서도 구리의 가격 동향에서 엄청난 연장이 발생했다. 개별 종목의 경우 '인터내셔널 하베스터 International Harvester'의 정상적인 고점이 1937년 1월에 111~112포인트에 이르렀다. 오르락내리락 움직이면서 조정의 변동성을 조금씩 줄여나간 파동 A는 4월에 주가를 109포인트로 끌어내렸다. 파동 B는 8월에 주기의 새로운 고점인 120포인트에 이르렀다(전체 시장은 3월에 고점을 찍었다). 파동 C는 11월에 약 53포인트까지 주가를 끌어내렸다.

10

주기 안에 주기 안에 주기 있다

1932년부터 1937년까지 이어진 강세장이 완료된 후(5장의 [그림 11] 참고) 이 조정 국면은 3구간으로 나누어지는데, 구간의 처음은 5개의 큰 파동으로 구성되었다. 이 구간은 1937년 3월 10일에 195.59포인트(다우존스 산업 지수)이던 지수를 1938년 3월 31일에 97.46포인트까지 끌어내렸다.* [그림 21]은 이때의 주간 산술 척도를 보여준다. 특정 단계에서는 감정이 시장을 지배한다. 그래도 시장의 리듬을 살펴야 한다는 예측 원칙은 계속 작용한다. 물

┌ 더 알아보기 ├─────────────────────────────

● 엘리어트는 이 시점에서 1937년에 시작된 약세장이 아직 끝나지 않았음을 정확하게 예측했습니다. 이 주기의 최종 저점은 1942년에 확인됐습니다.

[그림 21]

론 일간 패턴과 시간 패턴에 기록되는 미세한 변동 내역은 주간 차트에는 잘 드러나지 않는다. 이 주기의 첫 구간을 구성하는 5개의 큰 파동을 지수와 기간으로 구분하면 다음과 같다.

주기파동 Ⓐ: 1937.3.10.~1937.6.17.(195.59pt→163.31pt)

주기파동 Ⓑ: 1937.6.17.~1937.8.14.(163.31pt→190.38pt)

주기파동 Ⓒ: 1937.8.14.~1937.10.19.(190.38pt→115.83pt)

주기파동 Ⓓ: 1937.10.19.~1938.2.23.(115.83pt→132.86pt)

주기파동 Ⓔ: 1938.2.23.~1938.3.31.(132.86pt→97.46pt)

주기 파동 Ⓐ는 다음과 같이 5개의 소형 주기로 구성된다.

1파동: 3.10.~3.22.(195.59pt→179.28pt)

2파동: 3.22.~3.31.(179.28pt→187.99pt)

3파동: 3.31.~5.18.(187.99pt→166.20pt)

4파동: 5.18.~6.5.(166.20pt→175.66pt)

5파동: 6.5.~6.17.(175.66pt→163.31pt)

주기 파동 Ⓐ의 3파동은 5개의 파동(a, b, c, d, e)으로 구성된다. 주기 파동 Ⓑ는 3개의 파동으로 구성되며, 비정상적인 고점이다.

A: 6.17.~6.24.(163.31pt→170.46pt)

B: 6.24.~6.29.(170.46pt→166.11pt)

C: 6.29.~8.4.(166.11pt→187.31pt)

비정상적인 고점은 1937년 8월 14일에 완성되면서 심각한 주기적 하락을 예고한다.

주기 파동 Ⓒ는 5개의 큰 파동으로 구성되며, 5파동에서 '연장'이 이루어진다. 연장 없이 주기 조정의 1번째 구간이 정상적으로 완료되었다면 지수는 135~140포인트 부근이 되었을 것이다. 파동 Ⓒ는 다음과 같이 구분된다.

1파동: 8.14.~8.27.(190.38pt→175.09pt)

2파동: 8.27.~8.31.(175.09pt→179.10pt)

3파동: 8.31.~9.13.(179.10pt→154.94pt)

4파동: 9.13.~9.30.(154.94pt→157.12pt)

5파동: 9.30.~10.19.(157.12pt→115.83pt)

주기 파동 ⓒ에는 하락 추세를 형성하는 5개 파동이 3개 '세트'가 있다. 이 소형 주기의 1파동, 3파동, 5파동은 각각 5개의 파동으로 구성된다. 4파동은 익숙한 A-B-C 패턴을 이루는 매우 중요한 상승 방향 조정 파동이다. 5파동의 5번째 파동에서 일어난 연장은 앞서 조정되면서 잃어버린 영역을 즉시 회복할 것이며, 2번째 하락은 지수를 주기 조정 파동의 새로운 저점으로 끌어내릴 것임을 말해준다. 또한 2번째 하락 이후에는 오랜 기간에 걸쳐 정상적인 오르내림이 반복되며 삼각형 패턴이 형성되고, 마지막 하락 파동●이 주기 조정의 1번째 구간을 완료하여 적어도 3개의 큰 파동◆으로 상당한 규모가 회복될 것임을 말해준다. 따라서 1938년 3월부터 11월까지는 강세장이 될 것이라고 예측할 수 있다.

주기 파동 ⓓ는 파동 ⓒ에서 발생한 '연장'으로 예고되며, 거대한 삼각형 패턴이 만들어진다.

┌─┐ 더 알아보기 ├───┐

● 마지막 하락 파동은 파동 ⓔ를 뜻합니다.
◆ 원전에는 5개의 파동이 형성된다고 되어있지만 조정 파동이므로 3개 파동이 맞습니다.

└───┘

삼각형 파동 1: 10.19.~10.29.(115.83pt→141.22pt)

이어지는 3개의 파동(A, B, C)

A: 10.19.~10.21.(115.83pt→137.82pt)

B: 10.21~10.25.(137.82pt→124.56pt)

C: 10.25.~10.29.(124.56pt→141.22pt)

2파동: 10.29.~11.23.(141.22pt→112.54pt)

3파동: 11.23.~1.12.(112.54pt→134.95pt)

4파동: 1.12.~2.4.(134.95pt→117.13pt)

5파동: 2.4.~2.23.(117.13pt→132.86pt)

이 삼각형의 모든 구간에서 파동의 수는 3개를 초과하여 구성되지 않는다. 삼각형의 5파동이 완료된 후에는 주기 조정의 하락 방향 움직임이 재개된다.

주기 파동 Ⓔ는 다음과 같이 규모가 작은 5개 파동으로 구성된다.

1파동: 2.23.~3.12.(132.86pt→121.77pt)

2파동: 3.12.~3.15.(121.77pt→127.44pt)

3파동: 3.15.~3.23.(127.44pt→112.78pt)

4파동: 3.23.~3.25.(112.78pt→114.37pt)

5파동: 3.25~3.31.(114.37pt→97.46pt)

1932~1937년 강세장의 주기 조정에 속한 1번째 대형 구간은 이런 과정을 거쳐 완료되었다. 이후 시장은 주기 조정의 2번째 주요 상승 구간을 준비했다. 이 조정은 1932~1937년의 변동에서 회복된 155.03포인트의 63.3퍼센트를 소멸시켰다.

11

추세의 반전 타이밍,
파동으로 찾는다

주가 변동을 예측하는 수단으로 파동이론을 활용할 때 주기 안에 주기가 있다는 사실을 계속해서 인식해야 한다. 또한 각 주기 또는 하위 주기를 분석하고 광범위한 움직임 안에서 위치를 파악해야 한다. 강세장에 속한 하위 주기의 구간이나 조정 구간은 '약세장'으로 오인할 만큼 중대한 경우가 많다. 1938년 3월 31일부터 11월 12일까지 이어진 조정은 강력하지만 하위 주기에 속한다. 하위 주기의 첫 구간을 이루는 5개의 중요한 파동은 '강세 패턴'을 지닌다. 많은 사람은 이 구간을 실제 강세장으로 간주했다(지금도 그렇다). 연장된 랠리 또는 약세 주기의 조정은 3개의 구간으로 구성된다. 이는 강세 움직임에 대한 대규모 약세 조정인 경우에도 해당된다.

파동의 속성

연장된 움직임을 구성하는 파동의 속성은 초보자에게는 무관하게 보이는 여러 요소에 영향받는다. 각각의 완료된 움직임을 분석해 보면 마치 주가 변동의 크기나 목적지는 고정되어 있거나 예정되어 있다는 운명론적 이론을 뒷받침하는 것처럼 보인다. 전체 주기가 진행되는 시간도 정해져 있을지 모른다. 다만 각 구간이 전체 주기를 구성하는데 걸리는 시간은 다양한 것으로 보인다.● 주기의 시간 변화를 관장하는 것은 주가의 변동 속도이며 반대로 주가의 변동 속도가 주기의 시간 변화를 관장할 수도 있는 것으로 보인다.

그러므로 한 구간에서 시장의 움직임이 격렬하고 급격했다면 다음 구간의 속도는 뚜렷하게 느려질 가능성이 높다.◆ 가령 1932~1937년 강세 주기의 1번째 기본 주기 파동은 9주 동안 40포인트 또는 100퍼센트 상승했다. 주당 평균 상승폭은 4.4포인트였다. 2번째 강세 구간은 20주 동안 60포인트 또는 120퍼센트 상승했다. 주당 평균 상승폭은 3포인트였다. 3번째 또는 마지막 구간은 138주 동안 110포인트 또는 130퍼센트 상승했다.

┌ 더 알아보기 ┌───

- ● 엘리어트는 모든 파동은 그 자체로 '전체 주기'이자 '구성 요소'가 될 수 있다고 말했습니다.
- ◆ 이는 교대 법칙의 다른 측면을 말합니다.

주당 평균 상승폭은 0.8포인트였다. 긴 움직임의 끝에서 나오는 빠른 속도는 패턴이 반전된 1번째 파동에서 비슷한 속도를 초래한다. 1938년 3월의 하락 움직임과 뒤이은 4월의 반전 움직임을 비교해보면 더 이해하기가 쉽다.

특정한 단계에서 거래량은 주가 변동에 중요한 역할을 한다. 또한 거래량 자체가 늘거나 줄면서 주가의 주기를 제어하고 완료하는 데 도움을 준다. 시간 주기 및 거래량 주기에 대한 분석은 때로 주가 나선$_{spiral}$*의 위치를 밝히는 데 도움을 준다.

거래량은 주기의 3파동에서 증가하며, 5파동에서도 비슷한 양상을 유지하는 경향이 있다. 거래량 주기가 바닥에 가까워지면 고평가 종목이나 거래량이 극히 적은 종목의 비정상적인 주가 변동이 지수의 추세를 구성하는 작은 파동을 왜곡시킬 수 있다. 정도가 심하면 일시적으로 판단을 어렵게 만들기도 한다. 거래량의 파동은 주가 구간이 완료되는 기간과 그 규모를 파악하는 데 유용하다. 또한 뒤이은 움직임의 기간과 방향, 심지어 속도를 파악하는데도 유용하다. 특히 1938년처럼 시장이 빠르게 등락하는 경우에는 더욱 그렇다. 그러므로 주가 움직임이 거래되는 구간과 거래량 및 시간 주기가 연계되면 최선의 결과를 얻을 수 있다. 동일한 파동이론의 현상이 주가 패턴과 모든 규모의 거래량을 관장하기 때문이다.

적절한 관점을 유지하려면 주간, 일간, 시간별 기록을 활용하여 최소한 2개, 바람직하게는 더 많은 지수의 차트를 그려야 한다. 이때 거래량도 같이 나와야 한다. 주간 차트는 추세의 변화를 적절하게 평가하기에 충분하다. 하지만 월간 차트에 대한 분석도 분명 많은 투자자에게 흥미로울 것이다. 일간 차트는 보다 작은 변화를 관찰할 수 있도록 도와준다. 주기 진행을 정확하게 해석하기 위해서는 필수적이며, 추세의 반전이 이루어지는 타이밍을 판단하는 데 필요하다.

핵심 지점 찾기

시간 차트에 기록된 미세한 변화는 파동 해석을 연습하기 위한 귀중하고 다양한 재료를 제공한다. 시장이 너무나 빨리 움직여서 장기 차트에는 패턴이 분명하게 기록되지 않을 경우에 특히 유용하다. 가령 1937년 10월의 시간 차트에 나타난 작은 삼각형 파동은 하락 방향으로 움직임이 가속되거나 연장될 것임을 예고한다. 실제로 10월 18일과 19일에 역동적인 '패닉'이 발생했다. 시간 차트 분석은 마지막 비정상적인 고점 이전에 나오는 정상적인 고점 같은 다른 핵심 지점을 찾아내는 데도 유용하다. 그러면 정점

┌ 더 알아보기 ├────────────────────────────────────

● 엘리어트가 여기에서 '나선'이란 단어를 사용했습니다. 이는 파동이론을 나타내는 모형인 로그 나선logarithmic spiral 이론을 말하는 것이 아니라 파동에 관한 주관인 느낌인 것으로 보입니다.

근처에서 전략적 매도에 나설 시간을 선택할 수 있다. 예를 들면 1938년 3월에 주가가 급변하고 나서 1시간 동안 5개의 미세 주기 파동이 형성되었다. 이는 주요 추세가 실제로 바뀌었다는 강력한 증거가 된다.

12

주가 지수의 주기 vs.
개별 종목의 주기

앞에서 파동이론의 내용을 살펴보고 시장 동향에 적용하는 방법을 논의했다. 종목의 수가 다양할수록 파동의 윤곽이 더욱 분명하게 그려진다. 다우존스 지수나 〈뉴욕 타임스〉 지수 또는 스탠더드 스태티스틱스 지수처럼 광범위한 지수의 파동 패턴은 전체 시장의 주기가 얼마나 진행되었는지 위치를 정확하게 반영한다. 그러므로 지수의 움직임에 따라 분산된 대표 종목들을 매매하면 수익을 올릴 수 있다. 이 종목들의 전체 시장 가치는 시장의 일반적인 움직임에 맞추어서 오르내릴 것이기 때문이다.

그러나 수익 극대화와 안전성을 추구하는 투자자에게는 개별 종목을 따로 분석하지 않고 종목을 매매하는 방식을 충분하다고 여기지 않을 것이다. 개별 종목 분석을 하면 전체 시장의 주기와 종목의 주기가 일치하지 않는다는 사실을 드러낼 수도 있다. 1935년 봄에 '아메리칸 캔American Can'이 보여준 모습이 그 예이다.

곧 이어지는 차트는 파동이론에 따라 아메리칸 캔•의 주가를 분석한 것이다. [그림 22]를 보면 강세 움직임이 시작된 1932년 6월부터 정상적인 고점이 발생한 1935년 6월까지 전체 월간 변동 내역이 나온다. 이 시점부터 1937년 12월에 주기 조정이 완료되는 시점까지 주가 동향은 추세선으로 나타난다. 이 월간 차트는 주간 및 일간의 세부 내용을, 주기적 움직임을 완성하는 5개의

[그림 22]   [그림 23]   [그림 24]

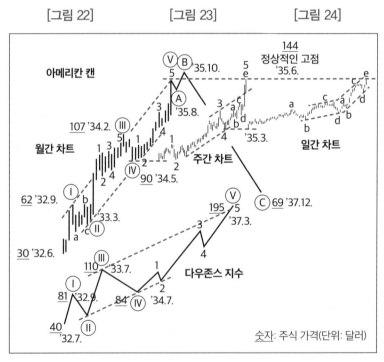

[그림 25]

광범위한 기본 주기 파동으로 압축한다. 적절한 관점을 유지하는 데 실질적인 도움이 된다.

기본 주기 5파동은 1934년 5월에 또는 기본 주기 Ⅳ의 반작용이 완료되었을 때 시작된다. 그래서 시장 동향을 보다 긴밀하게 살펴야 할 필요가 생긴다. [그림 23]은 기본 주기 5파동의 주간 변동폭을 보여준다. 이 기본 주기 파동이 중간 주기 4파동을 지난 후에는 [그림 24]에 나오는 일간 변동폭을 살피는 것이 중요하다. 중간 주기 5파동은 1935년 3월에 시작되며, 소형 주기 5파동은 1935년 6월에 완료된다. 이는 아메리칸 캔의 주된 강세 움직임에 속한 정상적인 고점*이 144포인트에 형성되었음을 알려준다.

아메리칸 캔의 강세 주기에 속한 정상적인 고점이 형성된 이후 1935년 8월에 136~137포인트선으로 내려가는 반작용이

┌─ 더 알아보기 ├─────────────────────

- [그림 22]에서 중복을 피해 파동을 구분하고 '3파동의 요건'을 충족하려면 a는 Ⅱ로, 파동 Ⅲ에 속한 b는 1로, c는 2로, 1은 3으로 바꿔야 합니다. 그렇게 하면 Ⅲ의 4파동은 a-b-c로 구분할 수 있고 교대 법칙이 여전히 충족됩니다.
- ◆ [그림 24]에서 엘리어트는 중복과 'c'로 표시된 불충한 3파동을 무시했습니다. 이어질 Ⓐ 파동과 Ⓑ 파동에 대한 설명으로 미루어 보면 이는 단지 파동 ⑤의 파동 5에 속한 3파동이 연장된 경우일 가능성이 큽니다. 이렇게 해야 불완전한 구분이 해소됩니다. a 파동과 b 파동은 그대로 두고 c 파동은 엘리어트가 Ⓑ라고 구분한 파동의 1번째 고점으로 볼 수 있습니다. 이렇게 되면 b 파동의 저점에서 시작된 연장을 완성하게 됩니다. 또 d 파동은 소규모 반작용(Ⓑ 파동에 속한 b)으로, e는 실제 고점으로 볼 수 있습니다. 엘리어트는 3파동 연장으로 설명해야 적절한 여러 고점을 비정상적인 고점이라 불렀습니다.

나온다. 그에 따라 파동 Ⓐ가 형성된다. 뒤이어 1935년 10월에 149~150포인트선까지 랠리가 나오면서 비정상적인 최종 고점을 찍는 파동 Ⓑ가 형성된다. 이 지점에서 긴 파동 Ⓒ가 5개의 중간 주기 파동을 거쳐 1937년 12월에 69포인트에서 종료된다. 아메리칸 캔의 '정상적인 고점'이 형성될 무렵 투자자들은 해당 종목과 전체 시장의 주기적 위치가 뚜렷하게 다르다는 사실을 관찰했을 것이다.

　[그림 25]는 다우존스 산업 지수에서 발생한 주요 기본 주기 파동의 추세선을 보여준다. 1935년 3월에 아메리칸 캔은 강세 주기의 마지막 단계(기본 주기 5파동에 속한 중간 주기 5파동)를 지났다. 반면 전체 시장은 기본 주기 5파동을 막 시작했으므로 아직 5개의 상승 방향의 중간 주기 파동을 더 거쳐야 한다. 1935년 6월에 아메리칸 캔의 장기 투자자들은 해당 종목이 추가로 상승할지는 매우 불확실하며, 주기로 확인한 대표 종목에 투자했다면 전체 시장에서 최소한의 리스크로 훨씬 큰 수익을 낼 수 있었다는 사실을 깨달았을 것이다. 이 시점부터 전체 시장은 거의 80포인트 또는 65퍼센트 상승한다.

가장 근본적인 것은 법력이나 규제를 통해 뒤집거나 무시할 수 없다.
현재의 뉴스와 정치적인 상황은 부수적인 소재일 뿐, 곧 잊히고 만다.
형세나 그로부터 파생되는 소식이 시장 추세에 엄청난 영향을 끼친다고
흔히들 생각하지만, 그 영향은 생각만큼 크지 않다.

_ 랠프 넬슨 엘리어트

Essays

3부

에세이

《파이낸셜 월드》 연재를 끝낸 엘리어트는 파동이론의 기술적인 내용뿐만 아니라 실제 적용 방법에 대해서도 심층적인 글을 남겼다. 여기에는 《투자교육회보》란 이름으로 1940년부터 1944년까지 엘리어트가 발행했던 글을 일부 모았다. '시장 행동 패턴에 대한 안내서'에 불과했던 파동이론을 경제학, 사회학 분야에서 유례를 찾을 수 없는 '집단적인 인간 행동에 대한 연구'로 격상시킬 만큼 획기적인 내용을 담고 있다는 평을 들었다.

ELLIOTT'S WAVE PRINCIPLE

01

파동이론의 기본

〈1940년 10월 1일〉

문명은 변화에 의존한다. 이 변화는 주기에 의해 생겨나며 '되풀이되는' 주기의 속성이 변화의 근원이다. 극단의 변화가 반복되며 그 자체가 리듬이 되고 리듬은 주기가 된다. 이렇게 한 주기가 완료되면 다음 주기가 시작되지만 새로운 주기의 리듬은 이전 주기의 리듬과 같다. 다만 크기와 지속 시간은 다를 수 있다. 주기는 자연법칙의 움직임을 따라 나아간다.

경제학자, 은행가, 기업가들은 혼란스러움을 줄이고자 주기의 성질을 폭넓게 연구했다. 이와 관련하여 보수 언론《런던 이코노미스트London Economist》는 근래에 영국의 유명 경제학자, 윌리엄 베

버리지_{William Beveridge} 경의 장기적인 경기 순환 연구 결과에 대해 이렇게 논평했다.

> "윌리엄 경은 경기 순환은 연구를 거듭할수록 여러 힘의 압력에 좌우되는 것으로 보인다는 사실을 다시 한 번 강조했다. 이 힘들은 인간의 통제 범위를 완전히 벗어났거나, 막을 수 없는 속성을 가지고 있다. 그런 점에서 정부의 정책은 조류_{潮流}에 휩쓸린 물고기의 버둥거림과 비슷하다. 윌리엄 경은 경기 순환이 경제 정책을 압도한다고 덧붙일 수도 있었지만, 경기 순환이 정치를 무시한다는 사실만을 지적했다."

이러한 '주기적 변화'의 원인은 인간 행동에 관한 사회적 풍조를 비롯해 모든 것을 관장하는 자연법칙임이 분명해 보인다. 불변의 법칙이란 거대한 힘의 영향 아래에서 주기의 움직임을 장기적으로 만드는 직접적인 원인은 상대적으로 덜 중요해진다. 가장 근본적인 것은 법력이나 규제를 통해 뒤집거나 무시할 수 없다. 현재의 뉴스와 정치적 상황은 부수적인 소재일 뿐 곧 잊히고 만다. 상황의 형세나 그로부터 파생되는 소식이 시장 추세에 엄청난 영향을 끼친다고 흔히들 생각하지만, 그 영향은 생각만큼 크지 않다.

자연 변화의 법칙은 계절과 조류, 행성의 운행에도 적용되며 피해 갈 수 없다. 유일하게 변하지 않는 것은 '변화' 그 자체이다. 그렇다. 변화는 일반적인 자연현상으로 무엇인가를 바꾸고 달라지게 만드는 그 속성에 의해 활동이 생겨난다. 너무 조용해서 아무 일도 일어나지 않은 것처럼 보일 뿐 인간 활동뿐만 아니라 생물과 식물도 예외는 없다. 심지어 시간과 수학까지도 이 리듬을 따르는 듯하다. 몇 시간이라는 작은 단위부터 수십 년, 수 세기, 수천 년이라는 거대한 단위까지 포함해서 말이다. 그러므로 주기의 행동을 측정하는 일은 직접적인 원인이 될 만한 사건과는 무관하게 변화 자체를 예측할 수 있는 수단을 제공하며 두둑한 수익까지 안겨 준다.

나는 여러 해에 걸쳐 확보된 데이터를 독자적으로 분석했다. 그 결과 주가의 움직임 안에서 특정한 변화가 반복되는 것을 관찰했다. 이 변화 역시 누구나 피해 갈 수 없는 자연법칙을 따르는 것으로 보였다. 그중 특정한 원칙이 진화했고 나는 이 원칙을 오랜 기간에 걸쳐 세심하게 검증했다.

1934년 무렵 주가 변화의 다양한 패턴을 구성하는 일련의 파동을 리듬으로 분해할 수 있게 되었다. 리듬에는 오르고 내리면서 완성된 주가 변화의 흐름이 담겨 있다. 나는 이를 '주기'라 부른다. 이 주기적 리듬은 여러 주식거래소의 기록뿐만 아니라 원자재, 산업 생산, 기온, 음악, 색상 변화, 전력 생산, 도농간 인구 이동 등에서도 정기적으로 반복된다. 실제로 이 리듬은 인간 활동뿐 아니라 자연의 체계 안에서도 폭넓게 구현된다. 그래서 나는 이 발견을 '파동이론'이라 명명했다.

파동이론을 상세하게 이해하면 시장 자체를 도구로 삼아 주기의 종결을 예측할 수 있다. 파동이론은 '시장의 시스템'이나 어떤

'학설'이 아니다. 여기서 말하는 예측 원칙은 지금까지 알려진 모든 공식의 개념을 넘어선다.

파동의 수와 움직임의 크기 및 지속 시간은 수학적 원칙 및 시간의 경과와 밀접한 관계가 있는 것으로 보인다. 여기에서 파동의 수는 주기적 속성이라고 구별 지을 수 있는 특정한 조건을 만족시키지 못하면 절대 변하지 않는다. 파동의 길이는 감정을 자극하는 뉴스에 영향받을 수 있다. 그러나 파동의 수는 일시적 국면에 영향받지 않는다. 이 원칙은 다양한 추세와 주기의 크기, 조정, 반전을 예측함과 동시에 측정도 가능하게 한다. 이를 뒷받침하는 통계적 증거가 나오기 훨씬 전에 말이다.

파동이론에 관한 전문가가 되면 각 주기에서 시장의 현재 위치를 알 수 있다. 반전이 다가오고 있다는 사실 또한 미리 파악할 수 있다. 리듬 분석을 통해 뒤잇는 움직임의 끝을 알 수 있고, 다음 움직임은 어떤 유형인지도 알 수 있다. 그래서 언제 강세장이 종결되고 약세장이 시작되는지 또는 그 반대의 경우까지 자신 있게 예측할 수 있다.

파동이론은 지금까지 투자 기금을 운용하고, 영향력이 큰 주요 추세와 중간 추세를 예측하는 수단으로써 여러 해 동안 성공적으로 활용되었다. 파동이론이 작동하는 폭넓은 양상을 밝히는 일련의 글이 《파이낸셜 월드》에 실렸다.

파동이론과 수학 법칙의 연관성

피보나치수열_{Fibonacci Summation Series}은 파동이론의 토대가 되며 다음
과 같이 나열된다.

3 5 8
1 - 2 - 3 - 5 - 8 - 13 - 21 - 34 - 55 - 89 - 144 ······

연속되는 2개의 수를 더한 값이 그다음의 숫자가 된다. 가령 3
과 5의 다음에 오는 수_數는 그 합인 8이다. 모든 움직임으로 형성
된 파동의 흐름도 이 숫자들과 일치한다. 2개의 수가 있을 때 앞
의 수는 다음 수의 약 61.8퍼센트에 해당한다. 한 파동과 동반 파
동의 비율도 약 61.8퍼센트이다.

[그림 1]은 주식시장 주기에 대한 3개의 그래프를 보여준다. 이
그래프에는 강세장의 건설적 국면과 약세장의 파괴적 국면이 모두
포함되어 있다. 한 주기에서 형성되는 파동의 수는 수 세기 전에 피
타고라스_{Pythagoras}와 피보나치가 제시한 수학 법칙을 따른다.

상단 그래프는 완료된 주기를 이루는 근본적인 또는 가장 큰
파동을 보여준다. 강세장에는 5개의 파동이, 약세장에는 3개의
파동이 있다.

중단 그래프는 8개로 구성된 근본적 파동을 확대한 것으로써,
총 34개에 이르는 구성 파동을 보여준다. '5-3' 리듬의 일관성에
집중하여 중간 주기 그래프의 특징을 살펴볼 것을 권한다.

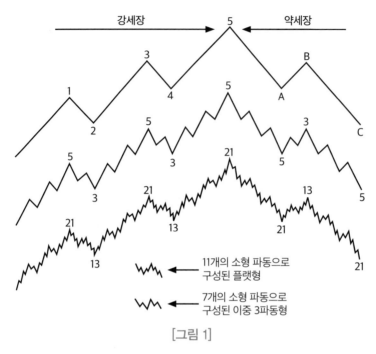

주식시장의 주기

강세장   약세장

11개의 소형 파동으로
구성된 플랫형

7개의 소형 파동으로
구성된 이중 3파동형

[그림 1]

하단 그래프는 해당 주기를 이루는 8개의 근본적인 파동 또는
34개의 중간 주기 파동을 보다 자세히 구분한 것이다. 이 주기는
강세장에서 89개의 소형 주기를, 약세장에서 55개의 소형 주기
를 포함한다. 파동의 총 수는 144개이다. 여기서도 '5-3'의 관계
가 유지된다. 다만 주기의 조정 국면에서 소형 파동의 리듬이 약
간 달라지는 경우가 있다. 이 경우 그 수는 파동의 유형이나 패턴
에 따라 7개나 11개가 된다. 이는 현재 어떤 파동이 전개되고 있
는지 말해준다.

파동이론의 토대는 아주 오래되었다. 기원전 6세기의 피타고

라스, 13세기의 피보나치 그리고 레오나르도 다빈치와 마르코니를 비롯한 많은 과학자가 이 현상을 어느 정도 인지했다는 사실이 알려져 있다. 피보나치는 이탈리아 수학자로서 피사의 레오나르도라고도 불렸다. 그가 말했던 "역동적 대칭성을 이루는 수열 Summation Series of Dynamic Symmetry"은 모든 면에서 파동이론을 따르는 운율적 구분과 일치한다. 또한 파동의 수도 동일하다.

피보나치는 피타고라스가 그린 유명한 피라미드 도표를 보고 수열을 고안한 것으로 보인다. 이 도표는 10개의 단위로 구성되어 있으며, 1로 시작해서 4로 끝난다(『자연의 법칙』 25장에 내용이 나와 있다). 피타고라스는 이 도표가 '우주의 비밀을 푸는 열쇠'라고 말했다. 이 도표는 한 해를 이루는 계절뿐 아니라 거대한 10년 주기 패턴을 구성하고 있는 주기의 내부에 적용된다.

표에서 파동이론, 피보나치수열, 피타고라스 도표의 유사성을 확인할 수 있다.

내가 시장 추세에 파동이론이 작용한다는 사실을 발견했을 때 피보나치수열이나 피타고라스 도표에 대해서는 한 번도 들은 적이 없었다는 사실을 언급할 필요가 있다. 수 세기 전의 오래된 수학 법칙이 오늘날에도 실용적으로 활용될 수 있다는 사실을 뒷받침하는 것은 무척 흐뭇한 일이었다.

시장의 추세에서 시간 요소나 지속 시간이 파동이론의 리듬과 일치하는 측면에 있어서도 많은 '우연'을 언급할 수 있다.

파동이론					피보나치 수열	피타고라스 도표	도표에 대한 나의 추가 분석
그래프	규모	파동 수					
		강세장	약세장	전체 주기			
상단	기본 주기	5	3	8	1+2=3 2+3=5	∵ 1 ∵ 2 ∵ 3 ∵ 4	1 2 3 4
중단	중간 주기	5 3 5 3 5 ─ 21	5 3 5 13	34	3+5=8 5+8=13 8+13=21	1 1 2 3 2 4 5 6 3 7 8 9 10 4 ─ 10	4 5 6 21 7 8 9 10 34 55
하단	소형 주기	21 13 21 13 21 ─ 89	21 13 21 ─ 55	144	13+21=34 21+34=55 34+55=89 55+89=144	2 3 5 8 13 21 34 55 89 144	

[그림 2]

시간 요소의 활용

파동이론의 토대에 대한 분석적 논의에서 다양한 규모에 속한 파동의 구성요소는 역동적 대칭을 이루는 피보나치수열에 속한 숫자들과 같은 수치적 관계를 맺는 것으로 드러났다. 피보나치수열은 1, 2, 3, 5, 8, 13, 21, 34, 55, 89, 144 등으로 이어진다. 이 관계는 모든 파동과 각 움직임의 크기를 파악하고 측정하는 데 매우 유용하다. 또한 파동이론과 함께 활용하면 다양한 기간(일, 주, 월, 년)에 걸친 추세의 지속 시간을 예측할 수도 있다. 다만 기존의 수열 규칙을 추세의 지속 시간에 적용하려고 하는 경우, 시간 요

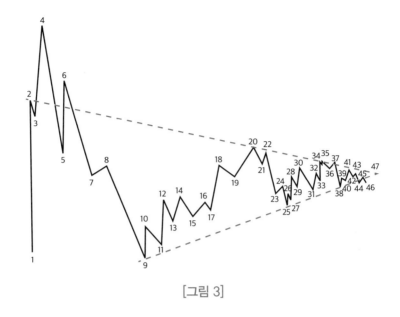

[그림 3]

소만 단독으로 사용하는 것에 대해서는 여전히 혼란스럽다.

　파동이론과 함께 시간 요소를 활용하는 사례는 50개 종목으로 구성된 〈뉴욕 타임스〉 지수를 나타낸 [그림 3]의 그래프에 나와 있다. 이 그래프는 1921년 8월부터 1941년 5월까지 지수 변화를 산술 척도로 나타낸 것이다. 20년에 걸친 시간 동안 형성된 수많은 반전 지점은 표 A에 나열되어 있다. 또한 반전 지점의 지속 시간은 표 B에 나와 있다.

　앞서 파동이론과 시간 요소를 다른 지수, 가령 [그림 4]에 나오는 회사채 추세에도 적용할 수 있다. 13, 21, 55는 화살표로 표시된 것처럼 파동이 지속된 개월 수를 나타낸다(장기 국채의 강세장은 1932년 1월부터 1939년 6월까지 89개월 동안 지속되었다).

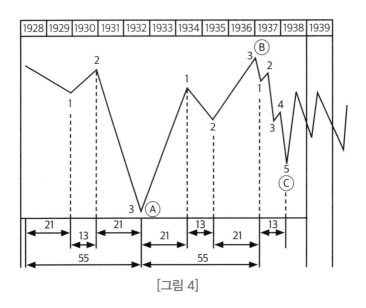

[그림 4]

시간 요소를 분석할 때 해당 움직임은 월초나 월중 또는 월말 부근에 시작하거나 끝날 수 있다. 그러므로 실제로 소요된 시간을 월 단위 수열과 동일하게 일 단위나 주 단위로 측정하면 한 달 빠르거나 늦게 끝날 수 있음을 알고 있어야 한다.

반전 지점의 수					
번호	년	월	번호	년	월
1	1921	8	25	1938	3
2	1928	11	26	1938	4
3	1928	12	27	1938	5
4	1929	9	28	1938	7
5	1929	11	29	1938	9
6*	1930	4	30	1938	11
9	1932	7	31	1939	4
10	1932	9	32	1939	8
11	1933	3	34	1939	9
12	1933	7	35	1939	10
13	1933	10	36	1940	1
14	1934	2	37	1940	4
15	1934	7	38	1940	5
16	1935	6	39	1940	6
17	1935	3	40	1940	8
18	1935	11	41	1940	11
19	1936	4	42	1940	11
20	1937	3	43	1941	1
21	1937	6	44	1941	2
22	1937	8	45	1941	4
23	1937	10	46	1941	5
24	1938	2	47	1941	10

*7, 8번 내용은 편집 시 임의로 누락한 것이 아님을 밝힙니다.

표 A

번호		지속 시간		번호		지속 시간
시작	끝	년	월	시작	끝	월
1	2		89	20	23	8
1	4	8		20	24	
2	47	13		20	25	13
3	4		8	20	47	55
4	9		34	23	24	5
4	47		144	25	30	8
5	6		5	30	31	5
9	12		13	31	34	5
9	20		55	35	36	3
12	15		13	35	47	
20	25		13	36	37	3
20	21		3	37	46	13
20	22		5	41	46	5

표 B

02

얼어붙은 시장의 투자 심리

〈1941년 8월 11일〉

뉴욕증권거래소의 거래량이 5년 연속 감소했다. 특히 1939년 10월 이후에 시장에서 투자 심리가 얼어붙었다. 원인은 주기적 영향 때문이었으며, 이는 수학적으로 측정할 수 있다. 시장의 장기적인 활동은 주가 추세의 길이에 따라 늘어나거나 줄어든다. 추세가 길수록 대중의 관심이 커지고 거래량이 늘어나며 반대로 추세가 짧을수록 대중의 관심에서 멀어지고 거래량이 줄어든다. 근래에 주가 추세의 변동성은 점차 줄어들었다. 이는 정상적인 삼각형 파동을 이루는 움직임의 특징이다.

　다우존스 산업 지수의 등락은 [그림 5]에도 나오듯이 시장에

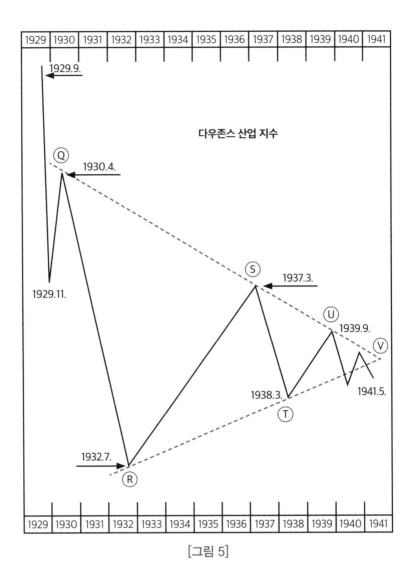

[그림 5]

대한 신뢰 부족과 얼어붙은 투자 심리를 명확하게 설명한다. 점선 2개 Ⓠ-Ⓥ(1930년 4월, 1937년 3월, 1939년 9월의 하락하는 고점을 잇는 선)와 Ⓡ-Ⓥ(1932년 7월과 1938년 3월의 상승하는 저점을 잇는 선)는 거대한 면적을 지닌 삼각형을 형성한다. 이 삼각형 안에서 완료된 각 주가 변동성의 폭은 점차 줄어든다. 기하학적 비율은 크기와 지속 시간 측면에서 0.618의 값을 가진다.

따라서 이 삼각형은 '비율 삼각형'이기도 하며, 『엘리어트 파동이론』에서 설명한 '파동 삼각형'과는 중요한 측면에서 다르다.◆ 0.618과 그 역수(어떤 수와 곱하여 1이 되는 수- 옮긴이)인 1.618은 원의 둘레와 지름의 비율 또는 3.1416에서 직접적으로 기인한다. 이 비율은 파동이론의 구조를 설명하는 숫자 계산과 동일한 피보나치수열의 근본적인 특성이기도 하다. 이 유사성은 '파동이론의 기본'에서 충분히 논의되었다. 피보나치수열, 각 항과 다음 항의 비율, 그 역수는 표에 나와 있다 .

비율과 수열은 주가 추세의 크기 및 지속 시간을 통제하고 제한한다. 이는 전쟁, 정치, 생산 지수, 화폐 공급, 구매력 그리고 주가를 결정하는 데 있어 보편적으로 받아들여지는 다른 수단과 무관하게 이루어진다. 이 말이 사실이라는 것은 1930년 4월 이후의 중요한 움직임을 나타내는 표 B를 통해 증명된다.

이런 속성은 현재의 사건과 정치가 시장의 움직임에 아무런

⌐ 더 알아보기 ├

● 엘리어트가 지적하는 내용에 따르면 비율 삼각형은 파동 삼각형과는 별개인 것으로 보입니다. 13년에 걸쳐 형성된 [그림 5]의 삼각형은 피보나치 관계를 이루는 것은 맞지만, 주의 깊게 살펴봐야 할 내용까지는 아닌 듯합니다.

첫 번째 항	2번째 항	비율	역수
2+3=	5	0.60	1.67
3+5=	8	0.625	1.60
5+8=	13	0.615	1.63
8+13=	21	0.619	1.616
13+21=	44	0.617	1.62
21+34=	55	0.618	1.618
34+55=	89	0.618	1.618
55+89=	144	0.618	1.618

표 A 상대성

파동 번호	날짜		지점		변화	비율
	시작	끝	시작	끝		
R	1930.4.	1932.7.	296.0	40.5	255.5	
S	1932.7.	1937.3.	40.5	196.0	155.5(155.5/255.5=)	60.9%
T	1937.3.	1938.3.	196.0	97.0	99.0(99.0/155.5=)	63.6%
U	1938.3.	1939.9.	97.0	158.0	61.0(61.0/99.0=)	61.6%
						평균 62.0%

표 B 주가 추세의 주기적 상대성

영향을 미치지 못한다는 사실을 증명한다.

　따라서 시장 행동의 원인은 삼각형 영역에 압축된 구성 주기의 상대성이다. 빠르게 다가오는 삼각형의 꼭짓점이 주식시장에서 비교적 긴 기간에 걸쳐 증가된 활동의 시작을 알린다는 점은 매우 고무적이다.

파동이론에 따라 모든 5가지 척도(하나의 근원에서 파생된 주기 추세의 비율, 움직임의 상대적 기간, 삼각형의 수학적 속성, 피보나치수열)가 13년에 걸친 거대한 주기 조정의 종결점이 다가오고 있음을 가리키는데, 이는 매우 놀라운 일이다.

03

미국 역사의 두 주기

〈1941년 8월 25일〉

미국 역사에서 눈여겨볼 만한 주기는 1776~1857년(81년간)과 1857~1941년(84년간) 이렇게 2가지로 파악할 수 있다. 지금 구할 수 있는 가장 이른 주가 기록은 1854년부터 나온 액스 호턴 지수이며 [그림 6]을 보면 1854년부터 1929년 9월까지 이어지는 기나긴 움직임에서 '변화'의 근본적인 속성이 드러나는 것을 알 수 있다. 1857년부터 1929년까지 이어진 파동은 1854년 이전에 이루어진 '미국의 발전' 속성과 규모에 따라 주기 파동 I, III 또는 V일 수 있다.

그러면 주기 III이라고 간주할 수 있는 근거가 있을까?* 첫째,

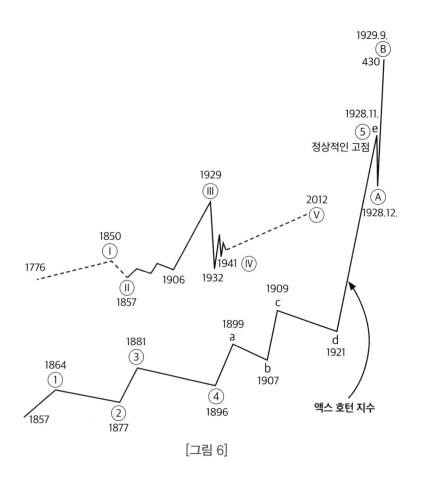

[그림 6]

약 80년에 걸친 기나긴 주기성$_{periodicity}$이 독립전쟁 시기와 남북전쟁 시기 그리고 10년간 진행된 제2차 세계대전 시기를 연결한다. 둘째, 1929년 이후 시장은 13년에 걸친 거대한 삼각형 패턴을 그려냈다. 패턴의 규모가 방대한 이 패배주의적 시기를 주기 파동 Ⅳ로 묶을 수 있다. 셋째, 내가 관찰한 바에 따르면 정상적인 삼각형은 오로지 주기의 4파동에서만 나타난다.

● 추가 데이터의 발견이 주장을 온전히 뒷받침합니다. 『엘리어트 파동이
론』의 설명과 이어지는 차트를 참고해 보시길 바랍니다. 첫 번째 차트는
물가상승률을 반영한(불변가격 기준) 초대형 주기 강세장의 파동 구분을
보여줍니다. 1929년부터 1949년까지의 파동(IV)에서 적절한 삼각형이 형
성되었고 긴 5파동이 2015년까지 이어지는 것을 알 수 있습니다. 엘리어
트가 추정한 2012년과 불과 3년 차이입니다. 2번째 차트는 경상가격 기
준으로 파동을 구분한 것입니다.

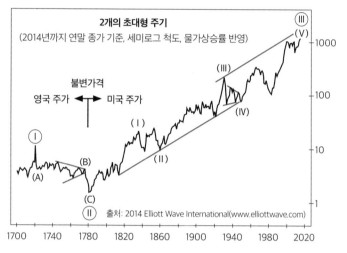

삼각형 주기 파동 Ⅳ가 나온 이유를 이해하려면 특히 1921년부터 1929년에 걸친 역동적인 시기를 검토해야 한다. 따라서 구성된 5파동에 주의를 기울일 필요가 있다. 이 파동은 [그림 6]의 2개 그래프 중 액스 호턴 지수를 나타낸 아래 그래프에서 찾을 수 있고 특정한 파동은 1896년*부터 1929년까지 이어졌다. 1921년부터 1928년 11월에 형성된 정상적인 '연장' 고점까지 이어지는 5파동 또는 'e' 파동은 이 책의 84쪽에 나오는 것처럼 추가로 구분된다. 나는 여기에서 이 패턴을 '반달'이라 일컬었다. 이 움직임은 대단히 역동적이며, 빠른 속도와 많은 거래량 그리고 심한 투기 세력을 수반한다. 또한 1857년부터 이어지는 긴 흐름의 종결 구간이기도 하다.

1857년부터 1929년까지 이어지면서 1921년에서 1929년에 걸친 광적인 움직임을 안은 주기는 그만큼의 조정이 필요할 수밖에 없다. 이 조정은 주가 변화뿐 아니라 영역의 폭이나 지속 시간의 측면에서도 이루어진다. 한 방향으로 빠르게 나아가는 움직임은 뒤이어 반대 방향으로 나아가는 움직임에서도 그와 상응할 만큼의 빠른 속도를 초래한다.* 조정 단계에서 움직임의 동력은 뒤이어 나오는 오름세 또는 내림세에 전이된다. 마찬가지로 크기, 지속 시간, 거래량 특성은 주기마다 상대적이다.

정리하자면, 1857년에서 1929년에 걸친 파동은 폭넓은 조정을 이룰 수밖에 없었으며, 그 비례적 구도에 따라갈수록 움직임이 짧아지고 속도와 거래량이 줄어들 수밖에 없었다. 어느 누구

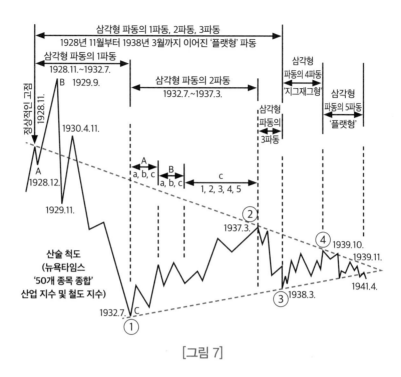

[그림 7]

도 피해 가지 못하는 막을 수 없는 자연의 비례 법칙은 파동과 파동 사이에 0.618의 비율이 반복되도록 만든다. [그림 7]에서처럼 1928년 이후(그리고 1930년 4월 이후)의 전체 움직임(또는 모든 움직임들)은 방대한 삼각형을 이룬다. 이 삼각형은 빠르게는 1776년

┌─ 더 알아보기 ├─

● 엘리어트가 본 글을 발표할 당시에는 1906년으로 표기했지만 추후 1896년임이 확인되었습니다. 1896년이 맞습니다.
◆ 원자재 시장에서 이런 움직임은 흔하지만, 주식시장에서는 흔하지 않습니다.

부터 형성된 규모에 속한 주기 파동 Ⅳ로 간주된다.

삼각형 파동 ⑤는 많이 나아갔으며, 삼각형 영역 안이나 밖에서 형성될 종결 지점은 패배주의로 인해 13년 동안(1929~1942) 이어진 패턴의 최종 조정을 마무리한다. 이 지점은 새로운 주기 파동 Ⅴ(규모가 더 작은 주기로 구성됨)의 시작점이기도 하다. 파동 Ⅴ는 많은 측면에서 1858년부터 1929년까지 이어진 긴 주기와 비슷하다. 이 파동은 2012년 무렵까지 종결되지 않을 것이다([그림 6] 1번째 그래프의 점선 참고).●

┌─┤ 더 알아보기 ├────────────────────────────────┐

● 이 가정은 다음 장 "시장의 미래 패턴"에서 밝히는 것처럼 1857~1928년(정상적인 고점)의 파동과 동일한 길이를 토대로 삼습니다. 그런데 추진 파동은 대개 짧고 가파르지만 이 경우는 그렇지 않습니다. 엘리어트는 『자연의 법칙』 뒷부분에서 이와 거의 비슷한 예측을 하며 추진 파동이 너무 짧았을 수도 있음을 말해줍니다. 그는 분위기가 암울하던 1942년에 수십 년에 걸친 상승을 예측했습니다. 정확도와 예지력 측면에서 놀라운 일입니다. 이런 예측이 가능했던 이유는 모든 뉴스를 무시하고 오로지 패턴만 분석했기 때문입니다.

└──┘

04

시장의 미래 패턴

〈1942년 10월 26일〉

지난 21년(1921~1942) 동안의 패턴은 다음 70년을 예측하기 위한 토대를 제공했다. 또한 1776년부터 1850년까지 어떤 패턴이 형성되었을지 추정하기 위한 토대를 제공했다.

[그림 8]의 그래프 1은 1776년부터 2012년까지 전체 기간을 포괄하며, 큰 규모의 5개 파동을 보여준다. 파동이론에서 주기는 규모나 크기와 관계없이 언제나 5개의 상승 파동과 3개의 하락 파동으로 구성된다.

2파동과 4파동은 언제나 조정 파동이다. 삼각형은 4파동에서 나올 수 있지만 내가 관찰한 바에 따르면 2파동에서는 절대 나오지 않는다. 따라서 1929년부터 1942년에 걸친 패턴은 삼각형이므로 초대형 주기*의 파동 Ⅳ이다. 파동 Ⅴ는 막 시작되려는 참이며, 파동 Ⅲ(1857~1929)이 지속된 시간으로 볼 때 2012년 무렵에 종결되어야 한다.

파동 Ⅳ가 1929년에 시작되었다는 사실이 확인되었으므로 파동 Ⅲ은 당연히 같은 해에 끝난다.* 그래프 1에서 1857년부터 1929년까지 이어지는 파동 Ⅲ은 액스 호턴 지수를 활용하는 그래프 2에서 자세히 나온다.

그래프 2에서 5파동(a~e)은 1896년에 시작된다. 이 파동은 5개의 파동으로 나누어지며, 1921년에 시작되는 하위 5파동은

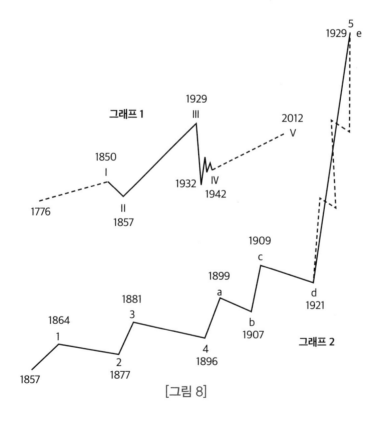

[그림 8]

174

연장된다. 연장은 절대 한 주기에서 2번 나오지 않는다. 따라서 1942년부터 2012년까지는 같은 규모에서 연장이 나오지 말아야 한다.♠ 기록은 없지만 분명히 1850년 이전에 전개된 파동 Ⅰ에서도 연장은 나오지 않았을 것이다. 그런 이유로 그래프 1*에 나오는 2개의 점선은 각각 1850년 이전과 1942년 이후를 나타내며, 타당한 결론이다.■

그래프 1의 파동 Ⅴ는 3개의 강세장과 그 사이에 나온 2개의 약세장을 아우른다. 파동의 진폭(퍼센트 기준)과 부피는 그래프 2에 나온 대로 1857년과 1909년 사이에 형성된 파동과 비슷할 것이다. 지금 살고 있는 사람은 누구도 1920년대 유형의 '신시대'를 목격하지 못할 것이다.♣

┌─ 더 알아보기 ├─────────────────────────────────

- ● 엘리어트는 대형 주기라고 말했지만 '초대형 주기'가 맞습니다.
- ◆ 엘리어트는 [그림 8]의 1921~1929년의 패턴을 5개의 파동으로 해석했습니다. 이렇게 해석하면 A-B-C 패턴이 됩니다. 주식시장이 변함없이 단순한 패턴만을 연이어 그린다는 사실을 보여주는 예입니다.
- ▲ 엘리어트는 제시한 사례를 통해 5개의 파동 구조 안에서 하나의 충격 파동만 연장된다고 말하고 싶어했습니다. 그러나 이 구조에 속한 각 충격 파동의 하위 파동에서 연장이 나오지 않아야 할 이유는 없습니다.
- ★ 엘리어트는 가끔 그래프를 부주의하게 그릴 때가 있었다고 합니다. 그래프 1에 나오는 파동 Ⅴ는 신고점으로 상승했어야 옳습니다. 1932년의 저점도 파동 Ⅰ의 고점 아래로 떨어지지 않아야 옳은 그림입니다.
- ■ 1942년 저점이 나오고 불과 6개월 만에 내린 결론입니다. 엘리어트는 수십 년에 걸쳐 상승되기 전까지 이 저점이 깨지지 않을 것이라 예상했습니다.
- ♣ 1982년에 속도를 높여서 1990년대까지 이어진 주기 5파동은 희망에 기반을 둔 '신시대' 파동이었습니다. 대형 주기에서 1920년대의 형태와 비슷하게 나타났지만 초대형 주기에서는 1920년대와 비슷하지 않았습니다.

Nature's Law

—————

4
부

—————

자연의 법칙 :
우주의 비밀

엘리어트는 1945년 8월,《시장분석소식지》마지막 호를 펴냈다. 그리고 그해 남은 시간과 1946년이 시작된 후 5개월을『자연의 법칙: 우주의 비밀』을 완성하는 데 썼다. 여기에는『파동이론과 법칙』의 일부가 담겼고 발표 이후에 추가로 발견하고 관찰한 내용이 포함되었다. 그는 마지막 저서인 이 책에 파동이론과 관련된 거의 모든 생각을 집대성했다. 참고로 4부의 서문은『파동이론과 법칙』1장의 내용과 같다.

ELLIOTT'S WAVE PRINCIPLE

우주가 법칙에 지배된다는 것만큼 폭넓게 받아들여지는 진실은 없다. 법칙이 없다면 혼돈이 발생하고, 혼돈 속에서는 그 어떤 것도 존재할 수 없다. 항해술, 화학, 항공술, 건축술, 무선 통신, 의술, 음악 등 예술과 과학을 포함한 모든 분야에서 생물과 무생물을 다룰 때에도 자연의 법칙은 그대로 적용된다. 이 법칙은 질서가 있고, 항구성을 유지한다. 일어나는 모든 일은 반복되므로 법칙을 알면 예측할 수 있다.

지구가 둥글다고 믿었던 콜럼버스는 유럽 대륙에서 출발하여 서쪽으로 가다 보면 결국은 새로운 땅에 당도할 것이라고 예측했다. 선원들 중에서 그의 생각을 비웃는 사람도 있었지만, 예상은 들어맞았다. 핼리는 1682년에 발견한 혜성의 궤도를 계산한 후 혜성이 다시 돌아올 것이라고 예측했다. 그가 세운 가설은 1759년에 확실하게 검증되었다. 마르코니는 전기 신호를 연구한 후 전선이 없어도 소리를 전달할 수 있을 것이라 예측했다. 오늘날 우리는 편안하게 누워 바다 건너에서 유행하는 음악이나 다른 프로그램을 들을 수 있다.

앞서 이들 모두는 다른 분야에 속했던 수많은 사람처럼 법칙을 파악했다. 파악한 법칙은 수학적으로 계산할 수 있었기 때문에 예측이 쉬웠다.

우리는 특정 현상에 관한 원인을 이해하지 못하더라도 관찰을 통해 그 현상이 언제 다시 일어나는지 알 수 있다. 태양은 수천 년 동안 정해진 시간에 떠올랐다. 그러한 이유를 알지 못했던 때에도 태양이 떠오른다는 예측은 할 수 있었다. 미국 원주민들은 초승달이 뜨는 시기에 맞추어 달력을 만들었지만, 천상의 신호에 일정한 간격이 생기는 이유를 지금까지도 알지 못한다. 전 세계에 걸쳐서 봄이 되면 파종을 하는 이유는 뒤이어 여름이 올 것임을 알기 때문이다. 하지만 농부는 계절이 끝없이 반복되는 이유까지는 알지 못한다. 이렇듯 각각의 경우에서도 사람들은 특정한 리듬을 터득했다.

인간 역시 태양이나 달처럼 자연의 일부분으로써 존재하며 어떤 행동이 반복되면서 운율이 발생한다는 측면에서 분석의 대상이 될 수 있다. 인간의 활동은 각각 놀라운 특징을 지니지만, 리듬의 관점에서 접근하면 엄청 복잡한 문제에 대해서도 정확하고 자연스러운 답을 내릴 수 있다. 이러한 운율적 절차는 현재 도달하기 불가능한 수준으로 먼 미래의 활동까지 타당하고 확실하게 계산할 수 있도록 도와준다.

인간의 활동과 관련된 폭넓은 연구는 사회·경제적 장치를 통해 여과된 모든 내용이 하나의 법칙을 따른다는 사실을 보여준다. 이 법칙은 비슷하게 되풀이되는 인간의 활동을 일정한 수와 패턴을 지닌 파동이나 충격으로 이어지도록 만든다. 파동이나 충격의 세기는 서로 간에 일관된 상관관계를 지니거나, 시간 경과에 따라 일관된 상관관계를 지니게 된다. 이러한 현상을 더 깊게 이해하려면 인간의 활동 분야에서 몇 가지 사례를 가져와야 한다. 이 사례들은 신뢰할 수 있는 데이터를 풍부하게 제공한다. 그러한 목적을 가지고 살펴보기에 주식시장 데이터보다 나은 것이 없다.

주식시장에 주목하는 이유는 2가지이다. 첫째, 집중적인 예측이 이루어지지만 주식시장만큼 성과가 부실한 분야가 없다. 경제학자, 통계학자, 차티스트, 기업가, 은행가들 모두는 뉴욕증권거래소에서 거래되는 종목을 대상으로 향후 주가를 예측하려고 시도했다. 심지어 오로지 시장에만 집중하고 예측하는 직업도 생겼다. 그러나 1929년(대공황)이 왔다가 떠나며 사상 최고의 강세장을 사상 최고의 약세장으로 돌아서게 했던 반전이 대부분 투자자의 허를 찔렀다. 해마다 시장 조사에 수십만 달러를 들였던 주요 투자기관도 속수무책으로 당했다. 그들은 주식을 너무 오래 보유한 바람에 주식의 가치가 줄어들어 수백만 달러의 손실이 났다.

주식시장을 사회·경제적 활동의 흔한 파동·충격 사례로 선택한 또 다른 이유는 주식시장을 성공적으로 예측하면 큰 보상이 주어지기 때문이다. 시장 예측으로 거둔 단 한 번의 우연한 성공에서조차 엄청난 부를 거머쥘 수 있다. 가령 1932년 7월부터 1937년

3월까지 이어진 상승장에서 30개의 선도주는 평균 373퍼센트 상승했다. 5년에 걸친 상승기 동안 더 큰 상승폭을 기록한 개별 종목도 있었다. 이러한 상승은 일직선을 그리지 않았고 여러 달에 걸쳐 상승과 하락을 반복하며 지그재그 형태의 움직임을 보였다. 작은 규모의 등락일수록 더 큰 수익을 올릴 기회를 제공했다.

　주식시장을 향한 관심이 한결같았음에도 불구하고 예측의 정확성에 대한 보상으로 주어지는 성공은 마구잡이일 수밖에 없었다. 시장 동향에 대처하려고 시도했던 사람들은 주가의 많은 부분이 심리적 현상에서 비롯된다는 것을 깨닫지 못했기 때문이다. 그들은 시장의 변동에는 규칙성이 작용한다는 사실, 달리 말해 주가의 움직임이 리듬 또는 질서를 따른다는 사실을 이해하지 못했다. 이 문제와 관련된 경험이 있는 사람은 잘 알고 있겠지만 시장에 대한 예측은 확실성이나 가치를 얻지 못한 채 우연에만 의존해왔다.

　우주 전반에 작용하는 법칙처럼 시장에도 나름의 법칙이 있다. 법칙이 없다면 주가를 전개시키는 토대나 주식시장이 존재하는 대신, 매일 뚜렷한 이유나 질서를 찾을 수 없는 난잡하고 혼란스러운 일련의 가격 변동만이 있었을 것이다. 시장을 자세히 살펴보면 그렇지 않다는 사실을 깨닫게 되며, '리듬' 그 꾸준하고 정연하며 조화로운 움직임을 파악할 수 있게 될 것이다. 시장을 움직이는 법칙의 이면을 발견하려면 적절한 시각으로 바라보고 접근하여 분석해야 한다. 다시 말하자면 인간이 주식시장을 만들었으므로 시장을 움직이는 법칙의 이면에는 인간의 특성이 반영되었음을 감안해야 한다. 이제부터 어떤 리듬이나 법칙은 확실하게 설명되는 파동이론에 따라 오르내리는 시장의 동향으로 기록된다.

파동이론은 인간의 모든 활동에 자연스럽게 적용할 수 있는 현상이다. 다양한 규모의 파동이 발생할 때 다음에 제시된 요소들이 갖춰져 있을수록 패턴이 완벽해지며, 전문가의 눈에 보이게 된다.

- 발행주식수가 많은 기업의 광범위한 상업적 활동
- 매수자와 매도자가 중개인을 통해 신속하게 거래할 수 있는 보편적인 시장
- 신뢰할 수 있는 거래 기록 및 자료
- 기업과 관련된 모든 문제에 관한 적절한 통계
- 모든 규모의 파동을 드러내는 일간 차트

주식 거래의 일간 기록은 1928년에 시작되었고 시간별 기록은 1932년에 시작되었다. 빠르게 변하는 시장에서 소형 파동과 미세 파동을 관찰하려면 이 기록들이 필수적이다.

파동이론은 2개 이상의 지수로 검증할 필요가 없다. 각각의 지수, 산업군, 종목 또는 인간의 활동은 독자적인 파동으로 해석된다. 파동의 특성과 움직임은 충분히 탐구되었지만, 지식을 활용하여 정확하게 시장을 예측하기 위해서는 꾸준한 훈련이 필요하다.

01

대발견! '61.8'

나는 오래 전부터 '주기'라는 단어의 의미를 파악하려고 애썼다. 하지만 누구도 그 의미를 정의해놓은 것을 찾지 못했다. 이 호기심은 그래프에 대한 분석으로 이어졌고 그래프의 오르내림 속에서 리듬을 발견했다(1938년에 펴낸 책에서 이 사실을 밝혔다). 이후 내가 이루어낸 발견의 토대가 자연의 법칙임을 깨달았다. 그리고 5,000년 전에 건설된 기자의 대피라미드를 설계한 사람들은 이미 이 법칙을 알고 있었다.

이집트와 다른 곳에 여러 피라미드가 있다. 하지만 기자 피라미드가 원조이며, 유일하게 여러 상징을 드러낸다. 다른 피라미드는 왕과 그 가족의 묘지로 쓰기 위해 뒤이어 건설되었다. 일찍이 기원전 820년에 투르크의 칼리프인 알 마문Al Mamoun은 기자 피라

184

미드에 전 파라오들의 시체가 묻혀 있으며, 그 안에서 엄청난 양의 황금을 찾을 수 있을 것이라고 오해했다. 이 사실은 그토록 이른 시대에도 기자 피라미드가 무엇을 상징하는지 알려지지 않았다는 것을 증명한다. 기자 피라미드가 건설되던 시기에는 문헌은 말할 것도 없고 상형문자도 없었다. 상형문자는 다른 피라미드에는 있지만 기자 피라미드에는 없다.

기자 피라미드가 무엇을 상징하는지 파악하기 위해 특히 지난 50년 동안 엄청난 자금이 투입되었다. 그렇게 발견한 상징의 의미는 오늘날의 지식수준으로 이해해봐도 놀라울 정도로 정확하다. 이 지식 중 다수는 비교적 최근의 것이며, 기자 피라미드로 구현된 과학적 상징은 초자연적이고 지금만큼 또는 지금보다 더 발전한 문명이 이전에도 존재했음을 말해준다. 과거에 고도의 문명이 서반구, 특히 멕시코에서 아르헨티나에 걸쳐 존재했을 가능성이 있다. 성경에는 거인에 대한 이야기가 나오는데 체중이 180킬로그램에서 220킬로그램에 달하는 거인의 턱뼈가 발견되기도 했다.●

그러나 이집트학자들은 기자 피라미드에 담긴 상징의 중요성을 간과한 듯하다. 가령 피라미드의 밑면과 높이의 비율은 61.8퍼센트이며, 높이는 5,813인치라는 명확한 사실 등이다(숫자 5, 8, 13은 모두 수열에 포함된다). 이집트의 단위는 과거나 지금이나 우리

┌┤ 더 알아보기 ├─────────────────────────────────┐
● 이후에 이 내용은 사실이 아닌 것으로 밝혀졌습니다.
└──┘

가 아는 '인치'임에도 말이다.

피라미드 측면의 윤곽은 3개의 선으로 구성된 주기를 이룬다. 또 피라미드에는 5개의 면이 있다. 그중 4개는 지상에, 1개는 바닥에 있다. 꼭짓점에서는 8개의 선이 보이며, 면과 선을 합치면 13이다.

13세기의 이탈리아 수학자인 피보나치는 이집트를 방문한 후 1, 2, 3, 5, 8, 13, 21, 34, 55, 89, 144…로 이어지는 수열을 발표했다. 이 수열에서 붙어 있는 2개의 수를 더하면 그다음 수가 된다. 예를 들어 5와 8을 더하면 13이 된다. 모든 수와 그다음 높은 수의 비율은 61.8퍼센트이다(낮은 숫자들 사이의 비율은 약간 다르다). 즉, 피라미드의 밑면과 높이의 비율이 전체 수열을 관장한다.

해바라기씨는 서로 열을 지어서 교차하는 원 안에 박혀 있다. 이 교차점의 최대 숫자는 144개이다. 144는 또한 주식시장(강세장 및 약세장)에서 완료된 주기에 속하는 소형 파동의 숫자이기도 하다. 수열에 속한 수는 인체, 식물, 생산, 동물, 음악 그리고 주식시장을 비롯한 인간의 활동 분야에서 발생하는 파동을 통해 빠짐없이 드러난다.

기원전 5세기의 그리스 철학자인 피타고라스는 이집트를 방문하고 돌아와 2장에 나오는 도표를 발표했다.

02

자연의 법칙에 우연은 없다

자연의 법칙은 적어도 5,000년 전부터 알려져 있었다. 이집트는 기원전 1,500년부터 문명이 '만개'했으며, 현재 존재하는 국가 중 가장 오래되었다. 이집트의 피라미드가 언제 만들어졌는지는 알려져 있지 않다. 기자 대피라미드는 적어도 5,000년 전에 만들어졌다. 일부 연구자들은 노아가 방주를 짓게 만든 대홍수 이전에도 피라미드가 존재했다는 증거를 제시한다. 다른 연구자들은 3만 년이나 되었을지도 모른다고 생각한다.

1945년 12월 3일 자 《라이프_Life》에는 "대피라미드 건설"이라는 매우 흥미로운 기사가 실렸다. 벨 게디스_Bel Geddes는 건설 단계의 다양한 모델을 만들어 공개했고 기사에는 사진이 실려 있다. 그는 『브리태니커 백과사전_Encyclopedia Britannica』을 위한 연구 보고서를 만들었다. 거기에 따르면 피라미드를 짓는 데 쓰인 총 자재의 무게는 327만 7,000톤이다. 반면 세계에서 가장 높은 빌딩인(엘리어트가 원고를 집필했던 시기 기준) 엠파이어 스테이트 빌딩을 세우는 데 들어간 자재의 무게는 30만 5,000톤에 불과했다.

피라미드라는 영구적인 상징을 짓기 위해 설계자와 건설자의 경이로움에 가까운 창의성, 기술, 시간, 노동이 투입되었다. 피라미드는 그들이 후손에게 전하고자 했던 메시지의 중요성을 간절하게 말해준다. 그 시대는 문헌이나 상형문자가 없었다. 상징이 유일한 기록 수단이었다.

피라미드는 수세기 동안, 특히 근래에 철저하게 연구되었다. 내가 관찰한 바에 따르면 이집트학자들은 중요한, 어쩌면 가장 중요한 상징을 간과했다. 그것은 기자 피라미드의 윤곽이다.

피타고라스는 기원전 5세기의 유명한 그리스 철학자이다. 오래된 백과사전들은 그의 활동을 아주 자세하게 설명한다. 『브리태니커 백과사전』은 도표와 함께 마치 수수께끼 같은 제목을 보여준다. 그가 남긴 유일한 기록일지도 모르겠다. 이 도표는 피타고라스가 오랫동안 이집트를 방문한 후 그리스로 돌아와 만든 것이

우주의 비밀

[그림 1]

다. [그림 1]이 그 도표와 제목으로 피라미드를 나타낸 것이라고 봐도 무방하다.

기자 대피라미드의 크기는 다음과 같이 추정된다.

- 밑면: 238.7미터(783.3피트)
- 높이: 147.6미터(484.4피트)
- 비율: 61.8%(높이인 484.4피트를 인치로 환산하면 5,813인치이다. 피보나치수열인 5-8-13을 따른다!)

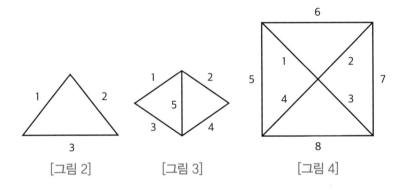

[그림 2]　　　　[그림 3]　　　　[그림 4]

피라미드를 4면 중 어디서 보더라도 3개의 선이 보인다. [그림 2]는 완전한 주기를 이룬다. 피라미드를 4개의 모서리 중 하나에서 보면 [그림 3]처럼 5개의 선이 보인다. 피라미드는 5개의 면을 지닌다. 4개는 지상에 있고, 1개는 바닥을 이룬다. 꼭짓점에서 피라미드를 내려다보면 [그림 4]처럼 8개의 선이 보인다.

이미 여러 번 말했듯이 피보나치는 13세기의 이탈리아 수학자이다. 그는 당대에 피사의 레오나르도라 불렸다. 이집트와 그리스를 방문한 후 이탈리아로 돌아와 하나의 수열을 발표했다. 그 수열은 1, 2, 3, 5, 8, 13, 21, 34, 55, 89, 144…와 같은 방식으로 전개되었다.

이 수열에서 붙어 있는 2개의 수를 더하면 한 단계 더 높은 수가 된다. 가령 5와 8을 더하면 13이 되는 식이다. 어떤 수가 있을 때, 그보다 한 단계 더 큰 수를 어떤 수로 나누면 0.618이 나온다. 8을 13으로 나누면 0.618이 된다. 또 어떤 수를 그보다 한 단계 더 적은 수로 나누면 역수인 1.618이 나온다. 수열 중 값이 적은 범위에서는 정확한 비율이 나오지 않지만, 실용적으로 충분히 활용할 수 있는 비율이 나온다. 읽기 쉽도록 지금부터 0.618은 0.62로, 1.618은 1.62로 표시하겠다.

수열이 시작되고 다섯 번째까지의 수 1, 2, 3, 5, 8이 피라미드 전체 도표에 나온다는 점을 보면 내가 하려는 말을 잘 이해할 수 있을 것이다.

미국의 미술가인 고故 제이 햄비지Jay Hambidge 는 이집트, 그리스, 이탈리아를 방문하고 나서 매우 흥미롭고 중요한 책을 여러 권 썼다. 예일대 출판부의 허락을 받고 그가 쓴 『역동적 대칭성의 실용적 활용Practical Applications of Dynamic Symmetry 』의 27쪽과 28쪽을 다음과 같이 인용한다.

식물학자는 해바라기의 화반disk 을 꽃잎 배열의 규칙을 보여주는 일반적인 사례로 삼는다. 이 화반은 거의 2차원적 형태로 해당 현상을 드러낸다. 해바라기

씨는 화반 전체에 걸쳐 편 마름모꼴 구멍에 박혀서 분포된다. 이 구멍들의 집합체는 여러 곡선이 교차하는 형태를 이룬다. 그 패턴은 오래된 회중시계 곽의 무늬와 비슷하다. 이런 곡선 패턴은 해바라기씨가 배열되는 방식이 가진 흥미로운 속성이다.

첫째, 곡선 자체가 매우 명확하다. 실제로 조개가 성장하면서 껍질에 형성되는 곡선과 매우 비슷하다. 규칙적이며, 특정한 수학적 속성을 지닌다. 이런 속성은 곧 설명하겠지만 균일한 성장의 필수적인 결과이다.

둘째, 지름이 약 13~15센티미터인 일반적인 해바라기의 경우 곡선이 89개이다. 한 방향으로 휘어진 곡선이 55개, 다른 방향으로 휘어진 곡선이 34개이다. 그러니까 일반적인 해바라기의 머리 부분은 55개의 곡선이 34개의 곡선과 교차한다. 이 두 수치를 34+55로 표기하자. 줄기 꼭대기의 꽃 아래에는 대개 크기가 작은 2차 꽃들이 달려 있다. 이 꽃들에서 곡선들이 교차하는 수를 세어보면 보통 21+34이다. 그보다 더 아래에는 늦게 피어난 3차 꽃들이 달려 있다. 이 꽃들에서 곡선들이 교차하는 수를 세어보면 대개 13+21이다.

영국 옥스퍼드에서는 화반이 비정상적인 크기가 되도록 해바라기를 키운다. 이 경우 곡선이 교차하는 수가 34+55에서 55+89로 늘어난다. 이 흥미로운 주제에 대한 현대의 대표적 권위자인 아서 헨리 처치_{Arthur Henry Church} 교수는 옥스퍼드에서 키운 거대한 해바라기의 경우 그 수가 89+144라고 밝혔다.

화반의 씨 집합체 주위에는 관상화_{floret}가 배열된다. 이 배열 역시 씨처럼 곡선이 교차하는 형태이며, 그 수는 대개 5+8이다.

바닥에서 시작하여 화반까지 줄기에 달린 잎의 실제 수를 세어보라. 그러면 줄기를 돌아서 올라가는 동안, 즉 앞서 센 잎의 바로 위에 달린 잎에 이르기까지 일정한 개수로 잎이 달려 있다는 사실을 알게 될 것이다. 잎의 수와 줄기 주위를 도는 회전의 횟수는 각 층의 잎 사이에 일정하게 유지된다. 이는 씨와 관상화가 보여준 것처럼 같은 수열에 속하는 곡선 교차 횟수를 나타낼 것이다.

앞서 언급한 수들은 소위 수열에 속한다. 수열이라고 부르는 이유는 각 숫자가 앞선 숫자들, 이 경우에는 두 숫자의 합에 해당하기 때문이다. 이 수열은 1, 2, 3, 5, 8, 13, 21, 34, 55, 89, 144 등이다. 각 숫자는 앞선 두 숫자를 합해서 얻는다.

이 수열에 속한 두 숫자를 고른 다음 하나를 다른 하나로 나누면, 가령 55를 34로 나누면 비율이 나온다. 이 비율은 수열 전체에 걸쳐 일정하다. 즉 한 단계 큰 수를 바로 앞에 나오는 한 단계 작은 수로 나누면 같은 비율이 나온다. 그 비율은 '1.618…'이며, 무한하게 계속 이어진다. 연산을 뒤집어서 34를 55로 나누면 '0.618…'이 나온다. 이 두 결과 사이의 차는 1임을 알 수 있다.

또한 두 수를 나눌 때 약간의 오차가 발생한다는 점도 알 수 있다. 그 이유는 정수로 표현하면 수열이 그다지 정확하지 않기 때문이다. 그래서 아주 작은 분수까지 있어야 한다. 그러나 이 오차는 성장하는 식물을 관찰하는 데서 나오는 것이기 때문에 확인을 위해 정수를 그대로 쓴다.

1.618 또는 0.618이라는 비율이 고대 그리스인들을 깊이 매료시킨 비율이라는 것은 대단한 우연이다. 그들은 해당 비율이 식물의 구조와 연관되었을 수도 있다는 생각을 하지 못했을 것이기 때문이다. 그들은 이를 외중비extreme and mean ratio라 불렀다. 이후 이 비율은 중세에는 신성비Divine Section, 근래에는 황금비Golden Section로 불렸다.

나는 경험을 통해 144가 실용적 가치를 지니는 가장 큰 수임을 알게 되었다. 주식시장의 완료된 주기에서 소형 주기 파동의 수는 144개다. 다음 표와 [그림 7](4장)에서 그 점이 확인된다.

파동 수	강세장	약세장	총 수(완료된 주기)
주요 주기	5	3	8
중간 주기	21	13	34
소형 주기	89	55	144

이 모두는 피보나치수이며, 전체 수열이 포함된다. 파동의 길이는 다양할 수 있지만 수는 그렇지 않다. 다음 내용에서 피보나치수를 확인할 수 있다.

- 일반적으로 인간의 신체는 숫자 3과 5를 따른다. 몸통에는 5개(머리, 두 팔, 두 다리)의 부위가 붙어 있다. 각 팔과 다리는 3부분으로 나누어진다. 또한 팔과 다리 말단에는 5개의 손가락 또는 발가락이 달려 있다. 손가락과 발가락(엄지 발가락 제외)은 3부분으로 나누어진다. 우리는 오감을 갖고 있다.
- 원숭이도 손과 발이 같다는 점, 즉 엄지손가락이 엄지발가락과 같다는 점을 제외하면 인간과 동일하다. 대다수 동물은 몸통에 5개(머리와 4개의 다리)의 부위가 붙어 있다. 새의 경우도 머리와 두 발, 두 날개가 붙어 있다.
- 음악: 가장 좋은 예는 피아노 건반이다. '옥타브'는 8을 뜻한

다. 각 옥타브는 8개의 하얀 건반과 5개의 검은 건반, 총 13개의 건반으로 구성된다.

- 원소: 기본 원소는 약 89개이다.
- 색상: 원색은 3가지이다. 3원색을 섞어서 모든 색상을 만들 수 있다.

아주 사소한 관찰

- 서반구는 3개 지역(북미, 중미, 남미)으로 구성된다.
- 서반구에는 모두 범미연맹Pan-American Union의 회원국인 21개의 공화국이 있다. 북미는 3개국(캐나다, 멕시코, 미국)으로 구성되어 있다. 남미는 총 13개국(10개의 공화국, 3개의 유럽 식민지)으로 구성되어 있다. 중미는 파나마 운하가 생기기 전까지 5개 공화국으로 구성되어 있었다.
- 미국은 원래 13개 주로 구성되어 있었다. 현재는 55개 지역(48개 주, 콜럼비아특별자치구, 필리핀, 파나마 운하 지역, 푸에르토리코, 알래스카, 하와이, 버진아일랜드)이 있다.
- 독립선언서에 서명한 사람은 56명이다. 원래는 55명이었지만 나중에 1명이 추가되었다.
- 연방정부 구성요소: 3부
- 예포 최대 발사 횟수: 21회

- 투표연령: 21세

- 권리장전 조항: 13개

- 국기의 색: 3가지

- 워싱턴디시_{Washington, D.C.}의 워싱턴 기념탑(1848년 7월 4일에 초석을 깔았음)

총 비용: 130만 달러	…13
기둥 높이: 500피트	…5
관석 높이: 55피트	…55
기둥 밑면: 55평방피트	…55
기둥 상단 둘레: 34피트	…34
토대 계단(수): 8	…8
유리창(각 면에 2개): 8	…8

  ＊ 관석은 피라미드 형태이며, 밑면은 34평방피트, 높이는 55피트(비율 0.618)이다.

- 추축국은 3개의 동맹국으로 구성되어 있다. 독일은 빠르게 13개국을 점령했지만 14번째 국가인 러시아에서 가로막혔다. 무솔리니는 21년 동안 독재자로 군림했다.

- 1852년에 페리_{Matthew Calbraith Perry} 제독은 일본을 예방했으며, 일왕_{日王}에게 철저한 고립주의를 버리라고 권유했다. 55년 후인 1907년 일본은 미국을 심각하게 위협했다. 그로부터 34년 후 그리고 1852년으로부터 89년 후인 1941년, 일본은 진주만을 공격했다.

03

주기의 저점을 기다릴 것

'인간 활동'이라는 표현에는 주식 가격, 채권 가격, 특허, 금 가격, 인구, 도농간 인구이동, 원자재 가격, 정부 지출, 생산, 생명보험, 전력 생산, 휘발유 소비, 화재 손실, 주식거래소 거래권 가격, 유행병, 부동산 같은 항목이 포함된다. 우리의 주된 관심사는 주식 가격이다. 모두가 최소한 어느 정도는 주식 가격을 이해해야 한다.

우리는 마땅히 '어려운 시기'를 대비해야 한다. 건물, 보존 시설, 도로, 교량, 공장, 주택 등을 만드는 일 같은 영구적인 개선 작업은 주기적 저점을 기다려야 한다. 그러면 소유주와 고용주가 비용을 낮출 수 있다. 경기의 변동은 지구의 자전만큼 변함이 없다.

04

인간 활동의 3가지 특징

모든 인간 활동은 '패턴' '시간' '비율'이라는 3가지 뚜렷한 특징을 지닌다. 이 모두는 피보나치수열을 따른다. 파동을 해석할 수 있게 되면, 그 지식을 모든 움직임에 적용할 수 있다. 주식, 채권, 곡물, 면화, 커피의 가격과 앞서 언급한 다른 모든 활동에도 같은 규칙이 적용되기 때문이다.

3가지 요소 중에서 가장 중요한 것은 패턴이다. 패턴은 언제나 형성되는 과정에 있다. 항상 그런 것은 아니지만 대개 패턴의 유형을 미리 그릴 수 있다. 먼저 전개된 패턴의 유형이 미리 그릴 수 있도록 도와준다. 자세한 내용은 8장 "'5-3-5-3'의 법칙"에 나온다.

[그림 5], [그림 6], [그림 7]은 주식시장의 주기를 완벽한 도표로 보여준다. 이 주기는 주로 '강세장'과 '약세장'으로 나누어진

다. [그림 5]는 강세장을 5개의 주요_{Major} 주기 파동●으로, 약세장을 3개의 주요 주기 파동으로 나눈다. [그림 6]에 나오는 강세장에 대한 도표는 주요 주기 파동 ①, ③, ⑤◆를 각각 5개의 중간 주기 파동으로 나눈다. [그림 7]은 중간 주기 파동 1, 3, 5를 각각 5개의 소형 주기 파동으로 나눈다.

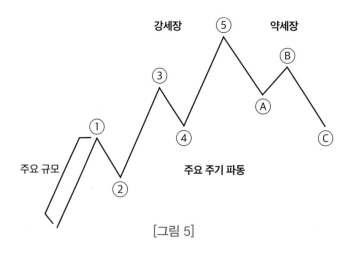

[그림 5]

[그림 5]에서 약세장은 Ⓐ, Ⓑ, Ⓒ로 표시되는 3개의 주요 주기 파동으로 나누어진다. [그림 6]에서 하락 파동 Ⓐ와 Ⓒ는 5개의 중간 주기 파동으로 나누어진다. 상승 파동 Ⓑ는 3개의 중간

┌ 더 알아보기 ├─────────────────────────────

● 일부 장에서는 『파동이론과 법칙』에서 소개된 '기본_{Primary}' 파동 대신 '주요_{Major}' 파동이라는 표현이 나옵니다.
◆ 엘리어트는 『파동이론과 법칙』에서 사용한 파동 구분 시스템을 개선했습니다.

주기 파동으로 나누어진다. [그림 7]에서 중간 주기 파동은 5개의
소형 주기 파동으로 나누어진다.

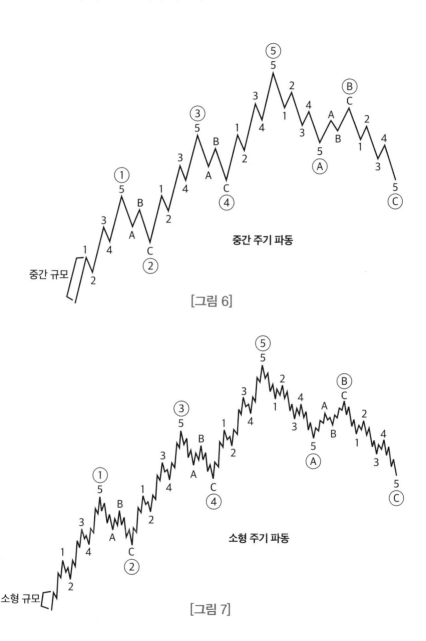

[그림 6]

[그림 7]

다시 말하자면 약세장은 강세장을 뒤집은 형태이다. 약세장은 3개의 주요 주기 파동을 거쳐 하락하는 반면, 강세장은 5개의 주요 주기 파동을 거쳐 상승한다. 강세 국면과 약세 국면에서 나오는 조정은 배우기가 어렵다.

여기에 제시하는 내용은 독창적인 것이므로 새로운 표현을 고안해야 했다. 패턴과 그에 따른 양상을 설명하기 위해 완벽한 도표를 다양한 규모에 걸쳐 제시하고자 했다. '규모'라는 단어는 말하자면 상대적 중요성을 뜻한다. '주요' 규모는 [그림 5]에 나오는 파동을 가리킨다. '중간' 규모는 [그림 6]에 나오는 파동을 가리킨다. '소형' 규모는 [그림 7]에 나오는 파동을 가리킨다. 파동의 수에 대해서는 2장을 참고하면 도움이 된다.

05

조정 패턴 알아보기

조정의 패턴은 방향이나 크기와 무관하게 동일하다. 강세 국면에서 조정은 하락하거나 횡보하고 약세 국면에서 조정은 상승하거나 횡보한다. 조정의 패턴은 강세 국면과 약세 국면 모두에서 도표로 제시될 것이다. 먼저 나오는 도표들은 상승 국면에 적용된다. 그 뒤에 나오는 도표들은 하락 국면에 적용되며, '반전$_{inverted}$'될 것이다. 반전은 주된 움직임이 하락 추세인 경우에 적용된다.

[그림 5], [그림 6], [그림 7]에는 3가지 규모의 주요 주기, 중간 주기, 소형 주기의 파동이 나온다. 그에 따라 조정도 자연스럽게 3개의 규모로 이루어진다.

조정에는 3가지 유형, 즉 지그재그형*, 플랫형, 삼각형 패턴이 있다.

지그재그형

[그림 8], [그림 9], [그림 10]은 상승추세에 대한 조정이고, [그림 11], [그림 12], [그림 13]은 하락 추세에 대한 조정이다.

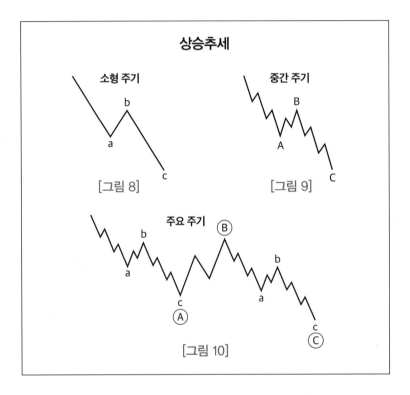

┌─ 더 알아보기 ├─────────────

● [그림 10]과 [그림 13]은 사실 11장에서 볼 수 있는 '이중 지그재그형'입니다. 이렇게 들어간 이유를 2가지로 생각해 볼 수 있는데요. 기본 주기에서는 이중 지그재그형이 기본 지그재그형보다 더 쉽게 생성된다고 보았거나, 이 책을 집필할 때 그림을 잘못 넣었을 경우입니다. 만약 기본 주기의 지그재그형이 잘 떠오르지 않는다면 [그림 7]의 Ⓐ-Ⓑ-Ⓒ 구간을 다시 한번 살펴보시길 바랍니다.

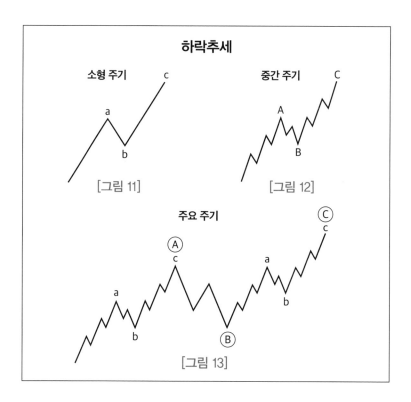

하락추세

소형 주기

[그림 11]

중간 주기

[그림 12]

주요 주기

[그림 13]

플랫형

다음 사례는 소형 주기, 중간 주기, 주요 주기에 속한 플랫형 패턴
이다. [그림 14], [그림 15], [그림 16]은 일반적 조정이고, [그
림 17], [그림 18], [그림 19]는 반전된 조정이다. 이 패턴에 '플
랫형'이라는 이름이 붙은 이유는 파동의 고점 위치와 저점 위치가
대체로 비슷하기 때문이다. 가끔은 하락 방향이나 상승 방향으로
기울어지기도 한다.

소형 주기

[그림 14]

중간 주기

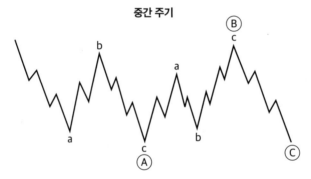

[그림 15]

주요 주기

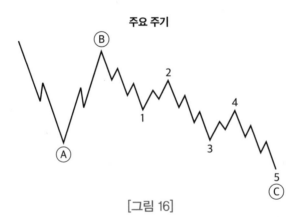

[그림 16]

소형 주기

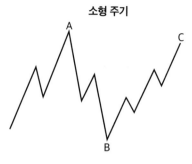

[그림 17]

중간 주기

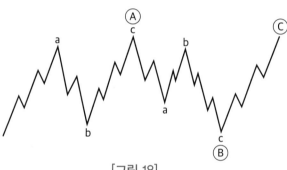

[그림 18]

주요 주기

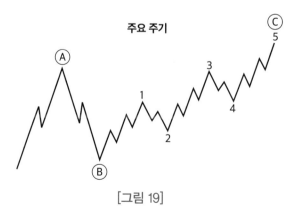

[그림 19]

사실 이 조정 패턴은 '3-3-5'로 부를 수도 있다. 그리고 마지막을 분석하면 3개의 파동 패턴, 즉 A, B, C 패턴이 나온다. 이 패턴과 반대인 강세 패턴은 1파동, 2파동, 3파동, 4파동, 5파동이 '5-3-5-3-5'로 구성된다.

인간의 패턴은 '5-3-5-3'이다. 몸통에 5개 부위(머리, 두 팔, 두 다리)가 붙어 있다. 팔과 다리는 3개 부위로 나누어진다. 손과 발에는 5개의 손가락 또는 발가락이 붙어 있다. 각 손가락과 발가락은 다시 3개 부위로 나누어진다.

파동 C가 길어지든 아니든 반전된 플랫형은 여전히 조정에 해당한다. 8장에서는 언제 파동 C가 길어지는지 알 수 있다.

복잡한 조정

소형 주기의 조정은 [그림 20]과 [그림 21]처럼 3개의 하락 파동으로 구성된다.

이중 횡보 조정은 [그림 22]처럼 7개의 파동으로 구성된다.

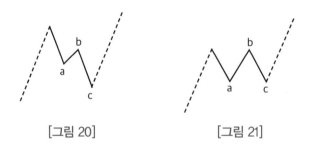

[그림 20]   [그림 21]

삼중 횡보 조정은 [그림 23]처럼 11개의 파동으로 구성된다.

정리해보면 상승 추세에 대한 횡보 조정일 때는 파동의 수가 1개든, 3개든, 7개든, 11개든 간에 언제나 하락 파동으로 끝난다.[•] 이때 파동의 명칭은 3파동[◆]은 '단일 3파동', 7파동은 '이중 3파동', 11파동은 '삼중 3파동'이다.

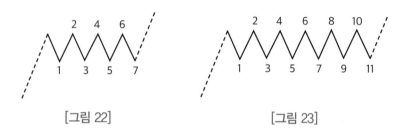

[그림 22]   [그림 23]

[그림 24], [그림 25], [그림 26]은 같은 수의 상승 파동이 추세를 조정하는 경우이다.

가끔 이 3파동이 [그림 27]과 [그림 28](이중 3파동 혼합), [그림 29]와 [그림 30](이중 3파동 상승 방향)처럼 상승 방향 및 횡보 또는 하락 방향 및 횡보로 섞이는 경우가 있다.

┌┤ 더 알아보기 ├─────────────────────────────

- [•] [그림 27]과 [그림 28]을 보면 설명과 조금 다르게 느껴집니다. 엘리어트는 [그림 27], [그림 28]을 그릴 때 이 말을 간과했습니다. 각 조정에서 3개의 파동이 생략된 것입니다. 그러므로 이 그림의 조정은 앞서 진행되던 추세를 재개하는 역할을 하지 못합니다.
- [◆] 복잡한 조정을 구분할 때 쓰인 '3파동'은 3번째 파동을 지칭하는 3파동과 다른 의미입니다.

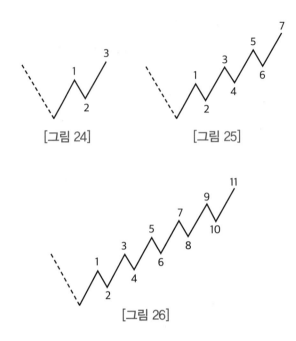

[그림 24]   [그림 25]

[그림 26]

상승 방향

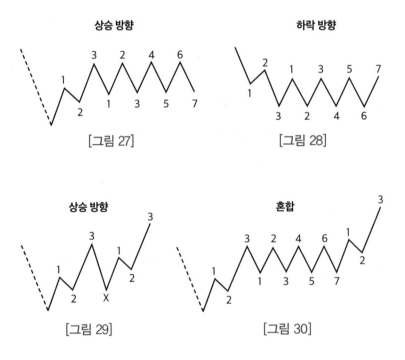

[그림 27]

하락 방향

[그림 28]

상승 방향

[그림 29]

혼합

[그림 30]

삼각형

삼각형 파동은 5개의 파동으로 구성되거나, 또는 5개의 구간으로 나눌 수 있다. 삼각형의 크기가 큰 각 구간은 [그림 31], [그림 32]에 나오듯이 3개의 파동으로 구성된다.

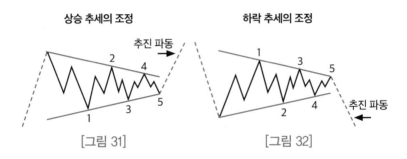

[그림 31]

[그림 32]

삼각형이 중간 크기일 때 4번째, 5번째 구간은 [그림 33]처럼 각각 1개의 파동으로 구성될 수 있다. 삼각형의 크기가 아주 작으면 각 구간은 종종 1개의 파동으로만 구성된다.

삼각형이 형성되고 있는지 파악하는 주요 지침은 윤곽, 즉 고점과 저점을 거치는 직선을 그리는 것이다. 5파동이 시작되기 전

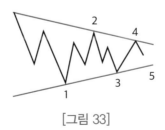

[그림 33]

까지는 삼각형이 형성되고 있는지 확실하게 알 수 없다.

[그림 34]에 나오듯이 삼각형에는 3가지 유형*이 있다.

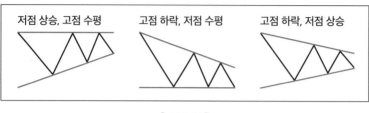

[그림 34]

5번째 구간은 [그림 35]와 [그림 36]에 나오듯이 삼각형 윤곽의 안이나 밖에서 종결될 수 있다.* 5번째 파동은 아주 작은 삼각형이 아닌 한 3개의 파동으로 구성되어야 한다.

삼각형이 7시간 만에 형성된 경우도 있다. 가장 큰 삼각형은 1928년 11월부터 1942년 4월까지 13년 동안 형성되었다. 이 움직임에 대해서는 다른 장에서 논의할 것이다.

삼각형의 5번째 구간에 뒤이은 움직임은 '추진thrust 파동'이라 불린다. 추진 파동은 5개의 파동으로 구성되며, 이 파동들은 삼각형의 2번째 구간 및 4번째 구간과 같은 방향으로 나아간다.

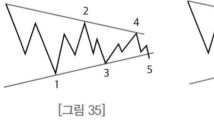

[그림 35]

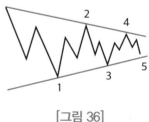

[그림 36]

삼각형은 자주 나타나지 않는다. 나타나는 경우 [그림 37]과 [그림 38]에 나오듯이 언제나 모든 규모의 상승 또는 하락 파동에서 4파동에 위치한다.*

삼각형을 뒤이은 5번째 파동은 추진 파동으로 불리며, 1파동과 3파동에서처럼 5개의 파동으로 구성된다. [그림 37]처럼 3파동의 고점이나 [그림 38]처럼 3파동의 저점을 넘어선다.

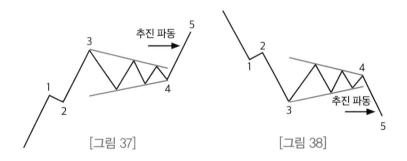

[그림 37]   [그림 38]

⌐ 더 알아보기 ├─────────────────────────────

- [그림 34]는 상승 삼각형, 하락 삼각형, 대칭 삼각형(모두 폭이 좁아짐)을 보여줍니다. 현재 본문에는 폭이 넓어지는 형태인 역대칭을 설명하지 않고 있습니다. 그러나 이 유형도 분명 존재합니다.
- 5번째 파동은 삼각형 경계를 벗어날 수 있습니다. 그렇지만 3번째 파동의 종결점을 넘어설 수는 없습니다.
★ B 파동에서 나오기도 합니다.

06

연장 파동의 모든 것

연장은 [그림 39]부터 [그림 41]까지(상승)와 [그림 42]부터 [그림 44]까지(반전)에 나오듯이 3개의 충격 파동, 즉 1파동이나 3파동 또는 5파동 중 하나에서 나타난다. 절대 둘 이상의 파동에서 나타나는 경우는 없다.

파동을 1개로 세지 않고 5개로 구간을 나누면 총 9개의 파동이 있다는 사실을 알 수 있다. 드물게는 [그림 45]와 [그림 46]처럼 연장 파동이 모두 크기가 같은 9개의 파동으로 구성되기도 한다. 연장은 현재 주기의 새로운 영역에서만 발생한다. 조정으로 발생하는 경우는 없다.

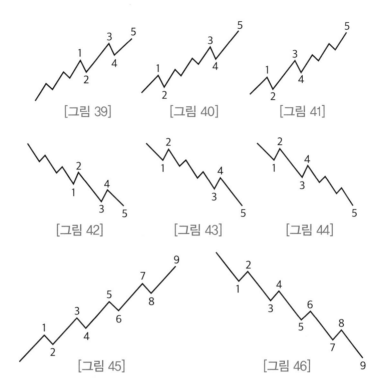

[그림 39] [그림 40] [그림 41]

[그림 42] [그림 43] [그림 44]

[그림 45] [그림 46]

연장의 연장

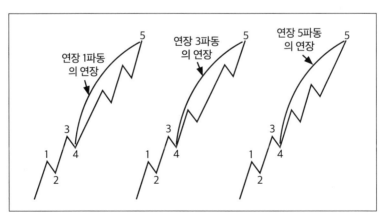

[그림 47]

5파동의 연장

연장이란 '이중 되돌림', 즉 같은 구간을 아래, 위로 2번 지나가는 조정이다. 연장이 1번째 파동이나 3번째 파동에서 발생할 때는 이 점에 크게 신경 쓸 필요가 없다. 그러나 5번째 파동에서 발생할 때는 다르다. 연장이 1번째 파동에서 발생하면 2파동과 3파동에 의해 이중 되돌림이 자동으로* 일어난다. 3번째 파동에서 발생하면 4파동과 5파동에 의해 이중 되돌림이 일어난다. [그림 48]은 5파동 연장과 뒤이은 이중 되돌림을 보여준다.

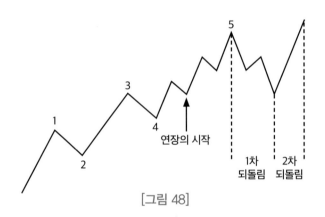

[그림 48]

연장이 규모가 작은 주기에서 나오면 되돌림이 즉시 발생한다. 하지만 중간 주기나 주요 주기에서 나오면 전체 진행이 완료되기 전까지 이중 되돌림이 발생하지 않을 수 있다.* 움직임이 빠른 속도로 진행되면 거의 같은 속도로 같은 구간을 반대로 지나게 된다.

214

잘못된 구분

3개의 충격 파동 1파동, 3파동, 5파동의 길이가 같은 경우는 극히 드물다. 3개 중 하나의 길이는 나머지 2개 중 가장 짧은 파동보다 상당히 길다. 특히 3파동은 1파동과 5파동보다 짧아서는 안 된다는 것을 명심해야 한다. [그림 49]처럼 3파동이 1파동이나 5파동 중 하나보다 짧을 때에는 [그림 50]처럼 구분하는 것이 맞다.

[그림 49]가 잘못된 구분인 또 하나의 이유가 있다. 점선으로 표시된 4파동과 1파동의 구간이 중복된다는 점이다. 중복은 4파동의 저점이 1파동의 고점보다 낮다는 의미이다. 그래서는 안 된

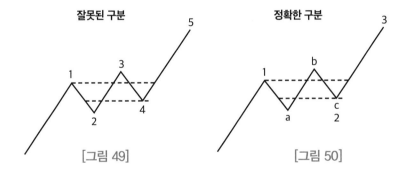

잘못된 구분   정확한 구분

[그림 49]   [그림 50]

┌┤ 더 알아보기 ├────────────────────────

● 1파동이나 3파동에서 발생한 연장은 일부 되돌려지겠지만, 5파동에서 발생한 연장과 같은 전개는 이루어지지 않을 것입니다. 5파동 이후에 일어나는 1차 되돌림은 멀게는 연장된 2파동의 저점까지 되돌아올 것입니다.
◆ 사실 규모는 패턴에 영향을 미치지 않습니다. 앞의 말은 이중 되돌림이 뒤따르는 비정상적인 고점에 해당됩니다.

다. 4파동의 저점은 반드시 1파동의 고점보다 높아야 한다. 반전된 경우는 [그림 51]과 [그림 52]에 나와 있다.

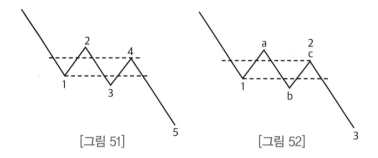

[그림 51] [그림 52]

이렇듯 '복잡한' 파동에서 발생하는 중복은 세심하게 분석해야 한다. 가끔 복잡한 파동은 5장의 도표에 나오듯이 이중 3파동이나 삼중 3파동으로 전개되기도 한다.

조정의 확장

일간 차트를 보고 1번째 상승 움직임이 3개의 파동으로 구성되었는지 아니면 5개의 파동으로 구성되었는지 파악하는 일이 중요하다. 주간 차트에서는 그 부분이 드러나지 않을 수 있다. [그림 53]과 [그림 54]는 반전된 플랫형을 보여주는 일간 차트와 주간 차트이다.● 주간 차트에서는 1번째 상승 파동의 정확한 구성이 드러나지 않기 때문에 일간 차트로 보면 5개의 파동으로 구성되었을

[그림 53]　　　　　　　　[그림 54]

것이라 잘못 판단하여 주간 차트에서도 7개의 파동으로 보인다. 그러나 [그림 53]에 나오듯이 파동 Ⓐ, Ⓑ(1, 2, 3, 4, 5), Ⓒ로 구성된 반전 플랫형이다.

지그재그형에서도 비슷한 양상이 나올 수 있다. 지그재그형은 늘어지지 않는다. 하지만 [그림 56]과 [그림 57]에 나오듯이 이중으로 확장될 수 있다. 지그재그형이 단일 패턴이든 이중 패턴이든 간에 그 조정적 성격은 그대로 유지된다.

┌─ 더 알아보기 ├──────────────────────

● [그림 53], [그림 54]는 플랫형의 전형적인 모습보다는 이중 지그재그형에 가깝습니다. 엘리어트가 3번째 파동이 연장된 것을 5번째 파동이 연장된 것으로 해석했기 때문입니다.

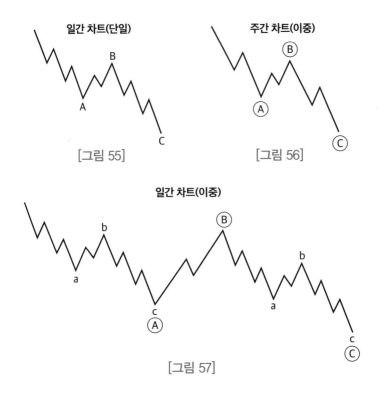

[그림 55]

[그림 56]

[그림 57]

횡보 움직임

이미 알고 있듯이 모든 조정 움직임은 규모와 무관하게 3개의 파동으로 구성된다. 횡보 움직임도 마찬가지로 조정 움직임과 같은 양상을 보인다. [그림 58]은 상승 이후에 나오는 2가지 유형의 횡보 움직임을 보여준다.* [그림 59]의 주된 추세는 하락 방향이다.

주요 추세가 상승 방향일 때

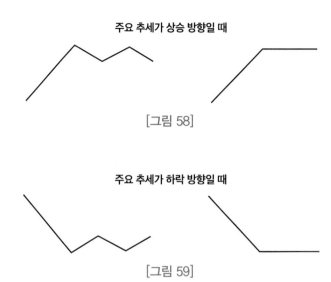

[그림 58]

주요 추세가 하락 방향일 때

[그림 59]

⊢ 더 알아보기 ⊣

- [그림 58]과 [그림 59]에서 각 왼쪽은 플랫형입니다. 각 오른쪽은 하위 구성 요소를 볼 수 있을 만큼 데이터의 양이 충분할 때 일반적인 플랫형의 모양을 제시한 것입니다.

07

비정상적인 고점은
상승 신호일까?

5번째 파동의 고점(정상적인 고점)을 넘어서는 움직임은 비정상적인 고점을 만든다([그림 60] 참고).* [그림 61]에 나오는 5개로 구성된 상승 파동이 주요 주기에 속한다고 가정하자. 5번째 파동의 고점은 '정상적인' 고점(OT)에 해당한다. '5' 지점에서 처음 나온 하락 움직임은 3개의 파동으로 구성되며 Ⓐ로 표시된다. 2번째 움직임은 상승하며, 파동 5의 고점을 넘어선다. 이 움직임은 Ⓑ로 표시된다. 파동 Ⓑ는 파동 Ⓐ와 마찬가지로 3개의 파동으로 구성된다. 다음 움직임은 5개의 하락 파동으로 구성되며 Ⓒ로 표시된다.

파동 Ⓐ, Ⓑ, Ⓒ는 모두 파동 Ⓑ의 끝이 파동 5보다 높다는 사실에도 불구하고 하나의 조정을 이룬다. 이 파동은 1928년 11월부터 1932년 7월에 걸쳐 형성되었다.* 이 특성을 완벽하게 이해

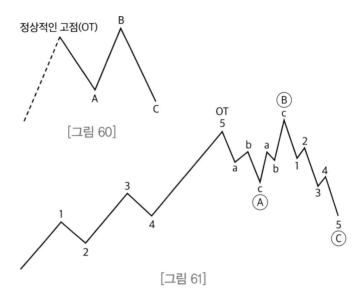

[그림 60]

[그림 61]

하는 일이 중요하다.

파동 Ⓐ가 단지 지그재그형이라면 파동 Ⓑ는 반전된 플랫형일 것이다. 이는 교대 법칙이 경고하는 상황이다. '교대'는 다음 장에서 다룰 것이다.

┌─ 더 알아보기 ├─────────────────────────────

● 비정상적인 고점은 비정상적인 플랫형 조정 파동 Ⓑ가 만든 더 높은 고점 일 뿐입니다.
◆ 이 현상에 대해 엘리어트는 본 도서의 38쪽에서 '오랜 시간이 지나야만 이런 극적인 하락을 예상할 수 있다.' 고 밝힌 바 있습니다.

08

'5-3-5-3'의 법칙

사전에서 '교대'의 뜻을 찾아보면 '2가지 일이 차례로 일어나는 것'이라고 풀이된다. 교대는 자연의 법칙이다. 잎이나 가지는 줄기의 한 쪽에 먼저 난 다음 반대쪽에 나면서 위치를 교대하며 자란다. 일반적인 인체의 구조도 같은 법칙을 따라 5-3-5-3의 형태를 지닌다. 이런 사례는 끝없이 들 수 있지만 우리는 인간 활동에서 나타나는 교대에 대해서 논의하려고 한다.

강세장과 약세장은 교대로 나타난다. 강세장은 5개의 파동으로, 약세장은 3개의 파동으로 구성된다. 5와 3이 교대하는 이 법칙이 모든 규모의 파동을 관장한다.

강세장은 5개의 파동으로 구성된다. 1파동, 3파동, 5파동은 상승하고 2파동, 4파동은 하락하거나 횡보한다. 따라서 홀수 파동과 짝수 파동이 교대하여 나타나게 된다.

2파동과 4파동은 조정 파동이다. 이 두 파동은 패턴이 교대로 나타난다. 2파동이 '단순'하면, 4파동은 '복잡'하다. 2파동이 '복잡'하면, 4파동은 '단순'하다. 작은 규모에서 단순한 조정은 1개의 하락 파동으로 구성된다. 복잡한 조정은 3개의 하락 또는 횡보 파동으로 구성된다. [그림 62]와 [그림 63]에서 볼 수 있다.

복잡한 강세장과 약세장처럼 큰 규모에서는 조정 파동도 그만큼 커진다. 최종 하락 파동을 준비하는 과정은 종종 길어지기도 한다. 약간 중요한 하락 움직임이 먼저 나온다. 나는 이 움직임을 대문자 A로 표시했다. 뒤이어 상승 파동이 나오는데 이때 상승 파동은 B로 표시된다. 3번째이자 마지막 하락 움직임은 파동 C이다. 파동 A가 지그재그 패턴이라면 뒤이어 나오는 파동 B는 반전된 플랫형일 것이다. 반면에 파동 A가 플랫형이라면 파동 B는 반전된 지그재그형일 것이다(어느 경우든 파동 C는 5개의 하락 파동으로 구성된다. 또한 가파르게 하락하면서 이전 강세장의 출발점에 접근할 수 있다). 이처럼 파동 A와 파동 B가 교대로 나타난다.

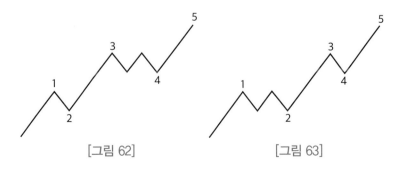

[그림 62]　　　　　　[그림 63]

13년에 걸쳐 형성된 삼각형 파동은 교대의 또 다른 예를 보여준다. 1928년 11월부터 1938년 3월 31일까지 플랫형 파동이 형성된다.● 뒤이어 1938년 3월 31일부터 1939년 10월까지 반전된 지그재그형 파동이 형성된다. 뒤이어 1939년 10월부터 1942년 5월까지 플랫형 파동이 형성된다.◆ 플랫형 파동-지그재그형 파동-플랫형 파동이 교대로 나타났다.

비정상적인 고점은 7장에서 설명한 대로 파동 B가 이전 강세장에 속한 5번째 파동의 고점보다 높게 형성한 고점이다. 이런 고점조차 교대하여 나타났다. 1916년의 고점은 비정상적인 고점, 1919년의 고점은 정상적인 고점, 1929년의 고점은 비정상적인 고점, 1937년의 고점은 정상적인 고점이었다.

1906년까지 철도 지수가 상승 움직임을 이끌었다. 1906년부터 1940년까지 34년(피보나치수) 동안은 산업 지수가 상승 움직임을 이끌었다. 1940년부터는 철도 지수가 다시 선도했다. 철도 지수-산업지수-철도 지수의 상승 움직임이 교대로 나타났다.

┌ 더 알아보기 ├─────────────────────────────

- ● 237쪽, "더 알아보기" 2번째에 해당 내용을 밝혀두었습니다.
- ◆ 이 기간은 2가지로 해석할 수 있습니다. 5개 파동을 형성한다고 보거나, 삼각형 마지막 부분인 파동 B에 이어지는 파동 C의 5개 구간으로 보는 것입니다. 그러면 구분에 상관 없이 1937년부터 시작된 A-B-C 패턴을 완성합니다.

09

로그 척도 vs. 산술 척도

일반적인 분석에서 세미로그$_{semi-log}$ 척도와 산술 척도 중 하나만 쓰고 다른 것을 쓰지 않는 것은 잘못되었다. 그러면 두 척도의 가치와 효용을 누릴 수 없다. 로그 척도가 필요하지 않거나, 필요해질 때까지 산술 척도를 써야 한다.

5개 파동의 상승 움직임에서 2파동과 4파동의 저점을 따라 주추세선을 그을 수 있다. 그다음 3파동의 끝을 따라서 보조 추세선(평행선)을 그을 수 있다. [그림 64]가 그 사례이다.

산술 척도를 쓰면 대개 5파동이 보조 추세선 근처에서 끝난다. 그러나 5파동이 보조 추세선을 크게 넘어서고, 5파동을 구성하는 패턴이 아직 완료되지 않은 경우가 있다. 이때는 1파동에서 시작된 전체 움직임을 세미로그 척도로 그려야 한다. 그러면 5파동의

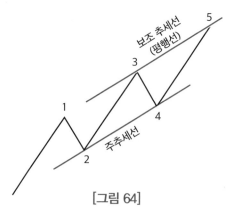

[그림 64]

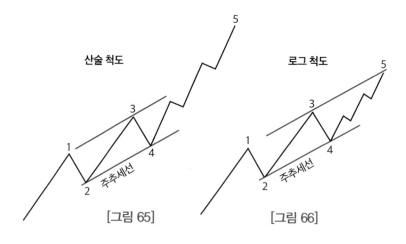

[그림 65] [그림 66]

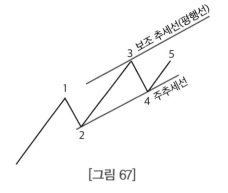

[그림 67]

끝이 보조 추세선에 도달하기는 해도 넘어서지는 않는다. 같은 수 치를 두 척도로 그리면 [그림 65]와 [그림 66]처럼 보일 것이다.

인플레이션$_{inflation}$•(지수 변화의 팽창성을 의미함- 옮긴이)이 존재하는 경우 세미로그 척도가 필요하다. 인플레이션이 존재하지 않는데도 세미로그 척도를 쓰면 [그림 67]에 나오듯이 5파동은 큰 차이로 보조 추세선에 도달하지 못할 것이다.

┌─ 더 알아보기 ├─────────────────────────────────

● 여기서의 인플레이션은 우리가 잘 아는 통화 인플레이션과는 다릅니다. 산술 척도와 세미로그 척도 중에서 어떤 것이 채널링에 적합한 데이터인지를 결정하려면 파동의 형태가 중요합니다. 산술 척도가 정확하다면 증가한 포인트만큼 산술 척도의 움직임이 전개되고, 반면 세미로그 척도가 정확하다면 세미로그 척도의 움직임이 전개됩니다.

10

패턴의 출현

앞서 자연의 법칙을 드러내는 사례를 제시한 것은 뒤에 나오는 그 래프들을 이해할 수 있도록 돕기 위함이었다.* [그림 68]은 1857 년부터 1932년까지 액스 호턴 버지스 지수를 세미로그 척도로 그린 것이다. 이는 구할 수 있는 자료 중에서 가장 큰 규모의 파동이다. 1857년부터 1928년 11월까지 이어지는 5개의 파동과 2파동과 4파동을 지나는 주추세선, 3파동을 지나는 보조 추세선을 볼 수 있다. 5파동의 끝은 1928년 11월에 보조 추세선에 닿는다.

전체적인 움직임은 팽창적이다. 5파동을 구성하는 패턴이 완료되지 않았으므로 세미로그 척도를 써야 한다. 그러나 여러 강세장을 개별적으로 그릴 때는 산술 척도가 필요하다.

1932년까지 이어지는 하락이 1896년에 나온 5파동의 시작

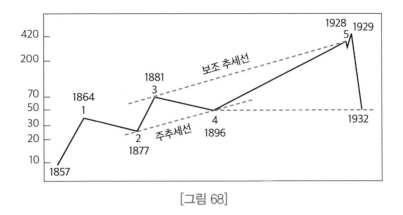

[그림 68]

점에 닿았다. 다시 말해 1929년부터 이어진 하락이 1932년에 멈추었다. 1896년의 저점과 같았다. 정상적 조정이 이루어진 것이다. 지나간 시간에 대한 지식이 부족하면 '대공황'라는 표현을 오용한다. 이는 투자뿐만 아니라 다른 모든 활동에서 역사가 실로 중요하다는 사실을 강조해준다.

[그림 69]는 [그림 68]에 나온 5파동을 세미로그 척도에 따라 자세히 그린 것이다. 이 파동은 한 단계 작은 규모에 속한 5개의 파동으로 나눠진다.

[그림 70]은 1921년에서 1928년에 걸쳐 다우존스 산업 지수 동향을 세미로그 척도로 그린 것이다. 2파동과 4파동을 지나

┌ 더 알아보기 ├─────────────────────────

● 초대형 주기는 『에세이』 "시장의 미래 패턴"의 [그림 1]과 『자연의 법칙』 [그림 98]에서 볼 수 있습니다.

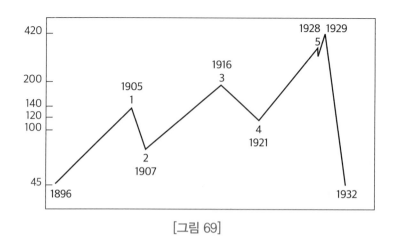

[그림 69]

는 주추세선과 3파동을 지나는 보
조 추세선 그리고 보조 추세선에
닿는 5파동이 확인된다.

1857년부터 1928년 11월까
지의 움직임은 [그림 68]에서 볼
수 있듯이 5개의 파동으로 구성된
다. 1896년부터 시작된 5번째 파

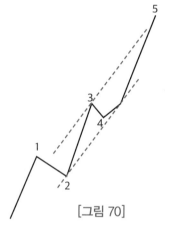

[그림 70]

동은 [그림 69]에 나오듯이 다시 5개의 파동으로 나누어진다.

1921년부터 시작되는 이 움직임의 5번째 파동은 [그림 70]에
나오듯이 또 5개의 파동으로 나누어진다. 다시 말해서 1857년부
터 시작된 전체 움직임은 3번에 걸쳐 더 작은 규모로 나눌 수 있다.

[그림 71]은 다우존스 산업 지수를 산술 척도로 그린 것이다.
이번에도* 1파동과 3파동의 진폭은 5파동의 62퍼센트이다.

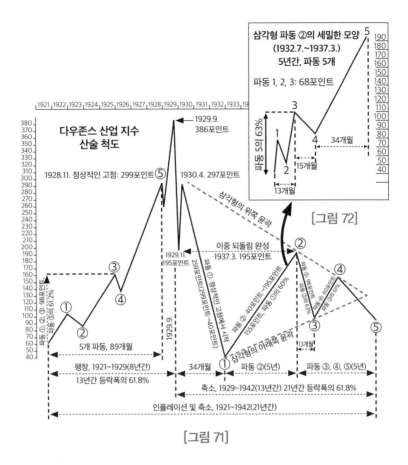

[그림 71]

1857년부터 1928년까지 7번의 강세장과 6번의 약세장, 총
13번(피보나치수)의 등락이 있었다.[*] 이 시기에 전개된 모든 강세장

┌─ 더 알아보기 ├──────────────────────────────

- ● '이번에도'라는 말은 [그림 69]에 나온 1896~1928년 사이의 상승과 [그림 72]에 나온 1932~1937년 사이의 상승이 같다는 의미입니다.
- ◆ 하나의 상승 파동을 강세장 하나로, 3번째와 5번째 상승 파동을 각 3개의 강세장으로 구분하여 총 7개라고 말한 듯합니다.

은 크기 측면에서 정상적이었다. 1921년부터 1928년 사이에는 1 개의 강세장이 아니라 3개의 강세장과 2개의 약세장이 있었다. 이 2개의 약세장은 비정상적$_{sub-normal}$이었다.

시간 요소는 패턴을 확인할 수 있는 증거가 되고, 패턴이 생성 되는 원칙을 따르기 때문에 중요하다. 1928년부터 1942년은 13 년(피보나치수)에 걸친 기간이다. 또 1937년부터 1942년은 5년 (피보나치수)에 걸친 기간이다. 두 기간은 동시에 끝난다. 1928년 부터 1942년에 걸친 전체 움직임은 삼각형을 이루는 하나의 패 턴이다. 삼각형에 속한 각 파동은 앞선 파동의 62퍼센트이다. 3 가지 모든 요소, 즉 패턴, 시간, 비율이 완벽하며, 피보나치수열을 따른다는 것을 [그림 71]을 통해 확인할 수 있다.

지금까지 자연의 법칙을 설명했다. 피보나치수열은 파동의 수, 시간(일, 주, 월, 년의 수), 비율(62퍼센트)이라는 3가지 방식으로 적용 된다.

11

13년 삼각형의 3가지 패턴*

1928년 11월에 형성된 정상적인 고점의 위치는 299포인트이

┌─ 더 알아보기 ├────────────────────

● '13년 삼각형' 개념은 1942년 저점을 예측하는 데 도움이 되긴 했지만, 완전한 개념이라 취급하기에는 무리가 있습니다. 모든 삼각형의 구간은 3개의 파동이어야 하는데 그렇지 않기 때문입니다. 1932~1937년의 상승과 1937~1938년의 하락이 5개의 파동으로 구성되어 삼각형의 한 구간일 가능성이 제거됩니다. 13년 삼각형이라고 주장하는 이유는 이 시기 형성된 삼각형이 모두 0.618의 비율로 수렴하는 추세선 안에서 되돌려졌다는 것입니다. 그렇지만 이 현상은 1976년부터 1979년 사이에도 발생했기 때문에 13년 삼각형이란 주장을 하기에는 충분하지 않았습니다. 엘리어트는 파동이론을 벗어나는 요소에 대해서는 아주 확고한 태도였다고 전해집니다. 1929~1932년의 흐름은 이전에 나온 대형 주기를 조정하기에 너무 짧은 기간이라고 판단했기에 13년 삼각형이란 해석이 나왔습니다. 이렇듯 미리 정해둔 개념에 하위 파동을 꿰맞추려는 시도가 파동 형태를 구분하는 데 어려움을 겪도록 만들었습니다. 그러나 이런 해석의 오류 때문에 엘리어트가 발견한 법칙 전체를 신뢰하지 못하는 건 당치 않습니다.

다. 1932년에 형성된 저점의 위치는 40포인트이다. 그 간격은 259포인트이다. 1932년부터 1937년까지 지수는 40포인트에서 195포인트로 155포인트가 상승했다. 여기서 155는 259의 60 퍼센트에 해당한다.

1928년 11월의 정상적인 고점부터 1932년 7월까지 13년 삼각형에 속한 파동 ①이 전개된다. [그림 71]에 나오듯이 1932 년 7월부터 1937년 3월까지 삼각형에 속한 파동 ②가 전개된다. 1937년 3월부터 1938년 3월까지 삼각형에 속한 파동 ③이 전 개된다.

1937년 3월, 해당 지수는 패턴, 비율, 시간과 무관하게 195포 인트로 이동했다. 1921년부터 1928년에 걸친 상승은 1896년에 시작된 5번째 파동의 연장이었다. 6장에 나오듯이 연장은 '이중 으로 되돌려진다'. 1929년 9월부터 11월까지 195포인트로 떨어 지는 하락은 1차 되돌림의 일부이다. 1932년부터 1937년까지 40포인트에서 195포인트까지 올라가는 상승(파동 ②)은 이중 되 돌림을 완성한다.◆ [그림 71]에서 1929년 11월과 1937년 3월 에 정확하게 195포인트에서 패턴이 만나는 점을 확인할 수 있다.

1932년부터 1937년까지 155포인트만큼 이동하는 움직임의 진폭은 일반적인 강세장에 속하지 않는다. 다음으로 제시된 4가 지 강력한 기술적 요인이 상승폭을 더욱 키웠다.

① 1928년 11월에 299포인트에서 1932년에 40포인트까지 떨어진 하락 움직임의 62퍼센트를 회복해야 할 필요성

② 1921~1928년 연장 파동에 대한 이중 되돌림을 완성해야 할 필요성

③ 60개월 또는 5년이라는 시간 요소

④ 패턴

사실 이 움직임은 파동 패턴, 진폭, 이중 되돌림, 시간이라는 4가지 필수 조건을 따랐으며, 이 모두는 오직 피보나치수열에서 비롯된 것이었다.

1921년부터 1928년까지 이 시기에 나온 진폭의 비율을 보면 파동 ①, ③을 통한 상승폭은 98포인트이며, 이는 파동 ⑤를 통한

┌─ 더 알아보기 ─────────────────────────────

◆ 이 전환점은 우연히 나온 것이 아니지만 이중 되돌림으로 묶는 것은 법칙을 너무 무리하게 늘린 것처럼 느껴집니다. 1921~1928년 상승 파동에 속한 5번째 파동 연장의 상부는 엘리어트가 말한 파동 A와 B에 의해, 나머지는 파동 C의 1파동과 2파동에 의해 필요한 만큼 이중으로 되돌려집니다. 엘리어트의 파동이론을 연구한 프렉터와 프로스트의 결론을 빌리자면, 1921~1928년의 전체 상승이 비정상적인 조정을 통해 완전히 이중으로 되돌려지지 않는 이유는 1921~1929년의 파동 자체가 연장 파동이 아니기 때문입니다. 1857~1929년의 패턴에서 연장 파동은 3번째 파동이고 정상적인 움직임이므로 5번째 파동이 비정상적인 고점에 의해 이중으로 되돌려질 이유가 없는 것이지요. 1차 되돌림이 5번째 파동보다 큰 부분을 포함한다는 것도 해당 파동이 연장 파동이 아니라는 추가적인 증거가 됩니다. 설령 해당 파동을 연장 파동으로 보더라도 뒤이은 5번째 대형 주기 파동이 결국 2차 되돌림을 이루었을 것이라고 말하고 있습니다.

상승폭인 160포인트의 62퍼센트에 해당한다. [그림 71]과 [그림 72] 하단의 수평선에 표시해두었다.

1921~1942(21년 팽창의 시작~수축의 끝)

1921~1929(8년, 13년의 62%)

1921.7.~1928.11.(89개월)

1929.9.~1932.7.(34개월)

1932.7.~1933.7.(13개월)

1933.7.~1934.7.(13개월)

1934.7.~1937.3.(34개월)

1932.7.~1937.3.(5년)

1937.3.~1938.3.(13개월)

1937.3.~1942.4.(5년)

1929~1942(13년, 21년의 62%)

5장에 삼각형의 패턴과 그에 대한 설명이 나와 있다. 1928년 11월(정상적인 고점)과 1942년 4월 사이에 형성된 삼각형은 대칭을 이룬다. 이 삼각형은 플랫형과 지그재그형이라는 2가지 패턴으로 구성되어 있기 때문에 일반적인 유형과 다르다. 먼저 플랫형이, 뒤이어 지그재그형이 나오고, 다시 플랫형이 나온다.*

이런 형태가 필요한 이유는 엄청난 규모, 패턴의 교대, 1921년부터 1928년까지 팽창하며 확장된 이중 되돌림을 완료하기 위해 1937년에 195포인트까지 나아가야 할 필요성, 1942년(1921년으로부터 21년 후)까지 패턴을 완료해야 할 필요성, 62퍼센트의 비율을 유지해야 할 필요성, 1896년부터 1928년까지 이어진 5번째 파동 전체를 되돌려야 할 필요성 때문이며, 이 모두는 상당히 큰 규모를 이룬다.

1928년부터 1942년에 걸친 13년 삼각형은 다음과 같이 3개 패턴으로 구성된다.

- 플랫형◆: 1928.11.~1938.3.(삼각형 파동 ①, ②, ③)
- 반전된 지그재그형: 1938.3.~1939.10.(삼각형 파동 ④)
- 플랫형: 1939.10.~1942.4.(삼각형 파동 ⑤)

패턴이 플랫형, 반전된 지그재그형, 플랫형의 순서로 교대되는 것을 봐야 한다. 비슷한 양상을 지니는 다른 많은 사례가 있다. 플랫형과 반전된 지그재그형은 5장에서 설명했다. [그림 73]은 이 패턴과 그에 해당하는 삼각형 파동을 보여준다.

┌─ 더 알아보기 ├───────────────────────────

- 처음 3개의 파동을 묶어서 플랫형으로 봤습니다. 삼각형의 3파동이 분명하게 5개의 파동으로 구성되어 있기 때문입니다.
- ◆ 이 해석은 틀렸습니다. 1937~1938년의 파동이 플랫형의 C 파동이라면 5개의 구간이어야 합니다. 또, 삼각형의 어떤 구간이라면 3개의 구간이어야 합니다.

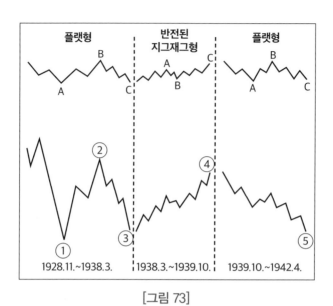

플랫형   반전된 지그재그형   플랫형

1928.11.~1938.3.   1938.3.~1939.10.   1939.10.~1942.4.

[그림 73]

    [그림 74]는 1928년 11월부터 1942년 4월까지 다우존스 산업 지수를 산술 척도로 나타낸 그래프이다. 각 봉은 한 달의 기간을 의미한다(월봉).

    1928년부터 1932년까지 전개된 파동 ①은 파동 Ⓐ, Ⓑ, Ⓒ로 구성된다. 파동 Ⓐ는 1928년 11월부터 12월까지 전개된 3개의 하락 파동으로 구성된다. 이 파동들은 속도가 빨라서 일간 차트에서만 드러난다. 파동 Ⓑ는 반전 플랫형의 형태를 지닌 비정상적인 고점을 이룬다. 파동 Ⓒ는 1929년 9월부터 1932년 7월까지 전개된 5개의 하락 파동(그래프의 번호 참고)으로 구성된다. 소요 기간은 34개월이다. 이에 따라 파동 ①의 소요 기간은 5년이다.

    1932년부터 1937년까지 전개된 삼각형 파동 ②는 5개의 파

238

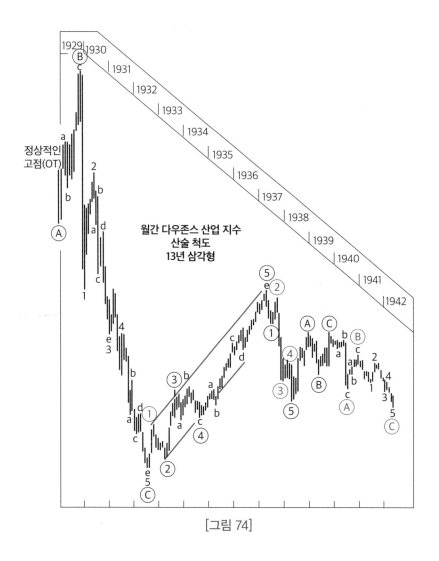

[그림 74]

동으로 구성되었기 때문에 전형적인 강세 패턴이다.▪ 하지만 비정
상적인 크기 때문에 아주 큰 규모에 속한 반전 플랫형*으로 분류
할 수 있다. '조정' 국면의 일부를 형성하기 때문이다.

삼각형 파동 ③은 1937년부터 1938년까지 5개의 파동을 거쳐 하락하며, 13개월 동안 지속된다. 그에 따라 삼각형 파동 ①, ②, ③은 1928년 11월부터 1938년 3월까지 플랫형 패턴을 이룬다.

1938년부터 1939년까지 전개된 삼각형 파동 ④는 반전 지그재그형이다.

1939년부터 1942년 4월까지 전개된 삼각형 파동 ⑤는 플랫형*이다. 이 패턴은 하락 흐름을 나타내며 기간이 아주 길다. 극단적인 길이는 1928년부터 13년, 1921년 7월부터 21년이라는 전반적인 기간을 맞추기 위해 필요하다.

5장에서 말한 대로 삼각형의 5번째 파동은 삼각형의 윤곽 안에 갇힐 수도 있고, 아닐 수도 있다. 이 경우에는 윤곽을 벗어난다.* 그럼에도 이 패턴은 Ⓐ, Ⓑ, Ⓒ, 3개의 파동으로 구성된 완벽한 플랫형이다. 파동 Ⓑ는 파동 Ⓐ와 파동 Ⓒ의 62퍼센트에 해당한다. 다시 말해서 파동 Ⓐ와 파동 Ⓒ는 길이가 같다.

⊢ **더 알아보기** ⊦

- ■ [그림 72]와 [그림 74]에서 엘리어트가 표기한 내용은 삼각형 가설과 일치하지 않지만 강세 패턴이라는 해석은 맞습니다.
- ♣ 모든 5개의 파동 움직임을 3개의 파동으로 볼 수는 있지만 이렇게 되면 올바른 패턴의 의미가 퇴색됩니다. 플랫형에서는 중복 움직임이 일어날 수 있지만 5개의 파동 움직임에서 중복은 불가능합니다. 그러므로 1932~1937년의 상승은 플랫형이 아닌 5구간으로 분류되어야 합니다.

- 이 내용도 앞서 언급한 내용과 비슷합니다. 로버트 프렉터의 설명이 좀 더 이해하기 쉬울 듯합니다. 프렉터에 의하면 이 패턴은 중복이 없는 5개 구간으로 나누어진 하락 파동으로 1937년에 시작된 지그재그형의 종결점입니다. 정확하게 구분하려면 a를 1로, b를 2로, ⓐ를 3으로, ⓑ를 4로, ⓒ를 5로 바꿔야 합니다. 프렉터는 삼각형 패턴으로 보기 위해 엘리어트의 구분을 수정했습니다. 1938년 저점에서 시작하여 ⓒ를 Ⓐ로, 다음 Ⓐ를 Ⓑ로, 다음 Ⓑ를 Ⓒ로, 1을 ①로, 2를 ②로 바꾸었습니다. 그러면 이 삼각형은 1937년부터 시작된 지그재그형 패턴의 파동 B가 되며 이 파동의 끝에서부터 하락이 나오게 됩니다. 그리고 파동 C는 5개의 파동으로 깔끔하게 나누어집니다. 다음의 그림은 수정된 것입니다.

자료: 로버트 R. 프렉터 주니어(1994)

◆ 이럴 경우 삼각형에 속한 3파동의 저점도 벗어나므로 생성 원칙에 어긋납니다.

12

인플레이션을 파악하는 방법

'인플레이션inflation'은 '자연스럽게 한계를 넘어서는 확장'이라고 사전에 정의되어 있다. 하나의 강세장으로는 '자연스럽게 한계'를 넘지 못한다. 연속된 강세장이 다른 강세장을 제치고 '자연스러운 한계를 넘어선다'. 비정상적인 약세장이 개입하지 않으면 하나의 강세장은 '다른 강세장'을 넘지 못한다.

1920년대에 인플레이션*이 이루어진 이유는 비정상적 약세장 때문이다. 이 시기에 3번의 정상적인 강세장과 2번의 비정상적인 약세장, 총 5번의 주기가 있었다. 인플레이션을 알리는 신호는 다음과 같은 순서로 나타났다. 정상적인 1파동, 비정상적인 2파동, 정상적인 3파동, 비정상적인 4파동, 산술 척도에서 보조 추세선을 관통하는 5파동(9장의 [그림 65] 참고)이었다.

[그림 75]는 정상적인 강세장과 주추세선을 깊이 관통하는 정상적인 약세 조정(파동 b와 c)을 보여준다. [그림 76]은 주추세선을 거의 관통하지 않는 비정상적 약세 조정을 보여준다.

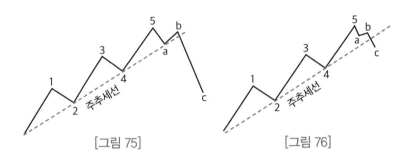

[그림 75]   [그림 76]

[그림 77]은 1921년부터 1928년 11월까지 다우존스 산업 지수의 동향을 산술 척도로 나타낸 것이다. 이 그림에서 5파동은 보조 추세선을 관통한다. 이 경우 1921년부터 전개되는 전체 그림을 로그 척도로 나타낼 필요가 있다. [그림 78]은 같은 차트(월간 차트)를 로그 척도로 나타낸 것이다. 이 그림에서 5파동은 보조 추세선을 건드리지만 관통하지 않는다.

인플레이션이 어느 지점에서, 어느 시기에 종결될지 확실하게 파악하는 3가지 수단이 있다. 바로 앞에서 설명한 방법과 비율

┌ 더 알아보기 ├────────────────────────────

● 엘리어트의 말이 맞습니다. 인플레이션은 원자재 가격이나 생산자 물가, 소비자 물가가 아닌 총 통화량을 살펴야 합니다. 인플레이션이 원자재 가격을 올릴 때도 있고, 주가를 올릴 때도 있습니다.

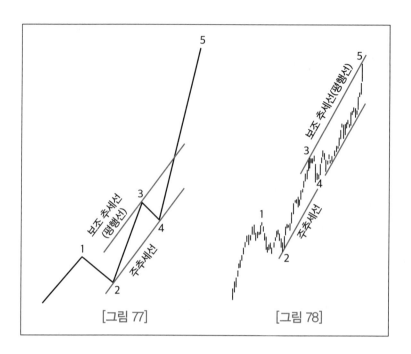

[그림 77]   [그림 78]

([그림 71]에서 설명했듯이 1파동, 3파동의 진폭이 5파동의 62%를 차지함),

그리고 시간([그림 71]에서 설명했듯이 걸리는 기간-일, 주, 월, 년-이 피보

나치수를 따름)이다.

13

파동이론으로 설명하는 금 가격

산술 척도와 로그 척도가 지닌 장점을 구분하는 일은 꽤 중요하다. 이를 보여주는 또 다른 사례는 금 가격이다. 금 가격의 동향을 나타내는 그래프는 1250년부터 1939년까지, 거의 7세기에 걸쳐서 하나의 강세장을 포괄한다. [그림 79]에서 파동 ②는 단순하고 파동 ④는 복잡하다. 파동 ④에 붙은 Ⓐ, Ⓑ, Ⓒ를 봐야 한다.

[그림 79]에서 산술 척도에 따라 표시된 가격선은 보조 추세선을 넘어선다. 따라서 [그림 80]에 나오듯이 세미로그 척도가 필요하다. 이 그림에서 보조 추세선은 모든 인간 활동을 통틀어 인플레이션이 만드는 최종 고점을 가리킨다.[*] 5개 파동의 진행이 산술 척도에 따른 채널 안에서 완료되면 인플레이션은 존재하지 않는다.

[그림 79]에서 파동 ①의 점진적 상승은 해당 기간에 금의 시

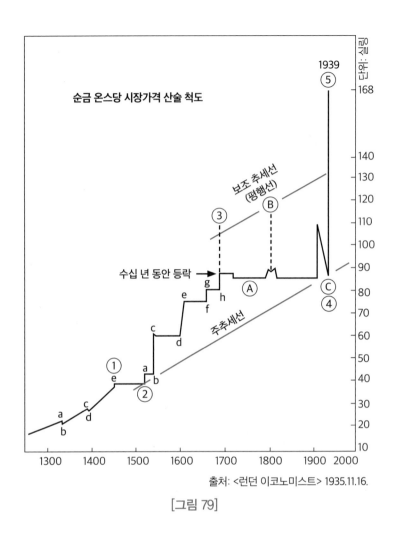

[그림 79]

출처: <런던 이코노미스트> 1935.11.16.

장가격이 '자유로웠다'는 것을, 즉 어떤 '권위'에 의해 정해지지 않았음을 말해준다. 반면 이후에는 갑작스럽게 상승하다가 횡보한다. 이는 가격이 아마도 정치적 권위에 의해 지배되었음을 말해준다. 조정은 [그림 79]의 파동 ④가 보여주듯이 횡보하거나, 하락하거나, 하락 후 횡보하는 양상을 지닌다.

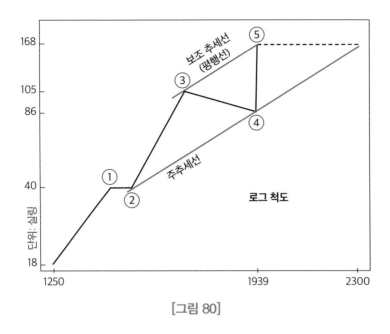

[그림 80]

이 책에서 설명한 법칙에 따라 [그림 80]처럼 로그 척도에서 파동 ⑤가 보조 추세선에 닿아서 패턴이 완료되는 경우 가격선이 나중에 주추세선을 관통하기 전까지 추가적인 가격 상승은 나오지 않는다. 따라서 금 가격인 168실링은 적어도 약 2300년에 가격선이 주추세선에 닿기 전까지 정체될 가능성이 높다. 해당 지점은 그래프의 오른쪽 끝에 점선이 교차하는 지점으로 표시되어 있다.◆

┌ 더 알아보기 ├

- ● 적절한 파동 종결점을 선택했다면 옳은 말입니다.
- ◆ 엘리어트는 이 결론 때문에 많은 조롱을 받았습니다. 혹자는 부실한 데이터를 가지고 예측하는 일을 피했어야 했다고 말합니다. 그렇지만 파동이론의 내용이나 적용에는 문제가 없습니다. 보조 추세선을 관통한다는 것은 연장된 3번째 파동이 전개 중임을 의미하기 때문입니다.

14

파동이론으로 설명하는 특허 시장

'인간 활동'이라는 표현은 3장에서 나열한 잡다한 항목처럼 투자 뿐 아니라 생산, 생명보험, 도농간 인구이동 등 모든 활동을 포함한다.

때로 상당히 특이한 항목이 두드러지는 경우가 있다. 감정을 수반하지 않는 인간 활동인 특허가 이에 해당한다.* [그림 81]은 1850년부터 1942년까지 특허 신청 건수를 보여준다. 5개의 파동이 형성된 것을 볼 수 있다. 5번째 파동은 1900년부터 1942년까지 이어진다. 거의 같은 기간에 산업 지수도 같은 패턴을 따랐다([그림 82] 참고). 1929년부터 1942년까지 A, B, C, 3개의 파동을 거쳐 조정이 이루어질 때 주식도 같은 패턴을 따랐다. 1928년부터 1942년까지 이루어진 주식시장의 '조정'은 A, B, C, 3개의 파동이 아니라 삼각형 패턴이었다.

초기에는 농업이 주된 직업이었다. 농민이 여기저기서 부업으로 가게를 운영하거나 물건을 만들기 시작했다. 제조는 도급 방식으로 집에서 이루어졌다. 미국의 천연자원, 기후, 창의성, 민주주의는 개인의 사업 계획에 자금을 댈 수 있는 법인이 필요해졌다. 발명과 기계의 생산은 조금씩 모든 것을 변화시켰다. 루이지애나 매

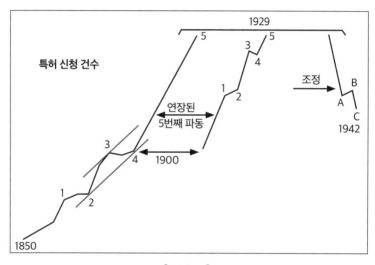

[그림 81]

┌┤ 더 알아보기 ├────────────────────────────

● 파동이론은 감정과 관련된 현상 외에 다른 현상도 반영합니다. 파동은 사회의 진전을 의미하기도 합니다. 이 진전은 인류의 집단 감정 양상에 따라 패턴이 됩니다. 사회경제학 socionomics 은 지수의 움직임 너머 분위기가 진행의 동기를 부여한다고 가정합니다. 사람들은 '하락'보다 '상승'하는 분위기가 지배적일 때 더 많이 생산하고 투자합니다.

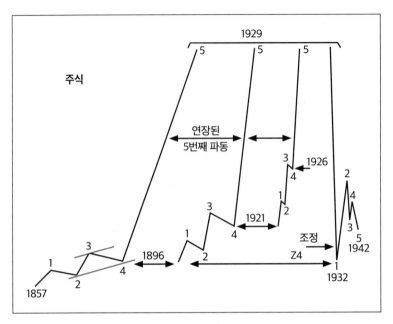

[그림 82]

입, 캘리포니아 정복, 텍사스와 오레곤 획득은 멕시코, 캐나다와의 국경을 확정했고 영토를 확장함으로써 엄청난 가치를 보유하게 되었다.

창의성은 주된 자산이었다(지금도 그렇다). 이 사실은 1850년부터 1942년까지 특허 신청건수를 보여주는 그래프를 통해 드러난다. 이 패턴이 주식시장의 패턴과 비슷하다는 점에 주목해야 한다. 미국은 하나의 중요한 측면에서 모든 나라와 크게 다르다. 조상들은 전 세계의 모든 지역에서 왔다. 그들은 고국의 포악한 정치에 불만을 품고 이 땅으로 건너와 자유를 즐기며 자신의 창의성을 개발했다.

250

15

런던 주가가 급등하면
미국 주가도 급등할까?

어느 활동의 움직임이 다른 활동의 움직임까지 설명할 수 있을 정
도로 믿을 만한 경우는 있다 해도 매우 드물다. [그림 83]은 '런던
산업 지수' '다우존스 산업 지수' '미국의 생산량'이라는 3가지 지
수의 그래프를 보여준다. 기간은 1928년부터 1943년 1월까지
로 동일하다. 생산량 수치는 클리블랜드 트러스트 컴퍼니Cleveland
Trust Company가 집계한 것이다.

다우존스 산업 지수(중간 그래프)는 1928년 11월(정상적인 고점)
부터 1942년 4월까지 5개 파동으로 된 삼각형을 형성한다. 이 패
턴에 속한 2번째, 3번째, 4번째 파동의 진폭은 이전 파동 대비 약
61.8퍼센트이다. 삼각형의 존재는 윤곽, 시간 요소, 각 파동의 구
성, 이전 파동 대비 각 파동의 일관된 비율로 증명된다. 1921년부

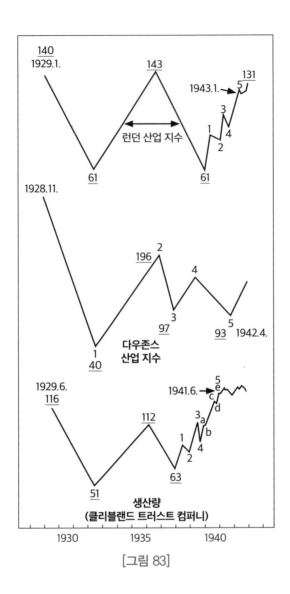

[그림 83]

터 1929년까지 8년간 이루어진 빠른 인플레이션은 1932년까지 34개월 동안 이어지는 빠른 하락을 초래했다. 앞이 정지하면 따라서 정지하는 진자의 움직임처럼 대칭적 삼각형이 만들어졌다.

이 삼각형 패턴은 13년 동안 일어난 수많은 사건을 무시했다. 그것은 공화당에서 뉴딜 행정부로의 정권 이양, 달러 가치 하락, 국채의 금약관_{gold clause}(물가나 화폐 가치의 변동에 따른 손실을 막기 위해 채권에 금으로 지급할 것을 명시하는 약관- 옮긴이) 거부, 재선 선례의 파괴, 1939년에 시작된 제2차 세계대전, 해당 지수가 1938년에 상승으로 출발하여 1941년에 5개의 파동 패턴을 끝낸 생산량이다.

런던 산업 지수(상단 그래프)는 1929년에 뉴욕 주가를 따르지 않았다. 이 지수는 1929년 1월에 140포인트, 1936년 12월에 143포인트에서 고점을 찍었다. 1932년과 1940년의 저점도 61포인트로 동일했다. 이 지수는 1940년부터 1943년 1월까지 131포인트까지 상승했다. 또한 1939년 1월 26일부터 7월 28일 사이에 삼각형 패턴을 형성했다.

런던 주가는 1720년, 1815년, 1899년에 대략 89년(피보나치수) 간격으로 최고치를 경신했다. 그러나 이렇게 런던 주가가 급등한다고 해서 미국의 주가도 급등하는 것은 아니다.

클리블랜드 트러스트 컴퍼니에서 집계한 생산량 지수(하단 그래프)는 1929년 6월에 116포인트, 1936년에 112포인트에서 고점을 찍고, 1938년에 63포인트에서 저점을 찍었다. 63포인트에서 시작된 완전한 5개 파동의 상승은 1941년 6월에 패턴을 완료했다. 이는 다우존스 산업 지수가 1942년 4월에 삼각형 패턴의 끝에서 상승을 시작하기 전이다.

1857년부터 1928년 사이에 미국은 남북전쟁, 대스페인 전쟁, 제1차 세계대전까지 3개의 전쟁에 참전했다. 그럼에도 대형 주기 움직임의 패턴은 다른 글에서 보여준 대로 완벽했다.

주식과 원자재는 같이 급등한 적이 한 번도 없다. 따라서 원자재가 최고점을 형성해도 주가가 동시에 같은 일을 하지는 않을 것이다. 원자재는 1864년과 1919년에 55년 간격으로 급등했다.● 뉴스에 가치가 없다는 것은 17장에서 증명된다. 한 경제 평론가는 이렇게 썼다.

> "주가는 살레르노Salerno에서 좋은 소식이 나왔을 때 상승했다가 8월에 시실리Sicily에서 비슷하게 좋은 소식이 나왔을 때는 하락했다. 이 사실은 8월의 반응이 군사적 상황보다는 기술적 요소에 주로 영향받았다는 결론으로 이어진다."

어느 날 런던은 극심한 공습에 시달렸다. 그럼에도 런던의 주가는 상승했고, 뉴욕의 주가는 하락했다. 두 지역의 금융 전문가들은 공습이 원인이라고 강조했다. 당시 런던의 주가는 상승 추세였고, 뉴욕의 주가는 하락 추세였다. 각 시장은 공습과 무관하게 나름의 패턴을 따랐다. 7월 25일에 무솔리니Benito Mussolini가 축출된 후에도 같은 파동의 움직임이 일어났다. 이는 기술적 요소가 언제나 시장을 관장한다는 것을 증명한다.

┌ 더 알아보기 ├────────────────────────

● 자료를 보면 1974년에도 급등했습니다. 피보나치수인 '55'는 콘드라티예프 파동Kondratieff wave의 길이에 해당합니다.

16

파동이론으로 설명하는
다우존스 철도 지수

철도 지수를 분석하는 일은 흥미로운 동시에 정보와 수익까지 안 겨준다. 운송은 미국 경제에서 가장 중요한 활동적 요소이다. 루이지애나 매입, 멕시코 및 캐나다와의 국경 확정, 텍사스와 캘리포니아 추가 편입 이후 국경 사이가 엄청나게 멀어졌기 때문이다.

[그림 84]의 하단 그래프는 1906년부터 1944년 1월까지 산업 지수 대비 철도 지수의 비율을 보여준다. 이 그래프는 1906년부터 1940년까지(34년) 철도 지수가 산업 지수보다 줄곧 약세였음을 증명한다. 그 원인에는 일반 주식에 비해 과도한 채권의 비율, 1914년(1906+8=1914)에 개통된 파나마 운하, 자동차와 항공기가 포함된다. 이 요소들은 철도 채권 및 주식을 크게 약화시켰다. 그 결과 1940년에 철도 회사 중 3분의 1은 법정관리 상태였

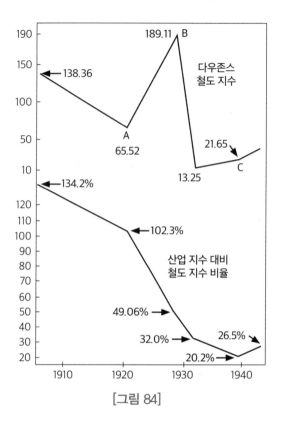

[그림 84]

고, 또 다른 3분의 1은 법정관리 대상의 경계선에 놓여 있었다.

　제2차 세계대전은 철도 산업의 경쟁 상대인 파나마 운하를 일시적으로 제거했고, 승객과 화물 운송의 양면에서 수익을 가져왔다. 철도 부문은 1940년 이후, 특히 진주만 공습 이후 이례적인 수준의 매출을 올렸다. 덕분에 철도 회사들은 채권 발행에 따른 부채를 줄였고, 요금을 고정시켰다. [그림 85]에서 볼 수 있듯이 그 혜택은 지속되었다.

　산업 지수 대비 철도 지수의 비율은 [그림 86]에 나오듯이

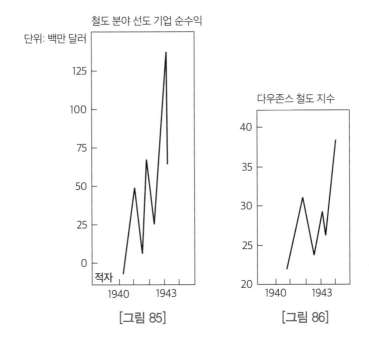

철도 분야 선도 기업 순수익

단위: 백만 달러

[그림 85]

다우존스 철도 지수

[그림 86]

1940년에 저점을 찍은 이후 1943년 7월까지 상승했다. 산업 지수는 2년 후, 13년 패턴이 끝난 1942년 4월에 저점을 찍었다.

1906년부터 1940년까지 34년(피보나치수) 동안 철도 지수는 산업 지수보다 먼저 하락 반전했고, 산업 지수보다 늦게 상승 반전했다. 1940년 이후에는 이런 양상이 반전되었다. 즉, 철도 지수가 먼저 상승 반전하고, 늦게 하락 반전했다. 이런 양상은 한동안 계속될 수 있다.

17

뉴스는 힘이 없다

월가에는 '재료를 시장에 맞춘다'라는 격언이 있다. 이 말은 뉴스가 시장을 만드는 것이 아니라 뉴스의 중요성을 나중에 시장이 예측하고 평가한다는 뜻이다. 이러한 재료는 기껏해야 이미 작용하고 있는 힘에 대한 때늦은 인식에 불과하고 추세를 모르는 사람들만 놀라게 만들 뿐이다.

시장 추세를 만드는 힘은 자연과 인간 행동에서 기인하며 다양한 방식으로 측정할 수 있다. 힘은 갈릴레오_{Galilei Galileo}와 뉴턴_{Isaac Newton} 그리고 다른 과학자들이 증명한 것처럼 파동으로 나아간다. 파동의 구조와 크기를 비교하면 상당히 정확하게 힘을 계산하고 예측할 수 있다.

주식시장과 관련하여 단일 재료가 지닌 가치를 개인의 능력에 의존하여 해석하는 일은 헛되다. 노련하고 성공적인 투자자들은 오래전부터 이 사실을 알았다. 어떤 하나의 재료나 일련의 사건 전개는 추세가 지속되도록 만들 수 없다. 실제로 같은 사건이라도 장기간에 걸쳐 크게 다른 영향을 미친다. 추세를 만드는 여건이 다르기 때문이다.

45년에 걸친 다우존스 산업 지수의 동향만 가볍게 살펴보아도 이 주장을 증명할 수 있다. 이 기간에 여러 왕이 암살당했다. 또한 전쟁, 전쟁에 대한 소문, 호황, 공황, 파산, 신시대, 뉴딜, 기업 합동 해체trust busting(독점적 기업의 해체를 뜻함-옮긴이) 그리고 온갖 역사적, 감정적 변화가 있었다.

그러나 모든 강세장은 같은 방식으로 행동했다. 마찬가지로 모든 약세장은 모든 재료에 대한 시장의 반응뿐 아니라 전체 추세를 구성하는 요소의 크기와 비율을 통제하고 측정하는 등 비슷한 속성을 드러냈다. 이 속성은 재료와 무관하게 시장의 미래 동향을 감정하고 예측하는 데 활용할 수 있다.

지진처럼 전혀 예측하지 못한 일이 일어날 때가 있다. 그러나 아무리 갑작스럽다고 해도 해당 사태는 아주 빠르게 무시되며, 이전부터 진행되던 추세를 되돌리지 않는다고 결론지어도 무방하다.

특히 재료가 보편적인 추세를 거스를 때 안전장치 중 하나는 '호재에 매도하고 악재에 매수하는' 노련한 투자자들의 의지이다. 이는 시장이 다른 시기에 비슷한 재료에 대해 직접적으로, 비슷한 방식으로 반응할 것이라는 대중의 기대를 뒤덮는 것이기도 하다.

재료가 시장의 추세를 만든다고 생각하는 사람은 재료의 중요성을 정확하게 예측하는 자신의 능력을 믿느니 차라리 경마장에서 도박을 거는 편이 나을지 모른다. 뉴저지주 웨스트우드_{Westwood}의 X. W. 로플러_{X. W. Loeffler}는 시간순으로 주요 재료를 나열한 다우지수의 그래프를 발행한다(가격: 1달러). 이 그래프를 살펴보면 시장은 같은 재료에 의해 상승할 때도, 하락할 때도 있다는 것을 알게 된다. 숲을 분명하게 보는 유일한 방법은 '주변 나무들 위에 자리를 잡는 것'이다.

전쟁은 전 세계에 영향을 미치는 힘을 일으킨다. 이 힘은 너무나 강력해서 다른 모든 고려사항을 지배하고 시장을 같은 방향으로 계속 밀어붙이는 것처럼 보인다. 전쟁은 다양한 시기에 신문의 1면을 차지한다. 1937년 8월과 9월, 1938년 3월, 8월, 9월, 1939년 3월과 4월의 급격한 가격 변동은 모두 전쟁 상황과 겹쳤다. 그러나 1939년 9월 1일에 실제로 전쟁(제2차 세계대전)이 선포되었을 때 시장은 엄청난 거래량을 동반한 채 격렬하게 상승했다. 이 흥미로운 행동을 납득할 만한 만족스러운 설명은 당시 시장 주기의 기술적 위치에 기반한 것이다.

1937년, 1938년, 1939년 초에 시장은 주요 상승을 완료한 후 전쟁 관련 사건들이 발생할 무렵 하락 추세를 재개했다. 그 결과 '전쟁 공포'는 시장을 약화하는 것으로 간주되면서 그저 하락 추세를 가속하는 역할을 했다. 다른 한편 시장은 1939년 9월에 전쟁이 시작되었을 때는 완전히 다른 위치에 있었다. 차트를 보면

1939년 7월 말에 4월 중순부터 시작된 상승 움직임에 대한 조정으로서 하락 국면이 시작된 것을 알 수 있다. 하락 국면은 9월 1일 일주일 전에 완전히 마무리되었다. 실제로 시장은 이 짧은 시기 동안 8월 저점으로부터 약 10포인트만큼 강력하게 상승했다.

실제로 전쟁이 선포된 날, 시장은 8월 저점보다 조금 낮은 수준까지 급락한 다음 놀라운 속도로 반등했다. 8월 저점과 전쟁 공포에 따른 2차 저점에서 주식을 선별 매수한 사람들은 뒤이은 급등 국면에서 매수를 시도한 사람들보다 큰 수익을 거두었다. 막차를 탄 매수자들은 후회했다. 고가를 지불한 후 큰 손실을 보고 매도했기 때문이다. 실제로 철강주와 다른 주요 전쟁주는 개전 후 2주 안에 고점에 이르렀다. 이후 시장은 전쟁주와 전쟁에 따른 수익 예상에 대해 꾸준히 약세 전망을 보였다. 1939년 가을에 폭넓은 약세 주기가 재개되었기 때문이다. 반면 제1차 세계대전(1914~1918)의 영향은 1913년 중순부터 시작된 주가 사이클의 흐름 때문에 강세를 띠었다.

1940년 6월에 프랑스가 무너졌을 때 대다수 사람들은 전쟁이 아주 짧을 것이며, 히틀러가 결국 영국을 함락시킬 것이라고 생각했다. 그러나 파동은 5월에 다우존스 산업 지수가 110.61포인트에 이르렀을 때 최악의 국면이 끝났으며, 주가 상승에 대비하여 주식을 매수해야 한다고 말하고 있었다. 지수는 6월 초반에 유럽에서 상당히 불안한 뉴스가 들려오는 와중에도 110.41포인트에서 지지되고 있었다.

대선 기간인 1940년 11월에 영국을 방어하고 지원하기 위해 거액의 지출이 이루어질 것이라는 충격적인 보도가 나왔다. 대다수 경제학자와 경제 평론가들은 그에 따라 인플레이션 압력이 발생할 것이라 보고 주식을 매수했다. 그러나 같은 시기에 파동은 인플레이션이 주가에 도움되지 않을 것이고, 6월 이후의 상승 움직임은 완료되었으며, 주가는 훨씬 낮은 수준으로 하락할 것이라고 말하고 있었다. 뒤이어 시장은 거의 50퍼센트 하락했다.

재료가 시장에 영향을 미친다는 통념은 폭넓게 퍼져 있으며, 심지어 악용되고 있다. 재료가 주가 변동을 초래한다면 주기가 나타나지 않을 것이다. 나는 '뉴스'를 신봉하는 사람을 보면 [그림 71]에 나오는 패턴과 파동의 비율을 잘 살펴보고, 21년 동안 발생한 사건과 제시된 의견을 돌아보라고 권한다.

18

차트를 그리는 방법

주식을 공부하는 사람들은 내가 반드시 알아야 한다고 생각하는 세부적인 내용을 통해 혜택을 얻을 수 있다. [그림 87]은 그 표본 차트를 보여준다.

움직임을 이루는 낮은 규모의 파동을 정확하게 관찰하려면 일간 차트가 필요하다. 고점, 저점 구간은 1928년부터 다우존스 산업 지수에서 기록되었다.

주가 변동을 강조하기 위해 추천하는 차트 간격은 1포인트당 세로축으로 산업 지수는 0.25인치, 철도 지수는 0.5인치, 공공서비스 지수는 0.5인치이다. 이 간격이면 정확한 해석이 가능하다. 0.25인치 척도는 다시 5분의 1로 나누어진다. 그래서 추정할 필요 없이 일간 및 시간별 변동폭을 파악하는 정확한 위치를 포착할 수 있다.

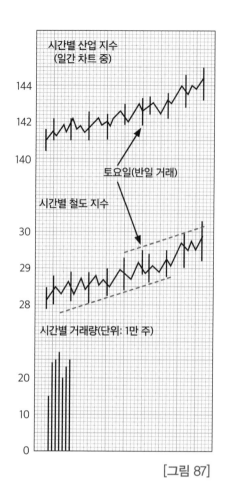

[그림 87]

마찬가지로 표본 차트에 나오듯이 각 날짜 사이를 띄우는 것
이 중요하다. 사이를 띄우지 않고 모든 수직선을 사용하면 주가
변동을 나타내는 선이 너무 몰려서 해독하기 불편하다. 다만 휴일
이나 일요일은 따로 공간을 비울 필요가 없다.

시간별 기록의 경우에도 똑같은 척도와 형태로 그리기를 추천
한다. 즉, 5시간에 대해 수평축으로 0.25인치를 잡거나 각 시간에

264

대해 가장 작은 정사각형을 할애할 수 있다. 토요일의 2시간 거래 이후 사이를 띄울 필요는 없다. 시가는 보지 않아도 좋다. 그날의 고점, 저점 구간은 마지막 거래시간의 끝에 보인 값이어야 한다. [그림 87]은 이 모든 내용을 반영한 것이다. 차트 용지를 아끼기 위해 절대 명확성을 포기해서는 안 된다. 움직임이 한 용지에서 시작되어 다른 용지에서 끝나면 명확성이 약해진다. 움직임이 용지의 상단에서 끊어지고 하단에서 다시 시작되는 경우도 마찬가지이다.

주간 차트는 구할 수 있는 가장 큰 용지에 그려야 한다. 그래야 전체 주기를 1면에 할애하여 장기간을 포괄할 수 있다. 월간 차트, 특히 지수와 종목군에 대한 월간 차트는 여러 가지 완전한 주기를 관찰하는 데 중요하다.

6장의 [그림 53]과 [그림 54]는 주간 변동폭의 크기와 패턴을 미리 파악하는 데 일간 차트가 지니는 가치를 보여준다. 마찬가지로 주간 차트는 월간 변동폭의 크기와 패턴을 파악하는 데 도움을 준다. 월간 차트는 여러 주기의 크기를 파악하는 데 도움을 준다. 또한 월 단위 기간과 파동 비율을 관찰할 수 있도록 해준다.

[그림 87]에서 산업 지수 차트의 수직축 할당량은 0.25인치당 1포인트이다. 철도 지수와 공공서비스 지수는 0.5인치당 1포인트이다. 주간 차트의 경우 산업 지수는 0.25인치당 2포인트, 철도 지수와 공공서비스 지수는 0.25인치당 1포인트로 줄일 수 있다. 월간 차트는 이보다 더 줄일 수 있다.

19

파동은 이미 미래를 보여줬다!

타이밍은 우주가 관장하는 주요한 요소 중 하나이다. 우리는 1년 이라는 기간을 봄, 여름, 가을, 겨울 이렇게 사계절로 나눈다. 또한 낮은 활동의 시간, 밤은 긴장 완화와 휴식의 시간으로 인식한다.

투자에 있어서 타이밍은 가장 근본적인 요소이다. 무엇을 살지가 중요하다. 그러나 언제 살지가 더 중요하다. 투자 시장 자체가 자신의 미래를 점진적으로 예고하고 있다. 파동은 패턴을 통해 시장의 미래 움직임을 드러낸다. 패턴의 시작과 끝은 확고하고 확신할 만한 분석을 가능하게 한다.

자연의 법칙은 모든 요소 중에서 가장 중요한 타이밍을 받아들인다. 자연의 법칙은 시장을 연출하는 시스템이나 수단이 아니라 모든 인간 활동의 움직임을 나타내는 현상이다. 자연의 법칙을

266

예측에 적용하는 것은 혁신적이다.

1932년 1월에 장기 국채에 1,000달러를 투자하여 1939년 6월에 매도했다면, 89개월 동안 5,000달러(이자 및 가격상승분 포함)의 총 수익을 거두었을 것이다. 1932년 1월에 국채의 시장가격 대비 수익률은 4퍼센트였다. 1939년 6월에는 수익률이 2퍼센트에 불과했다. 주식시장의 경우, 1932년 7월에 1,000달러를 투자했다면 1937년 3월 무렵에는 배당금을 고려하지 않아도 약 5,000달러까지 불어났을 것이다. 이는 인기 지수의 변동률을 토대로 한 계산이다.

정확한 예측이 중요해지면서 통계를 활용하는 일이 엄청나게 늘었다. 50년 전의 신문과 오늘날의 신문을 비교해보면 이런 사실이 드러난다. 만족스러운 예측 수단을 찾기 위해 수백만 달러가 투자되었다. 그러나 시장은 추종이 아니라 예측해야 하는 대상이라는 사실을 인식하지 않으면 이런 노력은 결실을 보지 못할 것이다.

20

종목을 선택할 때 주의해야 할 7가지

바로 앞 장에서 주식 거래의 가장 중요한 요소는 타이밍, 즉 매수 및 매도 시기라는 사실을 밝혔다. 그다음으로 중요한 요소는 거래할 종목이다. 거래하려는 증권(주식이든 채권이든)을 선택할 때는 다음에 나오는 기본적인 사항을 모두 염두에 두어야 한다.

변동률과 수익

증권의 시장 가치가 변화하며 생성되는 수익이 증권의 배당률보다 훨씬 크다. 따라서 가격 변동에 따라 원금을 보존하고 불리는 것이 가장 중요하다.

강세장 고점

강세장에서 스탠더드 스태티스틱스를 구성하는 55개 종목군은 각기 다른 시기에 고점을 찍는다. 강세장은 약 2년에 걸쳐 5개의 기본 주기 파동을 전개한다.* 이 기간에는 여러 종목군이 주기의 강력한 힘에 추동되어 비교적 균일하게 움직이는 경향을 보인다.

약세장

대개 약세장의 지속 시간은 이전 강세장보다 길다.◆ 1929년부터 1932년까지 비교적 짧은 기간에 급격한 하락이 이루어지는 동안 부실한 주식과 채권뿐 아니라 우량한 주식과 채권도 실제 가치와 무관하게 매도되어야 했다. 많은 투자자 사이에 약세장의 저점이 모두 같은 양상을 보인다는 잘못된 인식이 퍼졌다. 내가 분석한 바에 따르면 '오랜 시간이 지나야만 이런 극적인 하락을 예상

┌─ 더 알아보기 ├────────────────────────────

- ● 강세장은 5개의 파동을 포함하는 상승장입니다. 강세장과 약세장을 지속 시간이나 변동률의 개념으로 정의하는 것은 이론에서 주장한 것과는 다릅니다.
- ◆ 약세장은 언제나 강세장보다 짧습니다. 장기적으로 약세장은 강세장이 전개되는 데 필요한 시간의 약 61.8퍼센트로 전개됩니다.

할 수 있다'.

약세장의 최종 저점은 거의 모든 종목군이 동시에 저점을 찍는 양상을 통해 뚜렷하게 드러난다. 이는 강세장이 고점을 찍는 양상과 반대의 상황이다. 약세장 동안 강력한 업종이나 주도주는 확연히 드러나지 않는다. 베어마켓이 지속되는 동안에는 특히 그렇다. 또한 전체 시장과 일부 종목군은 재료와 외부 요소에 더욱 민감해진다.

이전 거래 경험

많은 투자자는 이전에 실패한 경험 때문에 특정 종목에 대해 선입견을 품는다. 이런 방향으로 나아가면 결국에는 자유롭게 투자할 수 있는 종목군이 남지 않는다.

거래량이 적은 종목

종종 또는 가끔 거래가 없는 종목은 피해야 한다. 파동이 기록되지 않기 때문이다. 거래가 없다는 것은 종목이 투자자들 사이에 골고루 분포되지 않았거나, 가격 변화가 거의 없어서 투자자들의 관심에서 벗어났다는 의미이다.

내부 정보

지인이 호의로 알려주는 내부 정보는 거래가 부진한 종목이나 저가 종목에 대한 것이다. 언제나 활발하게 거래되는 종목으로 투자 대상을 한정하는 것이 바람직하다.

검증된 주식

주식의 생애는 대개 3단계를 거친다. 처음은 젊은 단계 또는 실험적 단계이다. 여기에 해당하는 종목은 충분히 검증되지 않았기 때문에 피해야 한다. 2번째는 창의적 단계이다. 이 범주에 속하는 종목은 건강한 개발 상태에 이르렀다. 따라서 사업이 제대로 검증되었다면 바람직한 투자 대상이다. 3번째 또는 성인 단계는 완전하게 개발된 시기를 나타낸다. 일정하고 안정적으로 배당이 이루어지고 변동폭은 좁다. 이런 이유로 여러 포트폴리오에 편입된다. 따라서 해당 종목은 거래 목적으로는 덜 매력적이다.

요컨대 안정적인 지수의 패턴을 선호한다면 다음의 권장사항을 따랐으면 한다.

① 지수와 보조를 맞추는 종목군을 골라라.
② 그다음에는 먼저 골랐던 종목군과 비슷하게 움직이는 종목

을 골라라.

③ 언제나 꾸준히 거래가 이루어지고, 중간 수준의 가격대이며 사업을 선도하는 종목을 골라라.

④ 분산투자 하라. 한 종목군이 2개 이상 되지 않도록 하고, 5개에서 10개의 종목에 비슷한 금액을 투자하라(예: 제너럴 모터스, 유나이티드 에어크래프트_{United Aircraft}, 유에스 러버_{U.S. Rubber}, 유에스 스틸_{U.S. Steel}, 뉴욕 센트럴_{New York Central}, 콘솔리데이티드 에디슨_{Consolidated Edison}).

21

파동이론과 대피라미드의 상관관계

랜던 재단_{Landone Foundation}의 허락을 받고 브라운 랜던_{Brown Landone}이 쓴 『대피라미드에 숨겨진 멜기세덱의 예언_{The Prophecies of Melchi-Zedik in the Great Pyramid and the Seven Temples}』의 134, 135쪽에 나오는 문단 3개를 인용한다.

"피라미드 밑면의 총 길이는 36,524.22 피라미드 인치(피라미드 연구자들이 고대에 썼다고 주장하는 단위로서 1인치가 2.54센티미터에 해당함- 옮긴이)다. 이는 우리의 태양년_{solar year}을 이루는 365.2422일의 정확히 100배이다.

설계상 피라미드의 높이는 5,813.02인치이다.

이 신비롭고 현명한 사람들은 수량, 시간, 무게, 길이 그리고 길이의 제곱과 세 제곱에 기반한 척도 시스템을 개발했다. 이 모든 척도는 정사각형의 측면 길이를 토대로 삼고, 이 길이는 둘레가 태양년을 구성하는 날의 수와 동일한 원에서 기인하며, 지구가 태양 주위를 도는 횟수는 무한하다. 따라서 이 신비로운 사람들은 영원히 정확하고 영구적으로 동일한, 유일한 척도 시스템을 만들었다.●"

연구자들은 기자 대피라미드의 밑면 둘레를 확인한 후 일부 알려진 '팩트' 중에서 해당 수치와 호응하는 것이 있는지 살폈다. 그들이 찾아낸 것은 마지막 분수까지 똑같은 1년의 일수였다. 다시 말해서 두 팩트는 연계되어 있으며, 그렇다면 이 상징의 목적을 토대로 예측이 가능해진다.

나는 인간 활동에서 리듬을 발견했으며, 이후 그 리듬이 대피라미드에서 상징적으로 구현되었다는 사실을 알게 되었다. 이집트학자들은 이 상징을 알아보지 못했다. 그들은 자연과 인간 활동에 내재된 리듬을 모르기 때문이다. 이 상징의 의미는 1장과 2장에서 설명했고, 8장부터 14장까지 예를 통해 자세히 알아보았다. 내가 피라미드의 상징적 의미를 이해할 때 도움받은 내용을 기여도 순서로 나열하면 다음과 같다.

① 파동의 패턴, 규모, 숫자 발견
② 피보나치수열, 해당 수열이 미술과 식물의 구조에 적용된다

는 햄비지의 발견, 피타고라스와 그의 수수께끼 같은 도표
의 연계

③ 모든 각도에서 본 대피라미드의 도표

④ 피보나치 비율과 피라미드의 높이(5,813인치: 피보나치수열에
속한 3개의 기본적인 수인 5, 8, 13으로 구성됨) 및 밑면의 비율 사
이에 존재하는 연관성

⑤ 다양한 분야의 인간 활동에 대한 피보나치수열의 적용

비율자_{ratio ruler}

제도사는 '비례 컴퍼스'라는 도구를 쓴다. 기준점을 옮기면 모든
비율을 표시할 수 있다. 하지만 이 도구는 비싸고 사실상 구하기
힘들다. 그래서 나는 계산하지 않아도 진폭이나 시간 측면에서 두
움직임의 비율이 61.8퍼센트인지 확인할 수 있는 간편한 대체 수
단을 고안했다. 25센트를 수표, 우편환, 동전 또는 우표로 받으면
하나를 보내주도록 하겠다.

┌─ 더 알아보기 ┌─────────────────────────

● 이 주제에 관해 자세한 내용을 알고 싶다면 피터 톰킨스_{Peter Thompkins}의 『대
피라미드의 비밀_{Secrets of the Great Pyramid}』(Harper & Row, 1971)을 읽어보시길
바랍니다.

22

움직이는 모든 것은 파동이 된다

'주기'에 대한 사전적 정의는 '기간' '전체 순서 또는 원' '선형잎 구조' '반복되는 일련의 과정' 등 여러 가지이다. 지금까지는 크게 두드러지는 주식시장의 주기적 리듬을 주로 다루었지만 바퀴부터 행성까지 모든 움직임은 주기적이다. 모든 주기는 하부 단위 또는 규모를 지니며, 이는 주기의 진행을 측정할 수 있도록 해준다.

행성은 궤도를 따라 각각 특정한 속도로 돈다. 지구는 축을 따라 24시간에 1번씩 돌면서 밤과 낮을 나눈다. 또한 1년에 1번 태양 주위를 돌며, 그에 따라 사계절이 생긴다. 천문관의 장치를 앞이나 뒤로 돌리면 과거, 현재, 미래, 어느 때든 행성과 그 위성의 상대적 위치와 움직임을 볼 수 있다.

일부 물질은 절대 패턴을 바꾸지 않는다. 물은 줄기차게 완전한 주기를 따른다. 바다 표면에 비치는 햇빛은 물을 증발시키고 수증기는 기류를 타고 산 위에 있는 차가운 공기와 만난다. 그에 따라 수증기가 응축되며 중력은 그 물을 다시 땅으로 끌어당겨서 바다로 합류하게 만든다.

국가는 크고 작은 정치적, 문화적, 경제적 주기를 겪는다. 인간의 삶이 지니는 패턴은 도농간 인구이동, 평균 수명, 출생률 같은 대규모 움직임을 통해 관찰된다.

[그림 88]은 하나의 인간 활동을 토대로 다른 인간 활동을 예측할 수 없음을 보여준다. 따라서 각 요소의 패턴은 외부 요소가 아니라 자체적인 파동으로 분석해야 한다. 1939년부터 1942년 4월까지 주가가 경기에 뒤처진 이유는 많이 논의되었지만 제대로 설명되지 않았다. 그 답은 20년대에 8년 동안 진행된 인플레이션이 1942년까지 13년에 걸친 삼각형을 형성했다는 것에서 찾을 수 있다.

[그림 89]에 나오는 기온 그래프는 중요하다. 기온은 인간 활동과 관계가 없음에도 110년이라는 기간에 걸쳐 주기적 파동 5개가 완벽한 상승 패턴을 만들었다.

유행병, 스라소니 가죽 생산량, 텐트나방tent caterpillar, 연어의 회귀 같은 많은 항목의 고점과 저점 사이에 존재하는 주기성은 매우 흔하다. 인간 활동의 주기가 모두 일정한 간격을 두는 것은 아니다. 그들은 피보나치수열에 해당하는 파동 패턴을 따른다.

역동적 대칭성은 자연의 법칙이며 모든 형태의 활동을 떠받치

[그림 88]

는 토대이다.

지구가 둥글다는 사실이 확인된 후 주기가 많은 연구의 대상
이 되었다. 주기에는 3가지 종류가 있다. 1번째는 고점과 저점 사
이에 존재하는 일정한 주기성이다. 낮과 밤, 4계절, 조류, 유행병,
날씨, 곤충 떼 등이 그런 예이다(1944년 2월 《미캐닉스 일러스트레이티

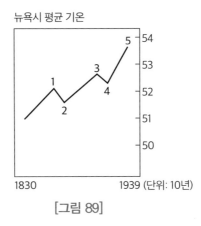

[그림 89]

뉴욕시 평균 기온

드《Mechanix Illustrated》에 실린 도널드 G. 쿨리Donald G. Cooley의 글 "주기가 미래를 예측한다"를 추천한다). 2번째는 일부 경우에 천문학적 측면에서 발생하는 주기적 변동이다. 3번째는 수학자 피보나치가 밝힌 수열을 따르는 패턴, 시간, 비율이다.

옥스퍼드의 아서 헨리 처치 교수가 쓴 『잎차례와 기계적 법칙의 관계On the Relation of Phyllotaxis to Mechanical Laws』라는 논문은 매우 흥미

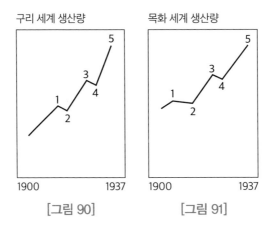

구리 세계 생산량

[그림 90]

목화 세계 생산량

[그림 91]

롭다. 잎차례는 식물에 잎이 배열되는 구조를 말한다. 제이 햄비지는 오랫동안 여러 기록을 연구했으며,『역동적 대칭성의 실용적 활용』이라는 책을 썼다. 그중 한 챕터의 제목은 '잎차례의 법칙'이다. 2장에 이 도서 27, 28쪽의 내용이 실려 있다.

일리노이대학교의 병리학 교수인 윌리엄 피터슨William F. Petersen 은『환자와 날씨The Patient and the Weather』라는 아주 중요하고 흥미로운 책을 썼다. 이 책에는 질병의 진행 양상을 담은 그래프가 실려 있다. 그 패턴은 주식시장을 비롯한 다른 활동의 양상과 똑같다.

23

주식시장에는 바닥이 없다

'대공황_{Great Depression}'이라는 흔한 표현을 주식시장에서 보자면 잘
못된 것이다. 1929년부터 1932년까지 이루어진 하락은 [그림
68]과 [그림 82]에 나오듯이 이전에 이루어진 상승에 대한 조정
이다. 'depression'의 사전적 정의는 일반 지표면보다 낮은 '저
지_{低地}'이다. 콜로라도의 그랜드캐니언_{Grand Canyon}은 어느 방향으로
든 몇 킬로미터나 일반 지표면보다 낮아서 '저지'이다. 로키산맥
의 정상에서 태평양까지 이어지는 경로는 말하자면 저지가 아니
라 '조정'이다. 태평양이 그랜드캐니언의 바닥보다 훨씬 낮은 곳
에 있기는 하지만 말이다. 주식시장에는 저지가 없다. 만약 있다
면 로키산맥에서 태평양까지 이어지는 경로를 저지라고 부르는
것도 맞다. 이 잘못된 표현이 쓰이는 데 여러 가지 이유가 있다.

주식에 관심 없는 일반인은 1921년부터 1929년까지 지속적인 고용을 누리고, 거기에 익숙해졌을 것이다. 당연히 그들은 지속적인 고용이 정상적인 상태라고 여겼다. 그리고 1929~1932년 하락이 발생하자 많은 사람이 생계에 어려움을 겪었다. 당연히 그들이 보기에 이런 상황은 '저지'에 해당했다.

1921년부터 1929년까지 주식시장이 상승하는 동안 투자자들은 신시대가 도래했고, 주가는 '절대 떨어지지 않을 것'이며, '무조건 계속 가라' 같은 말을 들었다. 많은 관행은 끔찍하지만 합법적awful but lawful이었다.

많은 정치인에게는 '공황'이라는 단어를 잘못 쓴 책임이 있다. 1929년에서 1932년 사이 주가가 하락하던 초기 후버Herbert Hoover가 대통령이었을 때, 일부 사람들은 번영이 머지않았다고 말했다. 1932년 대선 동안 민주당은 공화당과 후버 때문에 공황이 발생했다고 비난했다. 1932년, 1936년, 1940년의 선거 결과는 대다수 유권자가 뉴딜정책 추진자들을 믿었음을 말해준다. 공화당은 1937년부터 1942년에 걸친 하락이 뉴딜정책 추진자들 때문이라고 비난했다. 민주당이 했든, 공화당이 했든 이런 정치적 선동의 오류는 10장과 11장에 실린 그래프를 통해 드러난다.

주식시장에는 절대 '저지'가 없다. 주식시장은 이전의 상승을 조정할 뿐이다. 하나의 주기는 작용과 반작용으로 이루어진다.

많은 주식 분석 서비스와 신문의 경제 평론가들은 줄곧 현재 일어나는 사건이 상승과 하락의 원인이라고 말한다. 그들은 일간 뉴스와 시장 동향을 활용할 수 있다. 하나를 다른 하나에 끼워 맞추는 것은 간단한 일이다. 뉴스가 없는데 시장이 등락하면 그들은 해당 동향이 '기술적'인 것이라고 말한다. 이 내용은 17장에서 다루었다.

때때로 중요한 사건이 발생하여 런던이 하락하고 뉴욕이 상승하거나, 그 반대의 일이 일어나면 평론가들은 어리둥절해한다. 버나드 바루크_{Bernard Baruch}는 근래에 '무엇을 하든 하지 않든 간에 몇 년 동안 번영이 우리와 함께할 것'이라 말했다. 그 의미를 생각해 보기를 바란다.

'암흑기'에는 세계가 평평한 것으로 여겨졌다. 우리는 비슷한 망상을 끈질기게 이어가고 있다.

24

감정의 주기, 33일~36일

인간 활동에 내재된 대중 심리의 주기는 앞서 제시한 그래프들에서 드러난다. 근래에 한 과학자는 개인의 감정적 주기에 대한 연구 결과를 발표했다. 《레드북_{Red Book}》1945년 11월호에 마이런 스턴스_{Myron Stearns}가 쓴 기사가 실렸다. 과학자 렉스퍼드 허시_{Rexford B. Hersey}가 17년 동안 연구한 결과를 소개하는 기사였다. 맥콜 퍼블리싱 코퍼레이션_{McCall Publishing Corporation}은 이 책에 그 내용을 인용할수 있도록 허락했다. 나는 특정한 숫자를 강조했으며, 마지막 문단에서 언급했다.

"허시는 로즈_{Rhodes} 연구원으로서 웨스트버지니아대학교_{University of West Virginia}와 베를린대학교_{University of Berlin}를 졸업했다… 허시는 연구 결과를 정리하여 『노

동자가 직장과 가정에서 느끼는 감정Workers' Emotionalism in Shop and Home이라는 책을 펴냈다. 이 책은 1932년에 펜실베이니아대학교University of Pennsylvania에서 출간되었다. 펜실베이니아 철도Pennsyvania Railroad의 간부들은 선견지명을 갖고 허시의 연구를 지원했다… 허시는 독일로 초빙되었다. 거기서 그는 노동자들이 미국 노동자들과 같은 반응을 보인다는 사실을 발견했다.

허시는 인간 감정이 주기적으로 상승하고 하락한다고 주장한다. 17년 넘게 그 양상을 관찰하고 연구한 결과는 우리 모두에게 고양된 기분과 저조한 기분이 거의 조류만큼 안정적으로, 일정하게 서로를 뒤따른다고 말해준다. 또 연구 대상 각각을 확인한 결과가 규칙적인 패턴에 부합한다는 사실을 발견했다. 그가 만든 차트는 약 5주마다 사람들이 비판적인 태도로 바뀐다는 것을 보여주었다. 당신은 강한 의지력을 발휘하지 않는 한 언젠가는 불운한 일이 생겨서 당신을 좌절시킨다고 여긴다. 반면 좋은 소식은 당신을 세상의 꼭대기로 올려준다고 생각한다. 과학은 그런 생각이 틀렸다고 말한다. 당신이 활기와 열정으로 가득하다면 좋은 소식은 당신을 더 높은 곳을 올려줄 것이다. 또는 당신이 '우울한 월요일'을 힘겹게 넘기고 있다면 좋은 소식은 잠시 도움을 주는 데 그칠 것이다. 인간의 감정은 원래 33일에서 36일 간격으로 일정하게 상승하고 하락한다. 이런 등락은 주식시장의 차트와 비슷하다.

혈액의 콜레스테롤 수치는 약 56일 주기를 가지는 것으로 보인다… 감정적 주기를 전체적으로 좌우하는 갑상선의 호르몬 수치는 4주에서 5주 간격으로 저점에서 고점을 거쳐 다시 저점으로 왕복한다… 갑상샘항진증의 주기는 최대 3주로 짧아진다. 남성과 여성 사이에 주기의 차이는 없는 것으로 보인다."

피보나치수열에는 3, 5, 34, 55가 포함된다. 시간 주기가 항상 정확한 것은 아니다. 주기가 '33일에서 36일'로 제시되면, 기본적인 기간은 34일 정도이다. 55일이라는 기본 기간에는 '56일'도 포함된다.

가족, 친구, 직원, 사장, 고객 등이 당신을 짜증나게 하면 이 장의 내용을 다시 읽어볼 것을 권한다. 다른 사람들도 당신처럼 나름의 주기를 지닌다는 것을 인지하면 당신의 주기와 그들의 주기가 얽히지 않도록 대처할 수 있다.

25

피타고라스,
파동이론의 실마리가 되다

피타고라스는 기원전 5세기에 살았던 위인이다. 그는 역사에 범접하기 힘든 족적을 남겼다. 또한 '문명의 요람'으로 불리는 이집트를 종종 방문했다. 『브리태니커 백과사전』에는 다른 사람들의 발견을 끈질기게 탐구했던 그의 활동 내용이 잘 나와 있다.

피타고라스는 특히 수학을 연구했던 사람으로 잘 알려져 있지만, 지금까지 내가 확인한 바에 따르면 그가 발견한 가장 중요한 내용은 간과되고 있다. 그는 하나의 삼각형을 그리고 그림 아래에 '우주의 비밀'이라는 수수께끼 같은 제목을 붙여 두었다. 2장에서 이 내용에 관해 이미 다루었다.

1945년, 피타고라스학회_{Pythagorean Society}의 회장인 존 마나스_{John H. Manas} 박사는 『삶의 수수께끼를 풀다_{Life's Riddle Solved}』라는 책을

썼다. 거기에는 수많은 상징이 담겨 있다. 하지만 우리는 피라미드와 3개의 정사각형, 이 2가지 항목에 초점을 맞출 것이다.

피라미드는 기자의 대피라미드를 나타낸다. 이 피라미드는 기원전 1,000년 무렵에 만들어진 것으로 추정되나 일부 연구자는 훨씬 오래되었다고 주장한다. 이 피라미드는 고대 세계 7대 불가사의 중 하나로 꼽힌다. 건설에 사용된 거대한 대리석의 수치와 위치의 정확성은 놀라울 정도이다. 그러나 이런 측면도 상징으로 구현된 지식에 비하면 대단하지 않다. 성경의 한 구절(이사야서 19장 19절)이 그 점을 말하는 것인지도 모른다. "그날에 애굽 땅 중앙에는 여호와를 위하여 제단이 있겠고, 그 변경邊境에는 여호와를 위하여 기둥이 있을 것이요."

2장에는 피라미드를 다양한 각도에서 바라본 그래프가 있다. 독자의 편의를 위해 [그림 92]에 측면도를 다시 싣는다.

한 밑면의 길이는 9,131인치이다. 네 밑면의 길이는 36,524.22인치이다. 이는 태양년을 이루는 일수인 365와 4분의 1을 상징한다. 달력으로는 1년이 365일이지만 4년마다 하루가 추가된다(2월

[그림 92]

29일). 이를 '윤년'이라 부른다. 4년의 총 일수는 1,461일이다.

밑면에서 꼭대기까지의 높이는 5,813인치이다. 한 밑면의 길이는 9,131인치이다. 밑면 길이 대비 높이의 비율은 63.6퍼센트이다. 피라미드는 5개의 표면과 8개의 선을 지닌다. 5 더하기 8은 13이다. 높이가 5,813인치라는 것을 보면 5, 8, 13이라는 수로 구성되어 있음을 깨닫게 된다. 5는 8의 62.5퍼센트에 해당한다. 8은 13의 61.5퍼센트에 해당한다. [그림 71]에 이 비율이 적용된 주가 움직임의 양상이 나온다.

인간 활동에서 전진하는 움직임은 5개의 파동으로 구성된다. 그중 3개는 상승 파동이고, 2개는 사이에 끼어드는 조정 파동이다. 주기는 5개의 상승 파동과 3개의 하락 파동, 총 8개의 파동으로 구성된다. 이 사실은 소형 주기, 중간 주기, 주요 주기를 막론하고 모든 규모에 해당된다. 자세한 내용은 4장에 있다.

[그림 93]의 왼쪽은 피타고라스의 그림을, 오른쪽은 그림을 도표로 만든 것이다. 나는 그림에서 검게 칠해진 부분에 숫자를 넣었다. 오른쪽 상단의 정사각형에는 5개의 검은 정사각형이 있다. 왼쪽 상단 정사각형에는 8개의 검은 정사각형이 있다. 하단 정사각형에는 13개의 검은 정사각형이 있다. 이 숫자는 피라미드의 높이인 5,813인치를 구성하는 숫자와 같다.

[그림 94]는 같은 3개의 정사각형을 보여준다. 다만 작은 정사각형에 숫자를 넣는 방식이 달라졌다.

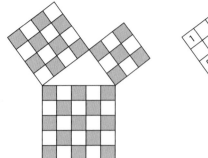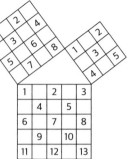

[그림 93]

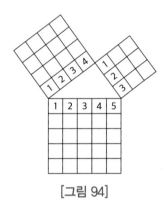

[그림 94]

- 3의 제곱에 해당하는 9개가 있는 곳에는 1, 2, 3

- 4의 제곱에 해당하는 16개가 있는 곳에는 1, 2, 3, 4

- 5의 제곱에 해당하는 25개가 있는 곳에는 1, 2, 3, 4, 5

피라고라스의 정리는 직각 삼각형의 빗변 제곱의 값이 다른 두 변을 각각 제곱하여 더한 값과 같음을 설명한다. 이 해법의 발견은 피타고라스의 연구 중에서 가장 잘 알려져 있다.

이제 1부터 144까지 피보나치수열로 돌아가 보면 이 숫자들은 피타고라스가 말한 우주의 비밀을 구성한다는 것을 알수 있다. 식물학 분야에서 찾을 수 있는 가장 좋은 예는 2장에서 제이 햄비지가 설명한 해바라기이다. 인간과 동물의 몸에는 숫자 3과 5가 적용된다. 이 밖에도 피타고라스를 설명하는 그림에는 관념적 개념에 해당하는 다른 많은 상징이 있다.

26

부수적인 이야기

파동의 거래량

상승 파동에서 파동 5의 거래량은 파동 3의 거래량을 넘지 않으며, 때로는 더 적기도 하다. 상승 파동의 거래량이 계속 증가하면한 차례의 상승 파동이 예상된다. 이러한 상승은 거래량이 증가하지 않고 새로운 고점이 형성될 때까지 계속 된다. [그림 95]에서파동 2의 거래량이 파동 1의 거래량보다 적다는 점을 봤을 때 이는 바람직한 양상임을 알 수 있다.[*]

━┑ 더 알아보기 ┝━━━━━━━━━━━━━━━━━━━━━━━━━━━━━━

◆ 2파동이 실제로 진행 중이고 3파동이 뒤따를 것임을 나타냅니다.

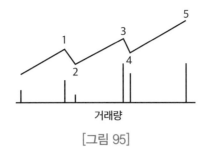

거래량

[그림 95]

원

'주기'라는 단어는 원을 뜻하기도 한다. 가끔 주식 그래프에서 이런 모양이 나온다. [그림 96]의 원은 A, B, C, D, 4개 부분으로 나누어진다. 그래프가 C 부분처럼 아래로 둥글게 휘어지고, 파동의 수로 인해서 하락 패

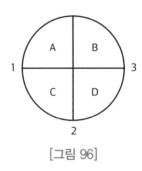

[그림 96]

턴이 완성되면, 저점에서 3개 파동의 움직임이 여러 번 일어난 후 D 부분처럼 가파른 상승이 뒤따를 것이라고 예상할 수 있다. 이 경우 등락의 전체 그림은 C 부분과 D 부분을 합친 것처럼, 다시 말해서 원의 아래쪽처럼 보인다.

1945년 말에 홍수처럼 쏟아진 파업은 [그림 96]에 나오듯이 진자가 왼쪽에서 오른쪽으로, 즉 1에서 2를 거쳐 3으로 흔들리는 것이었을 뿐이다. 노조가 생기기 전(1906년 이전)에 대부분의 고용

주는 직원, 경쟁자, 대중에게 전제적이고, 무자비하며, 매정했다. 현재 일부 파업 참가자들의 행동도 초기 경영자의 행동보다는 심하지 않다. 모든 국가, 인간 활동, 개인은 나름의 주기를 지닌다. 이 주기는 종류와 크기에 따라 긴 것도 있고, 짧은 것도 있다.

A-B 바닥

6장의 [그림 53]에 나오는 'A-B 바닥'•은 때로 5장에서 설명한 대로 이중 3파동이나 심지어 삼중 3파동으로 구성된다. 이는 앞서 "원" 단락에 나오는 첫 문단에서 설명한 대로 둥근 바닥이 형성될 때 특히 그렇다.

┌─ 더 알아보기 ─────────────────────────────

● [그림 53]에서 'A-B' 바닥을 언급할 때 엘리어트는 비정상적인 패턴인 2개의 파동에 대한 명칭을 쓴 것으로 보입니다. 그러나 뒤이어 나온 1942~1946년 강세장에 대한 설명을 보면 A-B 바닥이라는 개념을 조정파동의 끝과 충격 파동의 시작 사이에 발생하는 추가적인 파동 현상으로 사용하고 있습니다. 사실 이런 내용을 더하는 것은 불필요합니다. 이 형태는 이전의 조정 파동이나 다음의 충격 파동의 일부이기 때문입니다.

└───

27

강세장에 나타난 현상°

[그림 71]은 1928년부터 1942년 4월까지 다우존스 산업 지수에서 형성된 13년 삼각형 패턴이다. 5장의 [그림 31], [그림 32], [그림 37], [그림 38]에서 설명한 대로 삼각형에 뒤이어 추진 파동이 나온다.

[그림 97]은 다우존스 산업 지수를 나타낸 그래프이다. 모든 수직선은 한 달 기간의 변동폭에 해당한다. 주요 주기 파동 ①은 짧다. 주요 주기 파동 ③은 더 길다. 중간 주기는 소문자 a, b, c, d, e로 표시된다. 파동 b와 d를 잇는 내부 주추세선을 봐야 한다.

┌─ 더 알아보기 ├─────────────────────────────
  ● 이 예측을 하고 몇 달 후에 지수가 수직으로 하락했습니다.
└───

주요 주기 파동 ④는 3개의 중간 주기 파동으로 구성된다. 이 중간 주기 파동은 1943년 7월부터 11월까지 형성되었고 소문자 a, b, c로 표시된다. 주요 주기 파동 ⑤는 1943년 11월부터 1945년 12월 10일까지 진행되었다. 파동 A와 B는 5개월을 소요했다.* 이 기간에 일간 및 주간 변동폭에 따른 모든 파동은 각각 3개의 파동으로 구성되었다([그림 53] 참고).

일간 변동폭에 따르면 B에서 1까지는 5개의 파동으로 구성된 중간 주기 파동 1이다. 중간 주기 파동 3은 소문자 a, b, c, d, e(연장)로 표시되는 5개의 파동으로 구성된다. 연장 파동은 절대 3개의 충격 파동 1, 3, 5 중 2개 이상에서 나타나지 않는다([그림 39]부터 [그림 44]까지 참고). 중간 주기 파동 4는 중간 주기 파동 2와 같은 방향이다. 중간 주기 파동 5는 주간 변동폭에 따르면 5개의 파동으로 구성되며, 1945년 12월 10일에 196.59포인트에 도달했다. 보조 추세선을 약간 넘어섰다. 1945년 12월 10일 이후 비정상적인 고점*이 1946년 2월 4일에 207.49포인트에 도달했다.

1943년 11월부터 1945년 12월까지 이어지는 주요 주기 파동 ⑤의 패턴은 하나의 측면이 특이하다. 이 패턴은 1942년 11월부터 1945년 8월까지 보조 추세선으로 곧바로 나아가지 않고 주추세선에 붙어 있다. 이 비정상적 양상의 원인은 경험보다 돈이 많은 무모한 신세대 투기자들이 일반 지수를 구성하는 우량주가 아니라 저가주를 선호했기 때문이다. 나는 비정상적 양상을 극복하기 위해 정상적으로 행동하는 특별 지수를 고안했다. 이 지수는

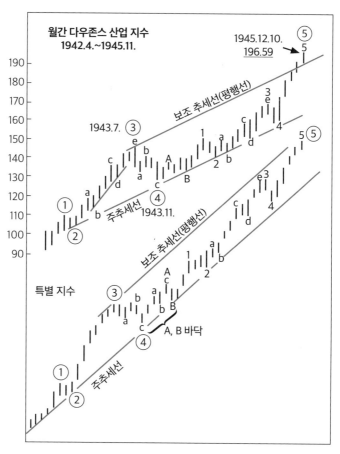

[그림 97]

┌ 더 알아보기 ┐

● 엘리어트가 만약 파동 A와 파동 B가 아닌 연장 파동 ⑤에 속한 1파동과 2파동으로 구분했다면 1946년 5월의 고점을 정상적인 고점으로 예측할 수 있었을 것입니다.

◆ 12월 고점이 3파동의 끝으로 표시되어 있습니다. 2월의 '비정상적인 고점' 이후 예상대로 5개 파동의 하락이 분명하게 나왔습니다. 그러나 이 고점은 4파동을 구성하는 비정상적인 조정 A-B-C의 파동 B였습니다. 뒤의 5파동은 1946년 5월에 212.50포인트에 도달하여 마지막 정상적인 고점을 찍었습니다.

[그림 97]의 하단 차트에 나온다. 여기서는 주요 주기 파동 ⑤가 주추세선에 붙어 있지 않고 처음부터 끝까지 직선으로 나아가는 것을 봐야 한다.

[그림 97]의 상단 그래프에서 지수는 1945년 12월 10일에 '정상적인 고점'을 찍는다. 이 책을 펴낼 무렵 비정상적인 고점인 파동 B가 형성되고 있다. 이 다음에는 파동 C가 뒤따라야 한다(7장 참고).◆ 나는 12장의 [그림 76]에 나오는 대로 비정상적인 약세장이 이어질 것으로 예상한다.◆

┌ 더 알아보기 ┤

● 엘리어트는 파동 C에 따른 하락을 예상했기 때문에 1946년 폭락장을 앞두고 정확하게 약세 관점을 취했을 것입니다. 해당 저점은 이전 4파동과 같은 지점이고 하락의 저점이 160포인트 바로 위였기 때문에 이것까지도 예측했을 것이라 생각됩니다.

◆ 이 예측은 옳았습니다. 조정이 3년간 이어졌지만 가격은 완만하게 형성되었습니다.

28

결론

[그림 71]은 1928년부터 1942년까지 이어진 13년 삼각형 패턴을 보여준다. 5장을 다시 보면 삼각형은 언제나 파동 4로 나타나며, 파동 5는 파동 3의 고점을 넘어선다는 사실을 알 수 있다.

[그림 98]은 1800년부터 1945년까지 지수 동향을 나타낸 것이다.• 1857년 이전에는 주식시장에 대한 기록을 구할 수 없다. 그래서 1800년부터 1857년까지 이어지는 파동 ①은 경기 동향을 기준으로 삼았다. 1928년 11월의 고점은 파동 ③의 정상적인 고점이며, 여기서 삼각형(파동 ④)이 시작된다. 1942년 4월에 삼각형이 끝난 후 '추진 파동'(파동 ⑤)이 시작된다. '추진 파동'은 언제나 파동 ③의 고점을 넘어선다. 이 경우 해당 고점은 1928년 11월에 나온다.

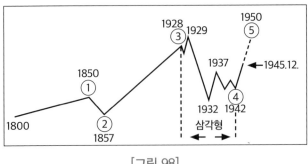

[그림 98]

　1921년부터 1928년 11월까지 이어지는 움직임은 3개의 강세장과 그 사이에 끼어드는 2개의 비정상적 약세장으로 구성된다. 1945년 12월 현재까지 하나의 강세장만 기록되었다. 따라서 논리적으로 보면 1942년 이후의 패턴 및 그 크기는 1921년부터 1928년까지 이어진 패턴 및 그 크기와 비슷할 것이다. 즉 3개의 강세장과 그 사이에 끼어드는 2개의 비정상적 약세장으로 구성될 것이다.

　다우존스 산업 지수는 1921년에 64포인트에서 시작되어 1928년 11월에 235포인트 상승하여 299포인트에서 끝났다. 추진 파동은 1942년 4월에 93포인트에서 시작되었다. 93 더하기 235는 328이다. 이는 파동 ③이 끝나는 1928년 11월의 고점보다 29포인트 위이다.* 이 추진 파동은 1921~1929년과 비슷하게 8년 동안 이어지면서 1950년에 끝날 수 있다. 제2차 세계대전의 전비 조달로 대중의 손에 엄청난 양의 자금이 쥐어져 있다는 사실은 이 추정을 뒷받침한다.

지금은 1921~1928년과 비교할 때 다른 전개가 나타나고 있다. 1921~1928년 동안에는 1번째 파동이 인플레이션의 양상을 보이지 않는 정상적인 강세장이었다. 또한 1928년 11월에 끝난 5번째 파동은 확연하게 인플레이션이 가속되는 경향을 보였다. 반면 지금은 1942년부터 1945년까지 이어진 1번째 파동이 인플레이션 특징을 드러낸다. 의문스러운 가치를 지닌 저가주가 '블루칩'을 따돌리고 급등했다. 〈뉴욕 선New York Sun〉은 크게 상승한 96개 종목을 분석했다. 모든 종목은 주당 2달러 미만으로 출발했다.

┌─ 더 알아보기 ├────────────────────────────────

- 엘리어트가 대단한 점은 구할 수 있는 데이터가 극도로 부족한 가운데 1700년대 후반부터 시작된 초대형 주기를 정확하게 그려냈다는 점에 있습니다. 신고점이 1929년 고점을 넘어설 것이라는 예측도 정확했습니다. 그러나 [그림 98]은 1950년대에 끝이 나는 짧은 파동을 보여줍니다. 이 파동은 다른 파동과 비율이 맞지 않습니다. 이번에도 문제는 13년 삼각형입니다. 삼각형에 이어 나오는 추진 파동은 빠르고 짧기 때문입니다. 엘리어트가 《시장분석소식지》와 《투자교육회보》에 다시 실은 차트는 1776년에 시작되어 2012년에 끝나는 패턴을 보여줍니다.

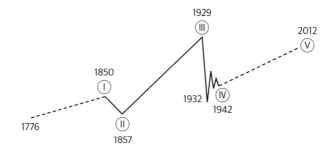

- 추진 파동 또는 수평 삼각형 뒤를 따르는 5번째 파동이 삼각형에서 가장 긴 부분과 비슷한 길이를 지닌다는 원칙을 토대로 계산되었습니다.

최고 상승률은 13,300퍼센트였다. 최저 상승률은 433퍼센트였다. 평균 상승률은 2,776퍼센트였다.

앞서 나온 그래프의 패턴은 미국의 역사가 지나온 궤적을 보여준다. 미국의 발전 과정은 많은 측면에서 경이롭다.

- 지리적 위치, 형태, 국경: 양면에 대양이 있고, 다른 양면에 우방이 있는 사각형
- 위도와 기후: 준열대로 농업에 유리
- 천연자원: 금, 철광석, 석탄, 석유, 원목, 수로
- 천재성과 개인의 진취성: 1850년부터 1929년까지 나온 특허와 그 가치는 경이롭다. 14장에 이 내용이 있다. 특허 등록 건수 그래프([그림 81])는 시간과 패턴 측면에서 지수와 일치한다. 이는 사업 활동과 대중 심리를 반영한다는 의미이다.
- 민주주의적 이상: 정부의 형태는 개인의 진취성을 모사한다. 그렇다고 해서 완벽하다는 말은 아니다. 다만 이 점은 우리가 올바른 길로 나아가고 있음을 말해준다.

참고문헌

『브리태니커 백과사전』, "피타고라스".

Count B. Boncompagni, 본콤파니 백작이 피보나치(13세기 이탈리아 수학자, 피사의 레오나르도로 불림)의 글들을 1857~1862년에 출간.

Brown Landone, 『Prophecies of Melchi-Zedik in the Great Pyramid』.

Jay Hambidge, 『Dynamic Symmetry』, pp.146-159, Appendix.

____, 『Practical Application of Dynamic Symmetry』 "The Law of Phyllotaxis", pp.27-29.

John Barnes Schmalz, 『Nuggets from King Solomon's Mine』.

Samuel Colman & C. Arthur Coan, 『Nature's Harmonic Unity』.

____, 『Proportional Form』, pp.34-35, pp.149-155.

Theodore A. Cook, 『Curves of Life』.

William Macniele Dixon, 『The Human Situation』, pp.129-131.

A Biography of
Elliott

엘리어트의 삶

엘리어트는 각양각색의 환경에 둘러싸여 각계각층의 사람들을 만나고 대처할 수 있는 능력, 중남미식 삶의 양극단을 모두 즐기는 성격, 사람의 성향을 이해하는 통찰력을 갖추고 있었다. 이러한 강인하고 모험적인 성향은 '정적'에서 '파괴적인 분화'로 넘어가는 주식시장에 대응할 준비를 이미 마친 것과 다름없었다. 5부는 방대한 세부 정보를 소화하는 동시에 거대한 퍼즐이나 딜레마를 해결하기 위한 큰 그림을 그릴 줄 알았던 그의 삶을 파동이론에 빗대어 이야기한다. 참고로 엘리어트 개인의 조정 파동(2파동과 4파동)이 로스앤젤레스에서 발생했고, 급격한 상승 파동(3파동과 5파동)은 뉴욕시에서 발생했다는 점이 흥미롭다.

ELLIOTT'S WAVE PRINCIPLE

01

1번째 파동: 형성

랠프 넬슨 엘리어트는 생의 대부분을 멕시코_{Mexico}를 비롯한 아메리카 대륙의 가운데와 남쪽 지역에서 보냈다. 그의 가계를 조금 살펴보면 이러한 계기를 이끌어 낸 인물이 몇 명 있었음을 알 수 있다. 외증조부인 조너선 햄블레트_{Jonathan Hamblett}는 독립전쟁 동안 (1775~1783) 벙커 힐_{Bunker Hill}에서 민병대로 참전했다. 조부인 휴 엘리어트_{Hugh Elliott}는 1812년 전쟁(1812~1815)에 참전했다. 조부는 오하이오주 아이베리아_{Iberia}에 주둔하다가 나중에 서부 전선에서 복무했다.

1835년, 그의 아들이자 엘리어트의 아버지인 프랭클린_{Franklin}이 태어났다. 프랭클린은 자라서 상인이 되었고, 버지니아 넬슨_{Virginia Nelson}과 결혼했다. 버지니아는 필라델피아 인근의 부유한 농가에서 나고 자랐는데, 그녀의 형제들은 각각 30만 평방미터의 땅을 경작했다.

미국 남북전쟁 막바지인 1864년 8월 27일, 프랭클린과 버지니아는 딸 애나 메이$_{Anna\ May}$를 얻었다. 이들 부부는 딸이 3살일 때 캔자스주 북동부를 흐르는 빅블루강$_{Big\ Blue\ River}$ 옆에 자리한 소도시, 메리즈빌$_{Marysville}$로 이사했다. 프랭클린은 당시 국가 전체와 함께 서부로 향해가던 아버지의 여정(미국 서부개척, 1865~1890)을 이어갔다. 메리즈빌은 문명의 경계로서 포니 익스프레스$_{Pony\ Express}$(조랑말을 이용한 속달 우편- 옮긴이)와 오레곤 트레일$_{Oregon\ Trail}$ 여행자들이 쉬어가는 곳이었다.

3년 후 1871년 7월 28일, 엘리어트 부부의 2번째(이자 마지막) 아이인 랠프 넬슨 엘리어트가 태어났다. 뒤이어 엘리어트 가족은 동쪽으로 수백 킬로미터 떨어진 일리노이주 페어버리$_{Fairbury}$로 이사했다. 페어버리는 시카고에서 남서쪽으로 약 160킬로미터 떨어진 작고 번성한 농업 도시로 장사를 하기에는 더 나은 곳이었다.

그리고 1880년 말, 엘리어트는 가족과 함께 텍사스주 산안토니오$_{San\ Antonio}$로 다시 이사했다. 10대에 그는 스페인어를 유창하게 쓰고 말하는 법을 배웠으며, 남쪽으로 240킬로미터 떨어진 곳에 국경이 있는 멕시코를 좋아하게 되었다. 그는 청소년기에 가끔 멕시코를 방문하기도 했고 15, 16살 때는 실제로 살기도 했다. 그의 누이는 나중에 멕시코인인 베르나르 누녜즈$_{Bernard\ Nuñez}$와 결혼했다.

엘리어트는 14살 때부터 웨스턴 유니언Western Union에서 전신수로 일했다. 1891년, 그가 20살일 때 북아메리카는 철도 건설 붐이 절정에 달했다. 엘리어트는 멕시코에서 철도 관련 일을 하던 것을 계기로 집에서 독립하여 20대 초반 내내 멕시코에 머물면서 선로공, 철도 관제사, 속기사, 전신수, 역장 등 다양한 직업을 경험했다.

1896년 무렵, 엘리어트는 회계 분야에 입문했지만 확인할 수 있는 경로로 교육을 받은 것은 아니었다. 하지만 철도 사업을 바닥에서부터 배우며 올라왔기 때문에 철도 회계 분야와 관련된 전문성을 발전시켰다. 주로 멕시코, 아르헨티나Argentina와 칠레Chile에 있는 미국인 소유의 여러 철도 회사에서 25년 동안 임원으로 일했다.

엘리어트는 중남미에서 25년을 보냈기 때문에 각계각층의 사람들을 잘 알았다. 그는 종종 부유한 지주의 집에 머물렀고, 글을 통해 현지 주민의 생활방식을 생생하게 묘사하거나 개인적인 일화를 회고하기도 했다. 엄청난 부나 호사뿐 아니라 지독한 빈곤과 누추함까지 담겨 있는 글의 내용으로 미루어 보건대 엘리어트의 경험은 '임원'이란 직위를 통해 예상할 수 있는 것보다 훨씬 더 모험적이었음을 짐작할 수 있다. 다음의 구절에는 그러한 성향이 잘 나타나 있다.

"중남미의 부자들은 궁전 같은 저택을 짓고, 값비싼 차를 몰고, 1점당 1달러 이상을 걸고 브리지_{bridge}(카드놀이의 일종- 옮긴이)를 하고, 순종마로 경주를 하고, 회원 전용 클럽과 잘 꾸민 집, 호사스러운 시중을 받는 식사를 즐긴다. 그의 아내와 자녀는 세련된 옷을 입고, 돈으로 살 수 있는 모든 것을 가질 수 있다. 그들의 영어와 프랑스어 수준은 완벽에 가깝다. 시골 별장에는 수영장과 테니스장, 정원뿐만 아니라 드물지 않게 경마장과 골프장까지 갖춰져 있는데, 이 또한 드문 일이 아니다. 손님들은 철저하게 훈련받은 현지인이 나르는 수입 와인과 진수성찬을 대접받는다."

"일꾼_{peon}의 집은 대개 벽과 지붕을 나뭇잎과 풀로 얽은 오두막에 불과하다. 바닥은 그냥 흙이다. 가구(혹시 있다면)와 조리 도구는 상상할 수 있는 가장 원시적인 것이다. 온갖 동물이 집안에서 같이 산다. 개와 돼지는 온기를 제공해주지만 그 불결함과 누추함은 글로 묘사할 수 없을 지경이다. 그들은 무지하고 미신에 사로잡혀 있으며, 개선에 대한 욕구도 거의 없다. 술에 취하면 아무 생각 없이 한 말, 약간의 의견 차이, 우연히 밀치거나 여자를 두고 벌어진 말다툼이 마체테_{machete}를 휘두르는 유혈극으로 번진다. 그 결과 끔찍한 상처를 입거나 죽는 경우도 드물지 않다."

"밤늦게 심한 뇌우가 내리는 동안 작은 인도 소년이 내가 머물던 농장주의 집을 찾아왔다. 그는 농장주 가족에게 형이 죽어가고 있다고 알렸다. 17살 난 농장주의 둘째 딸은 조용히 말을 부르고, 약간의 약과 식량을 바구니에 넣은 다음 비바람을 뚫고 5킬로미터를 달려갔다. 이 자비로운 심부름에 동행하는 특혜를 누린 사람으로서 말하건대 매우 불편한 여정이었다. 게다가 단지 과음에 시달렸던 것으로 드러난 소년의 형은 전혀 고마워하는 태도를 보이지 않았다."

만약 그가 편안한 호텔이나 사무실에만 틀어박혀 지냈더라면 "걷거나, 날거나, 헤엄치는 동물 중에 먹지 못할 것은 없다. 나는 사람들이 다람쥐, 도마뱀, 앵무새, 여우, 심지어 뱀까지 요리해서 아주 맛있게 먹는 모습을 보았다."라는 글처럼 자세한 묘사를 하지 못했을 것이다.

개인적, 정치적 위험을 안기는 원시적인 여건과 낯선 문화 속에서 사업을 지속하는 일은 상당히 힘들었다. 통신 수단이 없고, 노동력이 부족하고 지나다니는 것조차 무척 힘든 길은 철도 사업을 특히 어렵게 만들었다. 그는 "소가 끄는 수레로 커피를 농장에서 역까지 나르고 다시 돌아오려면 하루종일이 걸린다."라고 말했다.

현지인의 성격도 이해하고 대처해야 할 난관이었다. 엘리어트는 부하직원이 상사를 대하는 방식에 대해서는 이렇게 썼다. "'(직설적인) 북미인과 상반되게 이곳 사람은 당장 상사를 기쁘게 만들기 위해' 진실과 무관하게 '최대한으로 계산된 정중한 방식'으로 질문에 대답한다." 그리고 아주 나중에서야 중남미인은 다른 어떤 성격적 특징보다도 '정중하고 매력적인 성격' '항상 세련된 몸가짐'에 큰 가치를 둔다고 덧붙이기도 했다. 그의 설명에 따르면 중남미는 끊임없이 음모가 들끓는 곳이다. 몇 년 후 과테말라 대통령이 사망했을 때 자신이 처한 상황에 대해서는 이렇게 남겨두기도 했다.

"밤부터 아침까지 전국이 혼란에 빠졌다. 군인들이 거리를 순찰했고, 모든 공공건물에서 보초를 섰다. 사람들은 밖에서 다른 사람을 만나지 않으려 했다. 앞으로 상황이 어떻게 전개될지에 대한 소문만 무성했다. 어쩌면 아무 일이 일어나지 않을지도 몰랐다. 또, 한편으로는 며칠 동안 전국이 피비린내 나는 내전에 휘말릴 수도 있었다. 여성과 아이들이 잔혹하게 총살당하고, 사방에서 살인과 강간, 약탈이 벌어지는 총체적인 혼란이 펼쳐질지 모른다는 불안감이 들었다. 모두는 자기 자신이, 연기를 내뿜는 화산 옆에서 살고 있으며 세상일이 원래 그렇듯이 고요한 정적 후에 파괴적인 분화가 이어질 수 있음을 무의식적으로 깨달았다."

이런 환경을 경험하고 대처했던 엘리어트는 주식시장이 '정적'에서 '파괴적인 분화'로 넘어가는 국면에도 잘 대응할 준비를 이미 마친 것과 다름없었다. 또, 강인하고 모험적인 성향 덕분이 아니라 아이러니하게도 능숙한 '사교술' 덕분에 자신만의 특별한 영역에서 성공했다. 그는 다양하고 복잡한 사회 환경에 대처할 수 있는 능력, 중남미식 삶의 양극단을 모두 즐기는 성격, 사람의 성향을 이해하는 통찰을 보여줬다. 이런 자질은 보다 안정된 미국의 영토 내에서 살기를 원하는 미국 기업가들의 입장에서 대단히 귀중한 자산이었다.

엘리어트는 1902년 9월 3일, 텍사스주 엘파소El Paso에서 메리 엘리자베스 피츠패트릭Mary Elizabeth Fitzpatrick(1867~1941)과 결혼했다. 엘리어트보다 4살 더 많았던 메리는 뉴욕에서 태어났지만 멕시코에서 일하고 있었다. 그녀는 멕시코 정부의 환율 개혁을 돕던 미국 자문단에서 일하다가 엘리어트와 만났다. 도시 출신 아일랜드계 가톨릭 신자였던 그녀는 남편과 함께 중남미 전역을 여행하는 당시로서는 엄청난 모험심을 보여주었다. 두 사람은 비교적 편안한 중산층의 삶을 살았던 것으로 보이며, 때로는 배나 철도를 이용해 미국으로 돌아와 각자의 가족을 방문했다. 1904년 7월 9일, 두 사람은 뉴욕시에서 메리의 여동생인 애너의 결혼식을 주재하기도 했다.

1908년에서 1909년까지 엘리어트는 멕시코중앙철도Mexican Central Railway 감독관으로 재직했다. 그는 1909년 2월에 어머니가 사망했을 때 다시 미국으로 돌아왔다. 그의 어머니는 캘리포니아 주 잉글우드Inglewood에 있는 잉글우드 공원묘지에 묻혔다. 나중에 엘리어트의 아버지와 누나도 그곳에 묻혔다.

1912년, 엘리어트가 몬테레이Monterrey에서 멕시코전국철도 National Railroad of Mexico의 특별 감사로 일하는 동안 그의 아내는 산안토니오에서 살고 있었다. 1913년 멕시코에 거주했던 미국인 등록증을 보면 엘리어트는 21년간 멕시코 9개 도시에 거주하면서 일했다는 것을 알 수 있는데 당시에는 베라크루즈 터미널 회사 Veracruz Terminal Company의 직원이었다. 그는 1914년 초에 시간을 내어 아내와 함께 크루즈선을 타고 영국으로 갔다. 그리고 S.S. 프레지던트 링컨호S.S. President Lincoln를 타고 돌아왔다. 이듬해 그는 프론테라 운수회사Frontera Transportation Company의 대표로 일했다. 그의 아내는 당시 몬태나주 그레이트폴스_{Great Falls}에서 여름을 보냈다. 이는 명백히 멕시코 혁명_{Mexican Revolution}(1910~1917)에 따른 소요사태를 피하기 위한 것이었다. 아마 엘리어트가 자주 옮겨 다닌 것도 같은 이유일 것이다.

점차 경력이 쌓이면서 회사에서 엘리어트가 담당하는 업무도 갈수록 중요해졌다. 회계만이 아니라 폭넓은 분야에서 전문성을 증명했기 때문이다. 그의 가치가 발휘된 분야는 주로 구조조정이었다. 그는 1926년에 펴낸 책에서 이렇게 썼다. "회계는 다른 모든 분야처럼 획기적인 변화를 꾀하고 있다. 다시 말해서 훨씬 더 넓은 분야에서 활용할 수 있도록 변해가고 있다."

엘리어트는 미래의 지출을 예측하고, 새로운 입출금 기록 시스템을 도입하고, 매출을 배분할 때 비중 원칙을 적용하면서 재무 관리 방식을 재구성했다. 나중에 어느 잡지에 기고한 글을 통해 '모든 사업을 성공적으로 관리할 수 있는 유일하게 타당한 방식'이라고 평가했다. 그는 비즈니스 컨설턴트처럼 많은 고객에게 서비스를 제공했다. 다만 한 번에 한 기업만 담당한다는 원칙 아래에 구조조정이 마무리될 때까지는 해당 기업에 머물렀다. 이 과정에서 분명 기업이 고질적 손실에서 벗어나거나 수익을 늘리도록 도와주었을 것이다. 덕분에 사업 조직화 전문가로서 상당한 명성을 얻었다.

멕시코는 1911년부터 일련의 폭력 혁명에 시달리면서 이후 몇 년 동안 긴급한 사태가 이어졌다. 엘리어트 부부는 평생 멕시코에서 살 수도 있었지만 어쩔 수 없이 미국으로 돌아와야 했다. 윌슨_{Woodrow Wilson} 행정부가 1913년에 정권을 잡은 빅토리아노 우에르타_{Victoriano Huerta} 정부를 인정하지 않으면서 미국과 멕시코의 관계가 경색되었기 때문이다. 1914년 4월에는 미 해군 병사들이 억류된 것을 보복하기 위해 미 해병대가 멕시코의 베라크루즈 항구를 점령했고 이 일로 양국의 긴장이 더욱 고조되었다.

1914년 7월, 우에르타 정부가 전복되지만 뒤이은 연립 정부가 곧 분열되면서 내전이 발발했다. 1916년 3월 9일, 반군 지휘관으로서 북부 지방의 대부분을 집권하던 프란시스코 "판초" 비야_{Francisco "Pancho" Villa}가 뉴멕시코주의 콜럼버스_{Columbus}를 공격했다. 윌슨 대통령은 존 퍼싱_{John J. Pershing} 장군에게 국경 전역에서 반군을 추격하여 비야를 체포하라고 명령했다. 이 작전은 실패로 돌아갔고, 멕시코의 반미 정서만 악화시켰다. 멕시코 전역에서 미국 시민이 공격당하고 미국인 소유의 재산이 파괴되었다는 소식이 퍼졌다. 특히 철도는 반군과 연방 정부 모두의 공격 대상이었다. 반군은 철로와 열차를 파괴했고, 1914년 중반, 연방 정부는 철도를 국유화하기 시작했다. 멕시코전국철도가 압류당하며 엘리어트의 고용 상황에 영향을 미쳤다.

1914년 4월 미 해병대가 베라크루즈에 상륙했을 때 엘리어트 부부는 프론테라_{Frontera}로 이주했다. 작은 항구 도시인 프론테라는 마야 문명 유적지로 유명했으며, 유카탄_{Yucatán}반도의 서쪽 가장자리 근처에 있는 멕시코만의 그리할바강_{Grijalva River} 어귀에 자리

잡고 있었다. 이 지역에는 미국인이 보유한 여러 마호가니 농장과 일종의 미국인 공동체가 있었다. 엘리어트는 정치적 소요의 중심지로부터 멀리 떨어진 프론테라로 피신하여 일자리를 구하려 했을 테지만 결국 멕시코 전역에서 발생한 충돌은 위기 사태에 이르렀고, 1916년 6월, '엘리어트의 표현에 따르면' 모든 미국인은 멕시코를 떠나라는 대통령의 명령이 떨어졌다. 그는 아내와 함께 캘리포니아주 로스앤젤레스로 돌아왔다.

02

2번째 파동: 되돌림

오랫동안 일하고 거주하던 곳에서 강제로 멀어지고 난 이후 4년 동안 엘리어트는 일자리를 2번 옮겼고, 다른 일자리를 2번 알아보았으며, 중남미로 돌아가려는 계획을 여러 번 세웠다.

1917년 초에 그는 로스앤젤레스 비콘 애비뉴Beacon Avenue 720번지에 살면서 타이프라이터 인스펙션 컴퍼니Typewriter Inspection Company에서 일했다. 그러던 중 5월 28일에 그의 아버지가 사망했다. 7월 10일, 그는 뉴욕과 로스앤젤레스에 사무소가 있고 북서부 도시인 포틀랜드Portland, 시애틀Seattle, 터코마Tacoma에 공장이 있는 제지회사, 블레이크 모핏 앤드 타운Blake, Moffitt & Towne Paper Company에서 수출 담당으로 일하기 시작했다. 비콘 애비뉴 801번지에 살던 12월에는 아바나Havana의 윌리엄 P. 필드 컴퍼니William P. Field

Company에서 일자리를 얻기 위해 쿠바로 가려고 여권을 신청했다. 1918년 1월에 그는 쿠바 여행을 취소하고 대신 블레이크 모핏 앤드 타운의 수출 사업을 촉진하기 위해 멕시코로 돌아가려고 여권을 신청했다. 훗날 이 일에 관하여 "현재 여건은 좌절할 만큼 힘들다."라고 털어놓았다.

엘리어트는 1월 25일 자 여권 신청서에 야심에 찬 여행 일정을 나열했다. 거기에는 멕시코의 시날로아Sinaloa, 소노라Sonora, 콜리마Colima, 할리스코Jalisco, 나야리트Nayarit에 이어 과테말라Guatemala, 엘살바도르El Salvador, 온두라스Honduras, 니카라과Nicaragua, 코스타리카Costa Rica, 파나마Panama가 포함되어 있었다. 회사를 대표한 이 여정의 결과가 어떠했는지, 여행이 이루어졌는지는 다음 여권 신청서에서 언급되지 않았기 때문에 알 길이 없다.

정치적 상황에 대한 두려움이 없었던 엘리어트는 이듬해 멕시코로 돌아갔다. 그는 1919년 7월부터 12월까지 탐피코Tampico에 살면서 미국인이 소유한 피어스 오일 코퍼레이션Pierce Oil Corporation에서 회계 감사로 일했다. 또한 그는 누나 메이가 멕시코시티Mexico City의 속기사 학교와 사무실에서 2개 국어 속기사로 일할 수 있도록 일자리를 구해주기도 했다. 이 기간에 그의 아내는 노스캐롤라이나주 애슈빌Asheville에서 지냈다. 멕시코가 여전히 위험했기 때문이다.

국립 문서보관소에 있는 그의 여권 신청서는 상당히 많은 정보를 담고 있다. 그의 키가 177센티미터이고 파란색 눈과 갈색 머리카락을 지녔다든가, 피부색은 불그레한 색과 흰색으로 번갈아 기록되어 있다든가, 안경을 썼다든가 하는 내용이다. 40대 중후반에 찍은 사진은 건장한 체격, 강인한 인상으로 보이며 자신감이 있어 보인다. 이런 모습은 엘리어트의 활동적인 삶에 도움이 되었다.

이 시기 엘리어트의 주요 목적은 자신이 즐기는 일을 하고, 성인기 대부분을 보낸 곳으로 돌아가는 것이었다. 그는 1919년 12월에 (아마도 누나와 같이 크리스마스 연휴를 보내기 위해) 잠깐 로스앤젤레스로 돌아왔다. 뒤이어 1920년 1월에 부촌인 뉴저지주 리지우드Ridgewood로 여행을 갔다. 이 기간에 그들은 뉴욕시 웨스트 82번가 142번지에 자리한 아파트에 머물렀다. 당시 실직 상태이던 엘리어트는 살고 싶은 중남미에서 적당한 일자리를 찾으려고 계속 애썼다.

그는 3월에 여권을 신청했다. 여행 목적은 멕시코시티와 탐피코로 가서 '멕시코에 오래 거주하는 동안 사두었던 집을 살피는 것'이었다. 이 여행은 쿠바Cuba로 이어졌다. 거기서 쿠바철도회사Cuba Railroad Company로부터 표준 규정 교육관 일자리를 제안받았다. 그의 능력에 관한 이야기는 이미 중남미에서 유명했고 높은 평가를 받았던 게 분명하다. 쿠바철도회사가 얼마 전에 다른 사람에게 같은 일자리를 제안했었기 때문이다. 부사장 겸 운영 총괄은 엘리어트에게 보낸 편지에서 "당신이 올 줄 알았다면 그 사람에게 제안을 철회한다고 알렸을 겁니다."라고 썼다. 이처럼 여러 기업이 엘리어트에게 적극적으로 구애한 것은 드문 일이 아니었다. 3년 전에 고려하던 쿠바의 일자리는 "당신의 도움이 절실히 필요합니다."라는 전보를 통해 제안되었다. 그는 해당 기업들이 영입할 수 있는 가장 유능하며, 2개 국어가 가능한 회계사이자 기업 구조조정 전문가였다.

그러던 차에 엘리어트의 삶에 급격한 변화가 일어났다. 이유가 무엇인지 모르겠지만 돌연 여행을 취소하고 중남미에서 일자리와 주거지를 구하려던 노력도 중단했다.

03

3번째 파동: 도약

2번째 전문성

이제 50대 초반이 되어 뉴욕시에 새로운 터전을 마련한 엘리어트는 이후 몇 년 동안 아주 바쁜 생활을 이어나갔다. 찰스 콜린스Charles J. Collins에게 보낸 편지를 보면 캐나다, 독일, 영국, 프랑스를 여행했다는 사실이 드러난다. 그가 철도 부문 외에 가장 큰 규모로 사업 구조 개편 작업을 한 기업은 500명의 직원을 둔 무역회사, 암싱크 앤드 컴퍼니Amsinck & Company였다.

엘리어트는 새롭게 인기를 끄는 산업에 맞춰서 레스토랑, 카페, 티룸tea room을 위한 비즈니스 컨설턴트로서 2번째 전문성을 신속하게 발전시키기로 마음먹었다. 철도 산업에 대한 그의 전문성이 멕시코와 중미에서 잘 맞았듯이 이 전문성은 뉴욕에서 잘 맞았다. 그는 특유의 열정을 발휘하여 새로운 틈새시장을 형성했다. 그 과정에서 전문 저널에 글을 기고함으로써 직업적 위상을 한층 더 높였다. 엘리어트는 1924년 여름에 뉴욕에서 발행하는 업계의 월간 잡지 《티룸 앤드 기프트숍Tea Room and Gift Shop》의 편집진으로 합류했다.

'티룸'이라는 단어는 현재 쓰이지 않는, 지금의 카페처럼 1920년대에 번창하던 사업이었다. 티룸의 인기가 너무나 빠르게 퍼지면서 경험 많은 레스토랑 사업가부터 가정주부까지 다양한 사람들이 창업에 나섰다. 《티룸 앤드 기프트숍》은 각 호당 30쪽 정도의 분량으로 제작되어 20센트(현재 가치로 4달러)에 팔렸다. 또한 전 세계적으로 관련 업종에 종사하는 3,000명의 독자를 확보하고 있었다. 엘리어트가 편집진에 합류한 일이 기록되기도 했다. 거의 1면 전체를 할애하여 그를 독자에게 소개했다. 엘리어트가 매달 싣는 기고문은 '엘리어트 씨의 칼럼Mr. Elliott's Column'이라는 단순한 제목이 붙었으며, 분량은 2쪽 정도였다. 또한 각 칼럼 표지에는 그의 사진을 넣었다.

엘리어트 씨가 편집진에 합류합니다!

8월호에서 더 크고, 더 나은 《티룸 앤드 기프트숍》을 만들겠다고 했던 약속을 아주 빨리 지킬 수 있게 되어서 기쁩니다. 독자 여러분에게 우수한 서비스를 제공할 수 있는 아주 중요한 진전이 이루어졌습니다. 바로 R. N. 엘리어트

씨가 우리 분야의 다양한 문제를 해결해줄 전문가 군단에 합류한 것입니다… 엘리어트 씨는 티룸 운영의 재무와 관련된 분야를 담당할 것입니다… 엘리어트 씨는 컨설팅 일을 하면서 자금이 새고 원칙을 어기는 지점을 찾아냈습니다. 이런 문제들은 적절한 수익을 올리지 못하도록 만듭니다… 엘리어트 씨는 회계 분야에서 활동했습니다. 회계는 아주 중요한 사업적 역량으로써 구독자들에게 큰 도움이 될 것입니다… 그의 관점은 회계에 국한되지 않으며, 요식업 운영과 관련된 전반적인 문제를 포괄합니다… 우리는 (제목에) '회계' '운영비' '금융' 같은 이름표 붙이기를 망설였습니다. 엘리어트 씨는 충분한 회계 지식을 갖추었고, 티룸과 레스토랑, 카페 운영을 조언하는 컨설턴트이기는 하지만 기본적으로는 사업가입니다.

엘리어트는 칼럼을 통해 독자의 질문에 답하기도 하고 회계가 '효력을 인정받고 있으며' 단순한 부기보다 훨씬 중요한 것이 되어간다고 주장했다. 당시 미 상무부U.S. Department of Commerce가 보도자료에서 말한 '과학적 경영'을 실천한 셈이었는데, 다년간에 걸친 기업 구조조정을 통해 이를 직접 증명했다. 요식업과 전반적인 사업에 대한 그의 태도는 다음의 논평에 잘 표현되어 있다.

"손님이 많은 티룸은 (창업 희망자에게는) '돈을 찍어내는 것처럼' 보일 수 있다. (그러나) 다른 사업 분야와 마찬가지로 티룸 시장에도 '적자생존의 법칙'이 적용된다. 경쟁은 대단히 중요한 요소이다. 나는 잠재적 티룸 사업자들이 잘못된 생각을 품지 않도록 경고하기 위해 이 글을 썼다. 레시피, 인테리어 등이 적절한 주목을 받아야 한다는 생각은 타당하다. 하지만 티룸 사업을 하는 목적은 돈을 버는 것이다. 많은 티룸 사업자는 매달 은행 계좌에 더 많은 돈이 있으니까 이익을 내고 있다고 생각하지만, 반드시 그런 것은 아니다. 일상적으로 발생하지 않는 비용도 예측해야 한다. 재무적 측면에서 기본적인 요소를 적절하게 고려했다면 돈을 벌고 있는지, 벌지 못한다면 그 이유는 무엇인지 따져야 한다. 어디에서 문제가 생겼는지 확인하려면 기록을 관리해야 한다. 다만 미래의 행동을 위한 지침으로 삼을 믿을 만한 정보를 얻지 못한다면, 정부가 과세를 위해 요구하는 기록 외에 다른 장부는 만들지 않는 게 좋다. 이 주제는 아주 광범위하며, 말과 그림을 통한 설명이 필요하다."

그의 조언은 기술적일 뿐만 아니라 경험에서 나온 것이었다. 창업 희망자에게는 먼저 급여가 얼마든 장사가 잘되는 가게에서 일자리를 얻고, 일하는 동안 최대한 다양한 업무를 맡으며, 바닥에서부터 일을 배우라고 촉구했다. 이는 철도 회계 분야에서 전문성을 얻기 위해 자신이 걸었던 길이었다. 뒤이어 아무리 돈을 많이 버는 것처럼 보여도 자신이 매력을 느끼지 못하는 비즈니스를 뒤쫓지 말라고 조언했다. 또한 부채에 시달리던 기업에서 일했던 경험을 반영하여 돈을 빌려서 사업을 시작하지 말라고 경고했다. 그는 부채를 사업이 망하는 4가지 주요 원인 중 하나라고 생각했다(나머지 3개는 경험 부족, 자본 부족, 부적절한 회계 관리이다).

칼럼에 담긴 다른 논평은 향후 그에게 큰 도움이 된 생각을 반영했다. "우유부단한 태도는 잘못된 결정을 내리는 것보다 더 해롭다."는 경고는 나중에 시장에 대한 과감한 판단을 이끌어냈다. 또한 기록이 근본적으로 '미래의 행동을 위한 지침'이라는 생각은 주식시장을 연구하는 접근법에 직접 적용할 수 있었으며, '그래프를 통한 설명'을 선호하는 경향은 그 접근법을 실행하는 데 도움을 주었다. 그리고 '새롭게 유행하는 사업은 주기적으로 과열되기 쉽다'는 견해는 경기 순환에 대한 경험과 과열 및 급냉을 거치는 유행에 대한 지식을 바탕으로 생겨났다. 심지어 그는 만족한 고객의 심리에 대해 논하면서 매장의 문제점을 지적하는 솔직한 의견을 구할 수 있는 곳이 어디인지도 설명했다.

이렇듯 건강한 자존감 덕분에 엘리어트가 아직 무명이었을 때도 자신이 발견한 파동이론과 관련하여 전국적으로 유명한 투자 자문가이자 저술가인 찰스 콜린스의 의견을 구할 수 있었다.

당시 레스토랑 사업은 수많은 창업 희망자에게 상당히 매력적인 사업이었다. 따라서 경쟁이 치열하고 폐업률도 높았다. 이 두 요소 때문에 레스토랑 업계는 자문에 목말라 있었다. 당연히 엘리어트의 논평은 인기를 끌었다. 그의 칼럼은 레스토랑 회계 및 관리 분야에서 상당한 명성을 얻었다. 1924년 말 컬럼비아대학교가 그에게 해당 주제에 대한 강연을 요청했다는 사실을 통해서도 알 수 있다. 그러나 엘리어트는 당시 살던 웨스트 79번가 216번지 집에서 나와 사업차 뉴욕을 떠나던 중이었기 때문에 요청을 수락할 수 없었다.

오랜 기간에 걸친 엘리어트의 숱한 여행과 적극적인 기업 지원은 때로 학계와 정치계의 유력 인사를 만나게 해주었다. 그의 개인적 매력은 사교 활동에 큰 도움이 되었으며, 흥미로운 경험과 변함 없는 진실성은 그를 같이 있으면 즐거운 사람으로 만들었다.

엘리어트의 지인 중에 유명한 변호사, 학자, 정치 자문이자 정치, 사회 문제, 종교, 비즈니스에 대해 책을 쓴 제러미아 휘플 젠크스Jeremiah Whipple Jenks 박사가 있었다. 젠크스는 1920년대 중반에 뉴욕 소재 알렉산더 해밀턴 연구소Alexander Hamilton Institute의 의장 겸 회장이자 뉴욕대학교 정부 및 공공행정 연구 교수를 역임했다.

젠크스가 니카라과퍼시픽철도Pacific Railways of Nicaragua를 비롯한 여러 철도 회사의 이사로도 활동했기 때문에 이들은 일을 하며 알게 됐을 것이다. 아니면 일찍이 젠크스가 코넬대학교Cornell University의 정치경제 및 정치학 교수였던 1903년에 서로를 알았을 수도 있다. 그는 그해 멕시코에서 얼마간 머물면서 멕시코 정부에 환율 개혁에 대한 자문을 제공했다. 당시 엘리어트는 멕시코철도회사의 회계사였다. 또한 젠크스가 멕시코에 있던 시기는 엘리어트가 결혼하던 시기와 맞물렸고, 메리 피츠패트릭과 젠크스는 모두 뉴욕 출신이었다. 따라서 메리가 엘리어트을 만났을 무렵 젠크스 밑에서 일하고 있었을 것이라고 추정해도 무방하다.

철도 사업, 금융, 중미에 대한 젠크스와 엘리어트의 공통된 관심은 어느 시점에 두 사람을 친구로 만들었다. 다만 두 사람의 성격은 상당히 달랐을 것으로 보인다. 젠크스는 학계와 정치계에 속한 복고적인 도덕주의자였고, 엘리어트는 기업계에 속한 세속적이고 실용성을 추구하는 기업인이었다. 그럼에도 공통된 관심사는 서로에 대한 존경과 우정으로 이어졌다.

젠크스의 주요한 목표 중 하나는 엄격한 도덕규범을 사회 문제에 대한 해결책으로 내세우는 것이었다. 그는 자신의 입장을 뒷받침하기 위한 조사 과정에서 특히 사회적 행동으로 표출되는 인간 본성이라는 주제에 대한 수많은 문헌을 읽었다. 그는 1906년에 쓴 책 『정치·사회적으로 보는 예수의 삶과 가르침The Political and Social Significance of the Life and Teachings of Jesus』에 다음과 같은 논평과 인용구를 넣었다.

> 모든 사회는 인간 본성을 토대로 구축되며, 유전과 환경의 산물이다. 각각의 사회는 다르기 마련이다. 그러나 근원적인 동력에 대한 문제에 있어서 인간은 모든 시대와 국가에 걸쳐 거의 비슷하다.
> "인간을 이해하려면 개인과 그 행동 및 관심사를 넘어 다른 사람과 한데 묶어서 바라보아야 한다."
> _칼라일Carlyle

> 집단이나 사회 또는 국가로 묶인 사람은 종종 개인과 아주 다른 방식으로 행동한다.
> "개인이 참여하는 사회적 행동의 대부분은 의도적이라기보다 충동적이다. 따라서 역사의 극적인 사건 중 많은 수는 충동에 따른 사회적 행동이었다."
> _기딩스Giddings

말할 필요도 없이 이런 사고방식은 파동이론의 토대를 이루며,

파동이론을 통해 검증된다. 엘리어트가 나중에 주식시장을 다룬 책에서 밝힌 인간 본성에 대한 생각 일부는 오래전 젠크스와 나눈 대화에서 형성되었을지도 모른다고 짐작할 수 있다.

젠크스는 다른 여러 활동과 더불어 수많은 정부 위원회에서도 일했다. 거기에는 니카라과 최고위원회High Commission of Nicaragua가 포함되어 있었다. 1912년에 오랫동안 집권했던 니카라과 자유주의 정부가 쿠데타로 전복되었다. 미 해병대는 미국의 이익을 보호한다는 명분을 내세워서 행정권을 확보하기 위해 니카라과에 진입했다. 10여 년 후 니카라과를 관리하는 데 지친 미국 국무부는 최고위원회를 구성했다. 이 위원회의 역할은 해병대가 철수할 수 있을 만큼 니카라과 정부를 안정시키기 위해 자문을 제공하는 것이었다. 그들이 신속하게 준비 작업을 마친 이후 1924년 11월에 총선이 열렸다. 새롭게 선출된 연립 정부는 젠크스에게 연락했다.

《뉴욕 타임스》보도에 따르면 새 정부는 '니카라과의 은행법 및 금융법을 개정하고 새로운 은행 시스템을 구축할 때' 젠크스의 도움을 받고 싶어했다. 미국의 은행들은 니카라과의 철도 체계를 현대화하는 작업에 자금을 대고 싶어했다. 이는 젠크스와 엘리어트 두 사람 모두에게 흥미로운 사업이었다. 젠크스가 가장 먼저 취한 조치 중 하나는 니카라과 국립은행을 설립하고 이사로 일하는 것이었다.

젠크스의 추천으로 엘리어트는 국무부의 니카라과 담당 회계 책임자를 맡게 되었다. 엘리어트는 1924년 12월 18일에 워싱턴디시에서 국무부 장관인 샤를 에번스 휴스Charles Evans Hughes를 만나 공식 임명장과 지시를 받았다. 그다음 주에 여권을 신청하고 1925년 1월에 아내와 함께 니카라과로 떠났다.

국무부가 자리를 제안하고 엘리어트가 수락하는 과정은 아주 신속하게 진행되었다. 엘리어트가 뉴욕을 떠날 계획을 세우는 동안에도 《레스토랑 앤드 티룸 저널Restaurant and Tea Room Journal》 1월호에는 그의 칼럼뿐 아니라 컨설팅 서비스를 알리는 광고가 실릴 정도였다. 마감을 맞추기 위해 12월에 제출된 그의 마지막 칼럼은 2월호에 실렸다. 그때 엘리어트는 배를 타고 중미로 향하는 중이었다.

2월, 배는 마나과Managua에 도착했다. 엘리어트는 기업 구조조정에 대한 폭넓은 경험을 한 국가의 금융 시스템을 개편하는 데 적용하기 시작했다. 젠크스를 필두로 한 자문단은 1925년 3월 24일에 도착하여 새로 선출된 연립 정부에 자문을 제공했다.

엘리어트는 원래 길게는 2년 동안 니카라과에서 일할 예정이었다. 그러나 그의 공직 근무는 미국이 니카라과에서 발을 빼면서 그해 6월에 끝나고 말았다. 당시 미국 정부는 안정과 질서가 충분히 회복되었다는 판단에 따라 해병대뿐 아니라 모든 국무부 인사를 불러들였다.●

┌─ 더 알아보기 ├─────────────────────────────

● 미 해병대는 1925년 8월에 니카라과를 떠났습니다. 점령하고 13년이 지난 후였습니다. 미국의 지원이 사라지자마자 즉시 반군의 압박으로 연립 정부는 해체되었고 몇 달 만에 내전이 발발했습니다. 결국 미 해병대는 1년이 채 못 되어 다시 니카라과로 들어가 1933년에 21년간의 점령을 마무리했습니다.

엘리어트는 미국으로 귀국했지만 한 달밖에 머무르지 않았다. 《레스토랑 앤드 티룸 저널》은 사업을 접었다. 엘리어트는 마지막 호를 받은 후 중미국제철도International Railway of Central America의 임원 자리에 지원했다. 이 뉴욕 소재 기업의 주식은 뉴욕과 런던의 증권 거래소에서 거래되고 있었다. 그는 즉시 또 다른 최고 임원 자리인 총괄 감사로 채용되었다. 9,000달러(현재 가치로 세후 18만 달러)의 연봉은 당시 기업의 이익에 영향을 미치는 엘리어트의 능력을 반영했다. 엘리어트 부부는 바로 또 다른 항해에 나섰다. 그들은 9일 동안의 항해 끝에 8월 3일, 지사가 있는 과테말라의 과테말라 시티Guatemala City에 도착했다. 이는 기업인으로서 엘리어트의 마지막 근무였다.

엘리어트는 과테말라에서 일하는 동안 이전의 기고문들을 보충하여 『티룸과 카페 경영Tea Room and Cafeteria Management』이라는 176쪽짜리 개론서를 썼다. 이 책은 1926년에 리틀브라운앤드컴퍼니Little, Brown & Company에서 출간되었다. 8월 8일, 《뉴욕 헤럴드 트리뷴》과 그 국제판에 우호적인 첫 리뷰가 실렸다. 평론가는 "엘리어트는 다양한 사업을 조직하는 사람으로서 오랜 경험을 쌓았다."라고 언급했다. 8월 15일 자 《뉴욕 타임스 북 리뷰The New York Times Book Review》에도 우호적인 비평이 실렸다. 평론가는 "엘리어트는 폭넓고 다양한 사업 경험과 관찰 덕분에 이 모든 문제에 대해 권위 있는 내용을 쓸 수 있다."라고 평했다.

레스토랑 개업 및 운영에 대한 지침서인 『티룸과 카페 경영』은 주로 '음식을 만드는 사업의 경제적 측면'을 다뤘다. 또한 해당 사업의 금전적 측면뿐 아니라 미적 측면까지 살폈다. 이 책의 광고는 엘리어트를 '조직 설계 전문가'로 소개했다. 실제로 그는 회사에서 맡았던 모든 직위에서 그랬던 것처럼 세부적 설명, 정리, 분석, 계획에 상당한 주의를 기울였다. 이런 능력은 나중에 파동이론을 설명하는 데서 잘 발휘되었다.

이 책에 담긴 여러 구절은 경기 순환에 대한 엘리어트의 관심사를 드러낸다. 그의 직업은 경기 순환에 주목할 수밖에 없도록 만들었다. 당연히 그는 경기 순환에 깊은 관심을 가졌다. 가령 "변동"이라는 챕터에 나왔던 단락이다.

> "호황과 불황이 순환한다는 사실은 잘 알려져 있다. 그 파동은 대단히 변화무쌍하지만 그럼에도 확실히 발생한다. 여기서 순환의 원인을 논하지는 않겠다. 다만 분명히 존재한다고 말하는 것으로 충분하다."

엘리어트는 결론에서 경기 순환을 '사업 환경의 밀물과 썰물'이라고 시적으로 표현했다. 나중에 그가 '파동'이라 이름 붙인 것처럼 물에 비유한 구절이다.

책의 출간은 레스토랑 경영 전문가로서 경력을 재개하겠다는 엘리어트의 결정을 말해주는 것이었다. 그리고 결정에 따라 계획을 세우기 시작했다. 메리 엘리어트는 곧 남편과 만날 것을 기대하며 6월에 뉴욕으로 돌아왔다. 엘리어트가 과테말라 지사의 임원으로서 스페인어 편지와 전보를 마지막으로 주고받은 날짜는 1926년 10월 15일이었다. 미국으로 귀국하려고 여권을 신청한 날은 10월 21일이었다. 그가 사내에서 나눈 서신은 10월 25일까지 정리된 이후 중단되었다. 국제철도의 기록에 따르면 1926년 11월 중순에 임시 총괄 감사가 임명되었고 그 무렵 엘리어트는 뉴욕시로 돌아왔다. 중미국제철도는 뉴욕시 배터리 플레이스Battery Place 17번지에 본사가 있었다. 하지만 엘리어트는 휴식을 취하면서 회사 일에 관여하지 않았다. 뉴욕으로 돌아올 때 책을 홍보하고 레스토랑 경영 분야에서 뛰어난 컨설턴트로서 위상을 다지겠다는 목표를 염두에 두고 있었다. 그는 5번가에 있는 월콧 호텔Wolcott Hotel에 임시 거처를 정한 후 출판사와 홍보 계획을 조율하기 위해 수많은 서신을 나누었다.

환영받지 못한 글

니카라과에서 국무부 소속으로 일한 경험은 완전히 새로운 영역에서 문제를 해결하는 능력이 부각되었고 엘리어트는 자신이 사업뿐 아니라 정치에도 기여할 수 있음을 깨달았다. 그는 뉴욕에서 두어 주를 보내는 동안 근래에 마무리된 또 다른 프로젝트를 출판사에 제시했다. 그가 1927년 2월 23일에 국무부 장관인 프랭크 빌링스 켈로그Frank Billings Kellogg에게 보냈으며, 국무부 파일에 보관된 편지에서 내용이 드러났다. 그는 니카라과 근무를 시작할 무렵인 '한두 해 전에' 썼던 업무 서신을 언급했는데 중남미에 적용할 광범위한 경제 계획을 제안하는 내용이었다. 엘리어트는 당시 국무부와 아돌포 디아스_{Adolfo Díaz} 니카라과 대통령이 '업무 서신에 제안된 내용'에 대해 논의하는 중이라고 밝혔다. 엘리어트가 니카라과에 잠깐 근무하는 동안 그리고 이후에 구상한 생각들은 해당 지역에 대한 미국의 경제 정책에 상당한 영향을 미친 것으로 보인다.

엘리어트가 편지를 보낸 주된 목적은 레스토랑 경영 지침서를 출간한 직후에 쓰기 시작한 또 다른 책에 대해 국무부의 승인을 얻어내는 것이었다. 그가 국무부에 전달한 100쪽짜리 원고는 계획된 책의 약 절반 분량에 해당했다. 그 내용은 이전에 제안한 미국의 대중남미 경제 정책을 더 자세하게 설명하는 것이었다.

엘리어트는 국무부가 승인한다는 전제하에 책을 출판하겠다는 뉴욕의 출판사를 찾았다고 설명했다. 출판사가 국무부의 승인을 요구한 이유는 아마 책이 진행되고 있으며, 민감할 수 있는 정책 문제를 다루었기 때문일 것이다. 국무부의 답변은 어정쩡했다. 그들은 엘리어트가 정중하게 통지해 준 것에 감사를 표했지만, 추가적인 입장 표명은 거부했다. 국무부가 실제로 디아스 대통령과 협의했다면 한 개인이 아니라 국무부의 아이디어에 따른 것으로 알리고 싶었을 것이다. 엘리어트의 원고는 결국 국립 문서보관소에 보관되면서 발표되지 못했다.

「중남미의 미래_{The Future of Latin America}」는 지금까지 엘리어트가 썼

다는 사실이 알려지지 않았다는 것뿐 아니라 그 내용 때문에도 주목할 만한 이유가 충분한 문서이다. 무엇보다 이 문서는 '엘리어트'라는 사람에 대한 정보의 보물상자이다. 이 문서를 통해 그가 수많은 경험을 했다는 사실을 알 수 있는데, 특히 글의 앞부분에 인용한 구절을 통해 드러난다. 또 중남미 문화에 대한 이해, 해당 지역과 그곳의 예술, 사람들에 대한 진정한 애정을 느낄 수 있다. 게다가 스페인어의 다양한 숙어와 스페인어 문학, 중남미의 음악에 대한 그의 지식까지 드러낸다. 엘리어트는 스페인어 문학에 대해서 "보물의 풍부함과 아름다움이 제대로 알려지지 않았다."라며 아쉬워했고, 중남미의 음악에 대해서는 "더없이 신나는 박자의 밑바닥에는 언제나 딱 꼬집어 말하기 어려운 비애가 깔려 있다."라고 말했다.

엘리어트는 중남미를 '비일관성이 매력적이고도 혼란스럽게 뒤섞여 있고, 적절하게 접근하면 경이에 가까운 인식과 직관을 보여주는 너무나 좋은 사람들이 사는 곳'으로 보았다. 다른 한편으로 중남미의 풍습과 특성에 대해 가끔 제기했던 단호한 비판은 그의 시각이 지닌 객관성뿐 아니라 현상의 의미까지 파악하려는 강렬한 욕구를 추가로 말해준다.

"중남미 사람들은 안타깝게도 행동보다 말이 앞선다. 물론 수많은 인상적인 예외가 존재한다. 그러나 대체로 중남미 사람들은 수세기 동안 개혁을 위한 조직적 시도 없이 정치적 탄압에 시달리게 만든 정신적 관성을 극복하지 못하는 것으로 보인다.

스페인어의 구조를 공부해보면 중남미 사람들의 생각을 이해하는 데 도움이 되는 아주 흥미로운 사실을 알 수 있다. 접시나 잔을 떨어뜨린 하인은 하나같이 "세 까요$_{se\ cayo}$"(이게 떨어졌어요)라고 말한다. 절대 "제가 떨어트렸어요"라고 말하지 않는다. 자신이 사태에 기여했음을 인정하느니 차라리 무생물에게 생명을 부여하는 쪽을 선호하는 것이다. 훨씬 중요한 문제에도 비슷한 사고방식이 적용된다. 유행병이든 혁명이든, 어떤 일도 '일어나도록 만드는' 경우는 없다. 그냥 '일어날' 뿐이다. 불편이나 재난의 원인을 알아보려는 욕구나 노력은 거의 없는 듯하다. 중남미의 모든 나라에서 이런 무관심한 태도를 접할 수 있다."

중남미의 사회·경제적 문제에 대한 엘리어트의 분석은 해당 지역에서 경제적 안정과 지속적 번영을 창출하기 위한 포괄적 제안의 토대를 마련했다. 그는 본론에 앞서 먼로주의$_{Monroe\ Doctrine}$(1823년에 먼로 대통령이 발표한 외교 방침으로서 불간섭주의를 표방함- 옮긴이)와 관련하여 중남미에서 미국이 맡고 있는 역할에 대한 전통적인 관점을 비판했다. 그는 먼로주의가 생겨난 배경이 흔히 알고 있는 것만큼 고귀하지 않다는 사실을 지적했다. 그는 "내가 아는 한 실용적인 측면에서 건설적인 외교 정책을 수립하려는 시도는 한 번도 없었다."라고 말했다.

엘리어트는 이 목적을 이루기 위해 '중남미 국가가 국가의 존립이 위태로울 만큼 심각한 재정적 난관에 처하여 미국에 재정적 또는 정치적 지원을 요청했을 때' 일방적이 아니라 상호 합의에 따라 실행할 계획을 제시했다. 이 계획은 대상 국가가 일련의 개혁 조치를 단행하는 대가로 야단스럽지 않으면서 철저하게 통합된 미국의 개발 행정을 받아들일 것을 요구했다. 거기에는 미국 정부가 보증하는 부채 상환용 정부 채권의 발행, 유럽 채권국에 대한 해묵은 부채의 청산, 대외부채 전액 상환, 세제 개혁, 관세 전면 개혁, 공공서비스 개혁, 미국 은행의 영업권 허가에 대한 지원이 포함되었다. 미국 정부가 보증하는 채권을 판매하여 마련한 기금은 철도, 수로, 항만 같은 국가 인프라를 개발하는 데 투입될 예정이었다.

이 모든 사업의 궁극적인 목표는 채무를 상환할 수 있을 만큼 튼튼한 경제를 구축하는 것이었다. 대상 국가는 경제 성장 및 안정에 필요한 구조적 기반을 확보할 수 있었다. 미국은 늘어난 투자와 교역을 통해 '잉여생산물 및 자본을 위한 새로운 창구'를 얻을 수 있었다. 그는 이 계획을 처음 수용한 국가가 얻는 혜택을 보고 이웃 국가들이 뒤를 따를 것이라고 가정했다. 그는 중남미와 미국에서 상응하는 홍보 캠페인을 펼쳐야 한다고 주장했다. 이 캠페인은 외국의 영향력에 대한 중남미 사람들의 타당한 반감을 극복하기 위한 것이었다.

또한 해외에서 '우호적인 상호 번영 및 발전을 촉진하고' '미국이 번영을 구가할 수 있었던 비결을 중남미에 전수하는' 일보다는 실질적으로 개입하지 않는 미국의 편협한 태도를 극복하기 위한 것이기도 했다. 이 일은 그가 보기에 '인류에 대한 도덕적 의무'였다. 게다가 국가적 사고(또는 문화)에 어떤 방식으로든 영향을 미치려는 시도에 대한 권리나 정당화와도 아무런 관련이 없었다. 그는 자신이 구상한 상호 혜택을 고려할 때 이를 '단순한 사업적 제안'이라고 결론지었다.

엘리어트의 업무 서신과 원고가 나중에 미국이 대중남미 정책을 수립하는 데 나름의 역할을 했으리라 가정하는 것은 어렵지 않다. 그가 제안한 사업은 여러 측면에서 프랭클린 루즈벨트 행정부의 '좋은 이웃' 정책이나 세계은행의 친개발 정책 같은 이후의 노력과 비슷하다. 엘리어트가 쿨리지_{Coolidge} 행정부로부터 존중받은 것은 분명하다. 1929년 2월 2일 자 국무부 내부 서신에는 니카라과에서 일할 또 다른 공직의 후보로 그의 이름이 들어가 있었다.

중남미에 대한 엘리어트의 구상이 끼친 정치적 영향은 그 정도와 무관하게 파동이론을 발견한 이후의 성과가 지닌 중요성에 미치지 못한다. 그런 면에서 「중남미의 미래」는 방대한 세부 정보를 소화하는 동시에 거대한 퍼즐이나 딜레마를 해결하기 위한 큰 그림을 그릴 줄 아는 그의 지성을 드러냈다는 데 주된 의미가 있다. 이런 능력은 파동이론을 발견하고 명문화하기 위해 필요한 전제조건이었다. 특히 한 구절은 세상이 돌아가는 양상에서 패턴을 포착하는 그의 성향에 대한 분명한 단서를 제공한다.

"독자들은 앞선 내용을 읽고 미국과 중남미의 문제가 공통의 해결책을 낳을 수 있다는 결론을 내렸을지 모른다. 우연처럼 보이지만 어쩌면 아직 제대로 이해되지 않은 법칙을 따르는 자연의 섭리로서 미국에 부족한 모든 것은 중남미에 풍부하고, 중남미의 필요는 미국이 가장 잘 채워줄 수 있다."

여기서 엘리어트는 자연이 보완적 균형을 향해 나아가는 경향이 있음을 시사했다. 하나의 결핍은 다른 하나의 풍요로 대응되고 나중에 그가 주식시장에서 발견한 운율적인 또는 역동적인 균형으로 이어진다.

엘리어트는 중남미 지역에서 정치적 승계에 따른 위험을 설명하면서 "이 구절을 쓰는 동안 흥미로운 우연으로 마침 내가 머물고 있던 나라의 대통령이 사망했다는 소식을 접했다."라고 썼다. 1926년 9월, 라자로 차콘_{Lázaro Chacón}이 과테말라의 대통령직을 승계했을 때 이 글을 썼음을 말해준다.

엘리어트는 중남미에서 보낸 경력을 마무리할 무렵 「중남미의 미래」를 집필하고 있었다. 그에게는 한 권의 책을 펴내고 새 책을 집필하는 상황에서 미국으로 돌아가야 할 2가지 희망찬 이유가 있었다. 하지만 그만큼 행복하지 않은 마지막 이유도 있었다. 그는 오랫동안 건강하고 활기차게 살았다. 그러나 미국으로 무기한 귀국을 준비하려던 차에 갑자기 이질아메바_{amoeba histolytica}가 일으킨 심한 소화기 질환에 걸리고 말았다. 그는 수십 년 동안 대단히 모험적인 생활방식을 고수했지만 심각한 문제를 겪은 적은 없었다. 그러나 결국 세월과 불운에 따라잡히고 말았다. 뉴욕은 전문가의 진단을 받을 수 있는 곳이었다.

그의 병세는 엘리어트가 뉴욕에서 도서 홍보 전략을 개발하던 한두 달 동안 끈질기게 지속되었다. 1927년 1월에 뉴욕시를 떠나 10년 전에 살던 로스앤젤레스에 자리를 잡았다. 그가 구한 거처는 사우스 스프링 스트리트South Spring Street 548번지에 있는 아파트먼트 호텔이었다. 과거의 모든 사업적 인맥을 뒤에 남겨두고 온 그는 컨설팅 일을 재개하는 한편 자신을 괴롭히는 병을 치료하는 일에 전력을 기울였다. 흥미롭게도 이후 피보나치수열을 인간의 삶과 연결했던 그에게 이 경력과 생활방식의 변화는 사망하기 21년 전인 55살 때 일어났다.

04

4번째 파동: 폭락

엘리어트는 1927년 내내 상당히 활발하게 일했다. 그는 2월에 앞서 말한 서신과 원고를 국무부로 보냈고, 한 권에 1달러 50센 트인 『티룸과 카페 경영』을 계속 홍보했다. 그는 이 책을 평론가 와 서점으로 보냈고, 광고물을 보낼 명단을 확보했으며,《굿 하우 스키핑Good Housekeeping》1927년 1월호와 6월호를 포함한 여러 잡 지에 광고를 실었다.《뉴욕월드New York World》와 전미레스토랑협회 National Restaurant Association로부터 긍정적인 서평이 추가로 쏟아졌다. 전미레스토랑협회는 뉴욕주 버펄로Buffalo(1927년 9월 26일)를 비롯 한 다른 곳에서 강연해 달라고 요청했다. 그는 고객을 구하려고 광고를 냈다. 아마 그 내용은《레스토랑 앤드 티룸》1925년 1월 호에 실었던 광고와 비슷할 것이다. 이런 내용이었다.

R. N. 엘리어트는 다음과 같은 서비스를 제공합니다.

- 입지, 창업 자금 및 여유 자금 분석

- 사업 현황 분석

- 향후 사업의 지침으로 삼을 수 있는 장부 관리

- 소득세 신고

- 티룸, 카페 등과 관련된 모든 문제 상담

저의 시스템은 외지 출신 사업주에게 맞춰져 있습니다.

문의에 대한 대가는 요구하지 않습니다.

컨설팅 수수료는 이익 증가분에서 받습니다.

마지막 문구는 사업에 가치를 더할 수 있다고 자신하는 사람만 제시할 수 있는 것이었다. 두드러진 경력, 새로운 책, 길게 늘어선 추천인 명단에 기반한 엘리어트의 명성은 다시 치솟았다. 새로운 도시에서 충분한 수의 고객을 확보한다는 목표는 빠르게 달성되었다. 그는 중미로 돌아간다는 직업적 선택지도 유지했지만 좀처럼 낫지 않는 병이 귀환을 바람직하지 않게 만들었다.

반면 새로운 계획이 빠르게 진척되면서 미국에 남을 충분한 이유를 제공했다. 2가지 상황이 겹쳐서 그를 미국에 자리 잡게 했다. 36년 동안 여행을 다니며 호텔에서 살던 그는 이 여정이 길어질 것임을 예상하고 1927년 12월, 로스앤젤레스 비콘 애비뉴 833번지에 거처를 마련했다. 면적이 480평방미터인 이 3층 건물은 1905년에 지어져서 1920년에 아파트로 개조되었다.

그러나 미래에 대한 기대로 세상을 가득 채우고 그의 독립과 금전적 안전성이 확보된 것처럼 보였을 때 재난이 닥쳤다. 그의 병이 회복되기는커녕 더욱 악화된 것이다. 1929년 무렵 그는 고질적 고열, 세균성이질Dysentery, 체중 감소를 동반한 악성 빈혈에 걸려 쇠약해졌고, 결국 침대 신세를 져야 했다. 모험심 강하고 왕성하게 활동하던 사람이 원치 않는 은퇴를 할 수밖에 없었다. 중남미에 대한 생각을 밝힌 책은 국무부의 어정쩡한 반응 때문이든 또는 그의 병이 깊어졌기 때문이든 출간되지 않았다. 그는 더 이상 여행을 다닐 수 없었고, 컨설팅 일을 포기해야 했다. 이후 5년 동안 여러 번 죽음의 문턱까지 갔지만 그때마다 회복했다. 10년 후 《파이낸셜 월드》에 실린 사진을 보면 끈질긴 질병이 미친 악영향이 드러난다. 당시 그는 이전보다 훨씬 마른 상태였다.

어떤 발견

엘리어트는 병 때문에 쇠약해지기는 했지만, 최악의 상태에서 회복하는 동안 날카로운 지성을 활용할 일을 찾아야 했다. 마침 그는 미국 주식시장 역사상 가장 요란한 시기를 살아가고 있었다. 1920년대에 정점을 찍은 강세장 직후에 가장 극적인 약세장이 연출되었다. 이런 사건들은 그의 흥미를 불러일으켰다. 로버트 레아_{Robert Rhea}가 1932년에 펴낸 『다우이론_{Dow Theory}』을 읽었고, 레아의 주식시장 소식지인 《다우이론 논평_{Dow Theory Comment}》(1932~1937)의 초기 구독자가 되었다. 그가 주식시장의 동향을 연구하는 일에 전력을 기울이기 시작한 것은 1932년 무렵이었다. 그는 중남미 원고에서 책임감을 가진 모든 사람에게 명백히 밝혔던 것처럼 사명을 추구했다. "모든 일에는 이유가 있으며, 그 이유를 찾아내려고 애쓰는 것이 우리의 의무이다."라고 썼고, 주식시장에 어떤 리듬이나 이유가 있는지 알아내는 데 남은 생을 바쳤다. 결과적으로 이 2가지를 모두 찾아냈다.

다우이론을 수립한 천재, 로버트 레아는 당시 결핵에 걸려서 침대 신세를 지고 있었다. 그와 달리 엘리어트는 휴양하고 공부를 하며 포치_{porch}에서 오랜 시간을 보냈다.

그는 거기서 월가의 주가 움직임에 대해 흥미로운 사실들을 발견하기 시작했다. 초기 탐구의 주제는 종합적인 주가 움직임에서 패턴을 찾아내는 것이었다. 이는 다우이론의 원칙을 접한 결과였다. 그러나 엘리어트가 발견한 결과는 온전히 그만의 것이었다. 수년에 걸쳐 실증적 증거를 분석함으로써 시장 동향을 설명할 파동이론을 힘들게 수립했다.

그는 이전에 "목표에 대한 열망이 강할수록 목표를 성취하기 위해 더 큰 시험을 극복해야 한다."라고 말하며 주가가 변동하면서 만들어지는 어떤 형태의 가능성을 탐구하는 과정에서 75년간의 지수(연간, 월간, 주간, 일간, 시간 심지어 30분 차트까지)를 분석했다.

1932년 10월 5일부터 다우존스 산업 지수의 데이터 시리즈를 토대로 시간 차트를 만들었고 주가 기록표에서 확보한 수치를 가지고 30분 차트를 만들었다.

마지막으로 죽을 고비를 넘긴 지 겨우 두 달이 지난 1934년 5월 무렵 엘리어트의 사명이 충족되기 시작했다. 주식시장의 전반적인 동향에 대한 그의 수많은 분석은 포괄적인 법칙으로 구체화되었다. 이 법칙은 주가 지수에서 드러나는 모든 규모의 파동형 움직임에 적용되었다. 엘리어트가 주식시장에서 관찰한 현상 중 대부분은 오늘날의 과학 용어로 '프랙탈fractal'에 해당한다. 말하자면 카오스 과학의 범주에 속하게 된다. 다만 그가 패턴의 구성과 각 패턴이 서로 연계되는 양상을 설명하는 내용은 오늘날의 대다수 연구보다 훨씬 멀리 나아갔다.

과거 '조직 개편' 전문가였던 엘리어트는 세부 요소에 대한 꼼꼼한 분석을 통해 주가 동향의 이면에 있는 조직적 법칙을 끄집어냈다. 그는 이후 몇 달 동안 이 법칙을 적용하여 주가의 미래 경로를 예측했다. 나중에 말을 덧붙이기를 그 과정에서 '자신이 설계한 기계를 능숙하게 조종하려고 애쓰는 발명가'가 된 기분을 느꼈다고 한다. 새롭게 발견한 파동 형성의 규칙과 지침을 보다 능숙하게 적용하면서 초기의 오류를 바로잡았고 그에 따른 정확성은 그를 놀라게 만들었다.

엘리어트는 결국 병에서 완벽하게 회복하지 못했다. 그러나 여러 해에 걸쳐 힘든 시기를 보내면서 그의 건강은 개선되었고, 과

거의 활력이 돌아오기 시작했다. 하지만 평생의 직업에서 몇 년 동안 멀어져 있다 보니 이전의 성공과 명성은 추가로 진전을 이룰 발판이 되지 못했다.

이 무렵 재정 상태는 위태로울 정도로 나빴다. 7년 전만 해도 넉넉하던 저축은 자문 사업을 못하는 가운데 치료비를 대고, 아내와 함께 생활하느라 거의 바닥나 버렸다. 게다가 안전하게 보였던 투자도 1929년부터 1932년까지 이어진 폭락장에서 엄청난 손실을 입었다. 돈이 다 떨어진 상황에서 주식시장에 대한 깊어지는 관심과 부정할 수 없는 중요한 발견은 직업을 바꾸겠다는 엘리어트의 결단을 부추겼다. '특히 내가 좋아하는 일에서 모든 것을 새로 시작하기로 결심'했고 그것이 '첫걸음'이었다. 64세의 나이에 새로운 직업을 가지면서 나중에 엘리어트 자신이 말한 '내 삶의 5파동'이 시작되었다.

05

5번째 파동: 삶의 완결

1934년 11월, 엘리어트는 자신의 아이디어에 대해 강한 자신감
을 품었다. 그래서 최소한 1명의 금융계 인사에게 소개하기로 마
음먹었다. 그는 오랫동안 찰스 콜린스가 창간하여 편집을 맡고 있
는 디트로이트의 인베스트먼트 카운슬Investment Counsel(나중에 인베스
트먼트 레터스Investment Letters로 이름이 바뀌었다)이 펴내는 레터를 구독했
다. 깊은 인상을 받은 그는 찰스 콜린스에 대해 충분히 알았기 때
문에 자신이 발견한 이론을 믿고 소개할 수 있겠다고 생각했다.
다행히 이 짐작은 옳았다. 8년 동안 불운에 시달렸던 엘리어트는
이제 13년에 걸친 상승기를 시작하려 하고 있었다.

1934년 12월 2일, 인베스트먼트 카운슬 대표인 콜린스는 한
통의 편지를 받았다. 겉봉에 '수신자만 열어볼 것'이라고 적힌 11

월 28일에 부쳐진 편지였다. 엘리어트는 이 편지에서 자신이 시장의 행동과 관련하여 3가지 발견을 했다고 설명했다. ① 파동의 종료 시점을 파악하는 법, ② 파동의 규모를 분류하는 법, ③ 타이밍을 예측하는 법이었다. 그러면서 이러한 발견이 '다우이론을 보완하는데 절실하게 필요한 내용'이라고 말했다. 또한 그는 당시 전개되던 상승장이 앞선 두 번의 상승장처럼 조정만 받는 것이 아니라 '대규모 폭락'으로 이어질 것이라고 예측했다. 그리고 실제로 그런 일이 일어났다. 1937년과 1938년에 걸친 폭락은 12개월 동안 시가총액의 50퍼센트를 날렸다.

엘리어트는 콜린스에게 자신이 직접 모든 내용을 설명하고 싶으니 디트로이트까지 가는 경비를 지원해 달라고 요청했다. 그리고 콜린스가 파동이론의 기법을 그가 발행하는 레터에 활용하여 서로에게 도움이 되기를 기대했다. 심지어 콜린스가 비밀에 부치기를 원한다면 파동이론을 투자 조언의 토대로 삼고 있다는 사실을 독자에게 알리지 않아도 된다고까지 말했다.

콜린스는 흥미를 느꼈지만 확신을 갖지는 못했다. 그래서 엘리어트의 편지를 보관함에 넣고 일반적인 내용의 답장을 썼다. 전체 시장 주기가 전개되는 동안 수신자 부담 전보나 항공우편으로 엘리어트가 시장을 '예측'한 내용을 받아서 파동이론이 실제로 효력이 있는지 확인하고 싶다는 내용이었다. 콜린스는 엘리어트의 예측이 정확하면 다음 단계를 고려할 생각이었다.

이는 시장을 이기는 시스템을 소개하겠다는 수많은 편지에 대처하기 위해 콜린스가 개발한 방법이었다. 그는 진정한 가치를 지닌 시스템이라면 실시간으로 적용했을 때 두드러진 효력이 있어야 한다고 생각했다. 대다수 시스템은 처참하게 실패했으나 엘리어트의 이론은 달랐다.

콜린스는 엘리어트에게 방법론을 설명해 줄 필요는 없다고 말했다. 그래도 엘리어트는 일련의 편지와 함께 소위 '파동이론' 또는 '5파동 법칙'의 기본적인 내용을 설명하는 차트를 보내기 시작했다. 엘리어트는 자신의 재정적 상황이 좋지 않다는 사실을 강조했다. 그는 전체 시장 주기가 끝날 때까지 2년 이상 기다릴 수 없기 때문에 파동이론의 가치를 증명할 수 있도록 콜린스에게 그 내용을 설명할 생각이었다.

다음은 엘리어트가 1934년 12월 9일에 콜린스에게 보낸 2번째 편지이다. 이 편지는 파동이론을 간결하면서도 빈틈없이 소개한다. 거기에는 머리글도 포함되어 있다. 엘리어트는 이 머리글을 통해 처음으로 다른 사람에게 주식시장에 대한 자신의 이론을 설명한다.

"시장은 강에 비유할 수 있습니다. 즉, 일정한 폭을 지닌 분명한 경계가 있습니다. 이 경계는 때로 장애물에 막히기도 하고, 갑자기 장애물을 벗어나기도 합니다. 강폭이 좁으면 속도가 빨라지고, 넓으면 느려집니다. 강은 흘러가다가 막히면 휘어지기도 합니다."

앞서 펴낸 2권의 책에서 이미 드러났듯이 엘리어트는 수학, 리듬, 반복에 관심이 많았다. 그는 당시 기간이 고정된 주기를 분석의 기준으로 삼았다. 그가 설정한 주가의 구체적인 주기는 9주에서 12주로써, 이 기준은 지금도 흔하게 쓰인다. 이런 관심은 일시적인 샛길로 끝났지만, 그의 생각을 옳은 방향으로 유도했다.

그는 편지에서 "모든 생명과 운동은 진동으로 구성됩니다. 주가 변동도 예외는 아닙니다."라고 말했다. 가끔 넣는 논평 외에는 실증적 관측에 계속 초점을 유지했다. 그 결과 반복적 주기라는 단순한 개념을 훌쩍 넘어서는 패턴이 점차 드러났다. 이런 관측은 궁극적으로 수학적 토대와 더불어 시장의 패턴을 실용적이고도 실로 충실하게 이해할 수 있는 커다란 개념으로 구체화되었다.

엘리어트가 콜린스에게 보낸 편지는 엘리어트 개인의 진취성이 지닌 미덕과 정부의 기업 규제 해악에 대한 확고한 신념을 드러냈다. 한 편지에는 "정치가 유례없이 헌법에 반하여 경제에 간섭하고 있다."라고 언급하기도 했다. 다른 편지에서는 오랜 경험을 통해 친숙하게 느끼는 철도 업계가 처한 곤경에 대해 이야기하기도 했다.

엘리어트는 이 편지를 쓰는 동시에 철저한 연구를 통해 파동 이론의 새로운 법칙을 계속 발견했다. 가령 이전에는 모든 변동에서 5개의 파동을 파악하려고 모든 "삼각형 패턴, 망설이는 구간, 플랫형은 지배적 추세의 '조정'에 해당한다."라는 결론을 내렸다. 그러나 이후 "쐐기형 삼각형은 해당 규모의 변동을 불가피하게 종결한다."는 사실을 알게 되었다.

콜린스는 흔히 그래왔던 대로 그해 겨울에는 플로리다에 머물렀다. 그래서 1935년 1월 4일이 되어서야 엘리어트의 표현대로 '봇물 같은 편지'에 답장을 쓰기 시작했다. 이전 몇 주는 직원이 이 일을 맡았다. 1월 11일에 콜린스는 엘리어트에게 전보를 보내서 같이 지켜보던 특정한 소규모 하락세가 끝나면 전보로 알려달라고 요청했다.

일주일 후에도 다우지수는 계속 하락 국면을 지났다. 엘리어트가 말한 것처럼 '아는 척하는 사람들은 대단히 비관적인 전망을 하고' 있었다. 엘리어트는 당시에 철도 지수는 1934년의 저점을 깰 것이지만 산업 지수는 깨지 못할 것이라고 예측했다. 나중에 콜린스는 이 예측이 섬뜩할 정도로 정확했음을 확인했다.

엘리어트는 1934년 1월 15일에 조정 국면의 바닥을 짚어달라는 콜린스의 요청에 따라 첫 전보를 보냈다. 거기에는 "오늘 마지막 30분 동안 조정이 끝남"이라고 적혀 있었다. 이 예측은 완벽했으며, 즉시 랠리가 시작되었다. 엘리어트는 1월 22일, 이 랠리가 조정 형태의 상승임을 파악했다. 그래서 장 마감 후 "국면이 다시 약세로 돌아섬"이라고 알렸다. 랠리는 2거래시간 만에 고점을 찍었다. 그는 뒤이어 더 큰 하락 3파동, 4파동, 5파동이 전개되면서 산업 지수가 99포인트 아래로 미끄러져서 96포인트까지 떨어지고, 철도 지수는 33선을 깰 것이라고 예측했다.

엘리어트가 연달아 보냈던 편지에서 말한 대다수 예측은(증명하는 데 몇 년이 걸린 것까지 포함하여) 정확했으며, 다수는 완벽했다. 하지만 산업 지수가 앞서 예측했던 96포인트에서 실제 저점을 찍으려고 접근하는 동안 그는 시간까지 정확하게 맞추려고 여러 번 생각을 바꿨다. 이런 변덕과 새롭게 발견한 원칙 그리고 가끔 파동에 새로 이름을 붙이는 일은 콜린스를 짜증스럽게 만들었다. 결국 콜린스는 2월 15일에 길고 정중한 편지를 보냈다. 그는 엘리어트의 방법론이 지닌 약점을 지적하면서 자신이 5개 파동에 관한 법칙을 장기 주가 변동에 적용한 내용을 동봉했다.

콜린스는 엘리어트에게 이론을 완벽하게 다듬는 동안 재정적 상황을 바로잡을 수 있는 일을 제안했다. 바로 약간의 모험자본을 운용하는 한편 선별된 집단에 보낼 투자 소식지 서비스를 시작하는 일이었다. 이를 위해 콜린스는 다우 이론가인 로버트 레아를 소개해 주겠다고 말했다.

엘리어트는 이전 2년 동안 콜린스가 소식지에서 밝혔던 투자 결정의 여러 문제점을 나열하면서 협력을 뒤로 미루자는 콜린스의 제안에 반박했다. 그는 콜린스와 같이 일하고 싶다는 바람을 재차 강조했다. 그리고 콜린스의 소식지에 대해 "당신의 소식지는 제가 본 다른 어떤 소식지와도 비교할 수 없을" 정도로 뛰어나다고 말했다.

1935년 2월 19일, 엘리어트는 콜린스에게 급히 작성했지만 꼼꼼한 디테일을 담은 『파동이론과 법칙The Wave Principle』이라는 17쪽짜리 글을 보냈다. 그는 이후 두 달 동안 정기적인 서신에 12쪽의 원고와 5개의 차트를 추가했다. 논문처럼 신중하게 쓰인 이 글의 첫 장에는 아래와 같이 파동이론의 효용성에 대한 엘리어트의 주장이 담겨 있었다.

> "주가 구조 내에서 반복되는 특정 현상을 자세히 분석한 결과, 분명한 사실들이 확인되었다. 이 사실들은 언제나 확실하지는 않지만, 추세를 결정하고 분명하게 반전을 경고하는 원칙을 제공한다."

콜린스는 엘리어트에게 자주 편지를 쓰기 시작했다. 여러 권의 책을 보내면서 옥스퍼드대학교의 아서 헨리 처치 교수가 쓴 『잎차례와 기계적 법칙의 관계』(1904)를 비롯한 흥미로운 책과 논문을 추천했다. 잎차례는 잎이 줄기에 붙는 방식을 가리키는 용어이다. 일부 식물의 경우 잎차례가 피보나치수열을 따르는 것으로 알려져 있다. 이 서신들은 콜린스가 엘리어트에게 피보나치수열과 그것이 자연현상에서 구현되는 양상을 소개했음을 말해준다. 즉 콜린스는 엘리어트가 말한 파동을 점차 작은 규모로 집계하면 피보나치수열을 따른다는 사실을 처음 인지한 사람이었다. 콜린스의 지적은 엘리어트의 이론을 5년 후 궁극적인 형태로 구체화하는 데 필요한 촉매와 같았다. 콜린스가 보낸 책 중 하나는 제임스 호프우드 진스James Hopwood Jeans 경의 『신비로운 우주The Mysterious Universe』(1930)였다. 거기에는 이런 구절이 담겨 있었다.

"많은 사람은 철학적 관점에서 20세기 물리학의 두드러진 성과는 공간과 시간을 융합한 상대성 이론이나, 인과법칙을 부정하는 듯한 양자 이론, 사물이 보기와 다르다는 사실을 발견한 원자 분해가 아니라 우리가 아는 것은 전체의 일부분에 불과하다는 포괄적인 인식이라고 생각할 것이다… 로크Locke의 말로 대신하면 '실체의 진정한 핵심'은 영원히 알 수 없다. 우리는 실체의 변화를 관장하고, 실체가 변함에 따라 외부 세계의 현상이 생성되는 법칙을 논함으로써 진보할 수 있을 따름이다."

엘리어트는 주식시장에서 5개의 파동이 패턴을 이루고 반복하는 것을 언급하면서 이렇게 말했다. "저는 아직 이런 일련의 변화가 일어나는 이유를 알지 못합니다. 어쩌면 영원히 알지 못할 수도 있습니다. 아마도 이유는 그것이 자연을 이루는 법칙이기 때문일 것입니다. 자연 그리고 부수적으로 경제의 법칙은 무자비하며, 마땅히 그래야 합니다."

전통적 입장을 따랐던 콜린스의 회의적인 태도는 이후 일어난 일로 갑작스레 바뀌었다. 다우지수는 1935년 초반 내내 하락했다. 엘리어트는 상당히 정확한 시간 단위로 변곡점을 집어냈다. 그가 예측한 대로 2월 둘째 주에 철도 지수는 1934년 저점인 33.19포인트 아래로 떨어졌다. 전문 투자자들은 부정적인 관점으로 돌아섰다. 또한 향후 경기에 대한 부정적인 전망이 넘쳐나면서 1929년에서 1932년에 걸쳐 일어났던 폭락에 대한 기억이 즉시 되살아났다. 산업 지수는 약 11퍼센트 하락하여 96포인트에 접근하고 있었다. 철도 지수는 1933년 고점에서 50퍼센트나 떨어진 27포인트를 기록했다.

1935년 3월 13일, 폐장 직전에 다우지수는 당일 저가 근처에서 마감하고 있었다. 그때 엘리어트는 콜린스에게 유명한 전보를 보냈다. 그 단호한 내용은 이랬다. "(다우의) 부정적인 암시에도 불구하고 모든 지수가 마지막 저점을 찍고 있다."

콜린스는 다음 날인 1935년 3월 14일, 목요일 아침에 이 전보를 읽었다. 이날은 그해 산업 지수가 마지막 저점을 찍은 날이었다. 또한 전보 발송 전날인 3월 12일 화요일에는 철도 지수가 마지막 저점을 찍었다.

정확하게 산업 지수가 저점을 찍은 시간은 오전 11시였다. 다음 주 월요일, 엘리어트의 전보가 발송된 지 13거래시간 후 철도 지수는 이전 저점 위에서 머물렀다. 장 초반의 매도세는 산업 지수를 목요일 저점보다 몇 센트 아래, 엘리어트가 제시한 목표 지점인 96포인트 바로 위까지만 끌어내렸다. 그렇게 13개월에 걸친 조정 파동이 끝났고, 시장은 즉시 상승 반전했다.

두 달 후, 엘리어트의 예측은 너무나 정밀하고 엄청나게 정확했던 것으로 증명되었다. 시장은 계속 상승했다. 콜린스는 "그의 독창성과 정확성에 감탄했다."라고 밝혔다. 또한 그는 인베스트먼트 카운슬에 엘리어트의 예측 서비스를 받자고 제안하면서 "파동 이론이 우리가 접한 최고의 예측 방법론이라고 생각한다."라고 말했다.

엘리어트는 콜린스에게 2년 동안 시장 타이밍 서비스를 받으라고 제안했다. 그리고 2년 후에도 인베스트 카운슬이 엘리어트의 예측에 여전히 만족한다면 엘리어트가 탁월한 저술가라고 여겼던 콜린스는 대중에게 파동이론을 소개하는 책을 쓸 것이었다. 엘리어트는 책의 저자는 콜린스로 하되 파동이론을 발견하고 발전시킨 공로는 온전히 자신에게 돌아가야 한다고 요구했다. 저작권은 두 사람 모두에게 주어질 예정이었다. 엘리어트는 책을 폭넓게 알리고 전파하는 데 콜린스의 이름이 유용하리라 생각했던 것으로 보인다. 그는 콜린스가 원한다면 대신 자신의 이름을 저자로 넣어도 되지만 그 경우 저작권을 양보해야 한다고 덧붙였다.

콜린스는 엘리어트의 조건을 수용했다. 그는 1935년 여름에 주말을 끼고 사흘 동안 자신의 집에 머물도록 엘리어트를 미시간_{Michigan}으로 초대했다. 엘리어트는 콜린스에게 자신의 이론을 심도 있게 설명했으며, 파동이론의 실질적인 디테일을 꼼꼼하게 알려주었다.

이 기간 내내 엘리어트는 조지 로빈슨_{George P. Robinson}을 위시_{爲始}하여 회계 일을 할 때 알던 사람들과 연락을 유지했다. 로빈슨은 뉴욕시에서 기업 고객에게 서비스를 제공하는 재무 컨설팅 회사를 소유하고 있었다. 엘리어트는 콜린스와 소통하는 동안 로빈슨에게도 파동이론에 대한 내용을 소개했다. 로빈슨은 기업의 재무적 투자 수단으로 주식시장에 갈수록 많은 관심을 기울이고 있었다.

그는 콜린스와 엘리어트를 제외하면 엘리어트의 책이 출간되기 전에 파동이론을 활용한 것으로 알려진 유일한 사람이다. 그와 그의 동료인 토드 베커Todd H. Becker(나중에 토론토에 있는 대표적인 광석 탐사 기업을 위한 투자 매니저가 됨)는 엘리어트의 연구를 진지하게 받아들였으며, 시간을 들여 공부했다. 1937년 3월, 콜린스가 『파동이론과 법칙』을 집필하는 일을 시작하던 무렵, 로빈슨과 베커는 아마도 엘리어트와 소통하면서 그의 새로운 발견을 활용하여 1937년의 고점을 정확하게 예측했다. 베커는 한 전화 통화에서 "너무나 명백히 상승 5파동의 5파동이었다."라고 회고했다.

월가로 향하는 길

1938년, 엘리어트는 파동이론에 깊이 몰두했다. 콜린스가 자신을 영입할 생각이라면, 오직 파동이론의 접근법을 활용하여 주가 예측 서비스를 해야 한다고 주장할 정도였다. 콜린스는 이 조건을 받아들일 수 없었다. 그래도 파동이론을 자세히 알려준 데 대한 감사의 의미로, 또한 두 사람의 합의를 지키기 위해 『파동이론과 법칙』을 완성하고 1938년 8월 31일에 출간했다. 가로 약 22센티미터, 세로 약 28센티미터인 이 책의 저작권은 엘리어트에게 있었으며, 표지 표시 없이 짙은 청색 소프트커버로 인쇄되었다. 발행 부수는 500부로 추정된다.

　『파동이론과 법칙』의 첫 장에는 다음과 같은 내용이 나온다.

"우주가 법칙에 지배된다는 것만큼 폭넓게 받아들여지는 진실은 없다. 법칙이 없으면 혼돈이 발생하고, 혼돈 속에서는 그 어떤 것도 존재할 수 없다. … 인간 역시 태양이나 달처럼 자연의 일부분으로써 존재하며, 인간의 행동이 반복되면 어떤 운율이 발생한다는 측면에서 분석의 대상이 될 수 있다. … 인간의 활동과 관련된 폭넓은 연구는 우리의 사회·경제적 장치를 통해 여과된 모든 내용이 하나의 법칙을 따른다는 사실을 보여준다. 이 법칙은 비슷하게 되풀이되는 인간의 활동을 일정한 수와 패턴을 지닌 파동이나 충격으로 이어지도록 만든다. … 주식시장은 사회적, 경제적 활동에 흔한 파동형 전개를 보여준다. … 우주 전반에 작용하는 법칙처럼 시장에도 나름의 법칙이 있다."

이 획기적인 책이 출간된 지 몇 주 만에 엘리어트는 짐을 싸서 아내와 함께 스탠디시 암스 호텔Standish Arms Hotel로 이사했다. 브루클린 콜럼비아 하이츠Columbia Heights 169번지에 자리한 이 호텔은 브루클린 다리와 이스트 리버East Rvier 맞은편의 로워 맨해튼Lower Manhattan뿐만 아니라 스태튼아일랜드Staten Island, 거버너스아일랜드Governors Island, 자유의 여신상이 모두 보이는 멋진 전망을 제공했다. 게다가 맨해튼 금융지구에서 지하철로 얼마 떨어지지 않았기 때문에 새로운 경력을 시작하기에 이상적인 위치에 있었다. 그곳은 엘리어트가 이전에 월가 레스토랑들을 위해 회계 보고서를 만들면서 익숙해진 지역이기도 했다.

1940년 4월, 엘리어트와 그의 아내는 콜럼버스 공원Columbus Park에서 길 건너편인 브루클린 하이츠Brooklyn Heights의 피어폰트 스트리트_{Pierpont Street} 202번지에 있는 아파트로 이사했다. 엘리어트 개인의 조정 파동(2파동과 4파동)이 로스앤젤레스에서 발생한 반면, 급격한 상승 파동(3파동과 5파동)은 뉴욕시에서 발생했다는 점이 흥미롭다.

엘리어트가 조지 로빈슨과 그의 고객들에게 제공한 행운은 호의로 되돌아왔다. 로빈슨은 엘리어트가 원하면 언제든 자신의 사무실을 쓸 수 있도록 해주었다. 찰스 콜린스도 엘리어트에게 약간의 금전적 지원을 제공하고, 매매 일임 고객을 소개하며, 브로드 스트리트_{Broad Street} 25번지에 사무실을 만들도록 도와주었다. 엘리어트는 이 사무실에서 부자 고객들의 투자금을 운용하기 시작했다.

『파동이론과 법칙』이 발간된 지 3개월 후인 11월 10일, 엘리어트는 오랫동안 작업이 이루어졌던 《시장분석소식지_{Interpretive Letters}》 첫 호를 펴냈다. 이 소식지는 파동이론에 입각하여 시장의 경로를 그려내고 예측했다. 총 4쪽 분량으로 된 소식지는 1938년 11월 10일부터 1945년 8월 6일까지 해마다 3회에서 7회에 걸쳐 비정기적으로(필요한 경우에) 발간되었다. 엘리어트는 처음에 연간 구독료로 60달러를 받았다. 또한 자신의 '논문'과 같다고 밝힌 『파동이론과 법칙』은 계속 15달러에 팔았다. 마침내 다시 자리를 잡은 그는 11년 전에 계획했던 대로 독립적인 사업을 꾸려나갔다.

오랫동안 《배런스_{Barron's}》에 실린 인베스트먼트 카운슬의 광고는 콜린스의 소식지를 '다우이론에 기반한 주간 시장 분석 서비스'로 소개했다. 그러나 『파동이론과 법칙』이 발간된 직후에는 '주요한 경제적, 기술적 추세의 분석'이라는 포괄적인 내용으로 바뀌었다. 콜린스는 더 이상 다우이론에만 의존하지 않고 파동이론도 활용했다. 그러나 콜린스는 소식지나 광고에서 한 번도 파동이론을 언급하지 않았다. 그는 1957년에 해밀턴 볼턴A. Hamilton Bolton에게 쓴 편지에서 이유를 이렇게 설명했다. "제가 설정한 목표 지점의 근거로 '엘리어트'의 이름을 대지 않은 이유는 그의 법칙을 덜 거론할수록 보다 효과적인 도구가 될 것이라고 생각했기 때문입니다." 실제로 콜린스는 당시의 일반적인 시각에 따라 엘리어트에게 파동이론을 과도하게 홍보하지 말라고 여러 번 조언했다. 그는 1963년에 볼턴에게 쓴 편지에서 엘리어트가《파이낸셜 월드》에 실은 글에 대해 같은 의견을 다시 한 번 피력했다.

콜린스의 생각과 달리 엘리어트는 자신의 발견을 공개해야 하는 단계라 믿었으며, 그렇게 해야 한다고 고집했다. 지식을 드러내는 일에 대한 그의 관점은 이미 「중남미의 미래」에서 다음과 같은 구절을 통해 제시되었다. "다행스럽게도 드러난 비밀이 보유자의 개인적 이익을 위해 철저하게 숨겨지던 때는 지났다. 지식을 숨기기보다 전파하는 데서 지속적이고도 진정한 성공이 이루어진다는 사실은 거듭 증명되었다."

콜린스는《파이낸셜 월드》에 정기적으로 글을 실었다. 그는 1939년 초에 엘리어트의 촉구로 편집자들에게 엘리어트와 그의 연구를 소개했다. 덕분에 엘리어트는 파동이론을 다룬 12편의 칼럼을 연재하게 되었다. 《파이낸셜 월드》는 3월 29일에 이 사실을 처음 발표하고 다음과 같이 시리즈를 개시했다.

> "지난 7, 8년 동안 금융 정보지와 투자 자문사들은 사실상 '시스템의 홍수에 휩쓸렸다. 주창자들은 자신의 시스템이 주식시장의 변동을 대단히 정확하게 예측한다고 주장했다. 일부 시스템은 한동안 통하는 것처럼 보였다. 다른 시스템들은 아무런 가치도 없다는 것이 즉시 드러났다. 우리는 모든 시스템을 회의적으로 바라보았다. 그러나 내부 심의를 거쳐서 이 주제에 대한 일련의 글이 독자에게 흥미와 지식을 제공할 것이라는 확신을 갖게 되었다."

엘리어트의 기고문은 4월 5일 자에 처음 실렸으며, 7월까지 정기적으로 연재되었다. 이 칼럼은 투자 업계에서 엘리어트의 명성을 날리는 데 결정적인 역할을 했다. 또한 『파동이론과 법칙』은 재발간되지 않았지만 뛰어난 생존력을 보이면서 오랫동안 다양한 형태로 살아남았다.

파동이론의 확장

1939년 말, 엘리어트는 《파이낸셜 월드》 연재를 끝낸 후 파동이론의 다양한 기술적 측면뿐 아니라 폭넓은 적용 방법에 대한 심층적인 후속 내용을 쓰기 시작했다. 이 글들은 바로 정식 투자 교육

서비스_{Educational Service}로 진화하여 1940년부터 1944년까지 발행되었다. 연간 구독료는 60달러였다. 엘리어트의 초기《투자교육회보_{Educational Bulletin}》의 내용 중 하나는 파동이론을 시장의 행동 패턴에 대한 포괄적인 안내서에서 경제학과 사회학 분야에서도 유례를 찾을 수 없는 집단적인 인간 행동에 대한 연구로 격상시키는 획기적인 내용을 담고 있었다.

콜린스는 1935년 이후 엘리어트에게 자연계에서 피보나치수열이 작동하는 예를 볼 수 있는 책들을 보냈다. 엘리어트는 1940년에 피보나치의 독창적 연구에 대한 발다사레 본콤파니_{Baldassare Boncompagni}의 글과 '역동적 대칭성'에 대해 제이 햄비지가 쓴 두 권의 책을 읽었다. 역동적 대칭성은 유클리드가 자연이 현재 피보나치수열이라고 부르는 것을 의도적으로 활용한 데 따른 설계를 가리키기 위해 쓴 용어였다. 햄비지는 미국의 미술가로서 1924년에 사망할 때까지 기하학의 원리를 미술과 건축에 적용하여 여러 권의 책을 썼다.

엘리어트는 또한 새뮤얼 콜먼_{Samuel Colman}과 C. 아서 코언_{C. Arthur Coan}이 쓴 『자연의 조화로운 통일성: 자연과 비례적 형태의 관계 Nature's Harmonic Unity: A Treatise on Its Relation to Proportional Form』(1912)과 『비례적 형태_{Proportional Form}』(1920) 그리고 시어도어 안드레아 쿡_{Theodore Andrea Cook}이 쓴 『생명의 곡선_{The Curves of Life}』(1914)도 읽었다. 이 책들은 모두 자연의 패턴에서 피보나치 비율의 역할을 논의했다. 엘리어트는 1938년에 펴낸 저서에서 파동이론이 주식시장 데이터

뿐만 아니라 외부 데이터에도 적용된다는 추가적인 발견을 이루었다. 이는 파동이론의 폭넓은 의미를 탐구하도록 이끄는 또 다른 자극제였다.

1940년대 초반 엘리어트는 인간의 감정 및 활동의 조류가 자연이 주재하는 법칙을 따른다는 개념을 완성했다. 이런 사고의 흐름은 첫 저서만큼이나 엄청난 중요성을 지닌 또 다른 글로 결실을 맺었다.

엘리어트는 1940년 10월 1일, 레오나르도 피보나치의 "역동적 대칭성을 이루는 수열"을 처음 분석한 글을 발표했다. 이 글은 '파동이론과 수학 법칙의 연관성How the Wave Principle Works, and Its Correlation with Mathematical Laws'이라는 항목을 덧붙여 "파동이론의 기본The Basis of the Wave Principle"이라는 제목으로 《투자교육회보》에 실렸다. 그는 이 글에서 인간의 집단행동 패턴을 피보나치 비율 또는 '황금률'과 연계시켰다. 이 비율은 오랫동안 수학자, 과학자, 미술가, 건축가, 철학자들이 형태의 발전에 대한 자연의 보편적인 법칙 중 하나로 여기던 수학적 현상이었다.

이 획기적인 글이 지식 절도로 이어지기도 했다. 엘리어트가 소수의 구독자를 상대로 글을 발표한 지 8개월이 채 지나지 않은 1941년 5월 19일, 《배런스》에 에드슨 비어스Edson Beers라는 사람이 쓴 글이 실렸다. 에드슨 비어스는 가운데 이름이 비어스인 에드슨 굴드 주니어Edson Gould Jr.의 가명이었다. 글의 제목은 "단기 투자자들을 위한 새로운 아이디어: '역동적 대칭성'의 원리를 주식시장에 적용하기_{A New Idea for Speculators: Applying the Principles of 'Dynamic Symmetry'}

시장에 적용하기^{A New Idea for Speculators: Applying the Principles of 'Dynamic Symmetry'} to the Stock Market"였다. 굴드는 최초 주창자인 엘리어트의 이름을 언급하지 않고 완전히 새로운 아이디어를 소개한다고 주장했다. 가필드 드루_{Garfield Drew}가 1941년에 펴낸 『주식시장에서 수익을 내는 새로운 방법_{New Methods for Profit in the Stock Market}』에서 이 논쟁을 언급하면서 "비어스가 주가 변동의 패턴에 적용된다고 믿는 역동적 대칭성이라는 요소는 엘리어트가 제시한 '파동이론'의 토대이기도 하다. 엘리어트는 실증적 분석을 통해 이 원칙을 발견했다."라고 밝혔다. 뒤이어 그는 다우지수의 전환점이 나온 다양한 기간에서 비어스가 발견한 피보나치수의 목록을 보여주었다. 엘리어트가 1940년 10월에 발표한 글의 '표 B'에도 비슷한 목록이 나온다. 굴드는 해당 주제에 대한 자신의 글이 1935년 3월에 실렸기 때문에(그때는 고정 시간 주기에 따른 주가 예측을 실었다) 엘리어트의 연구보다 앞섰다고 주장했지만 굴드의 글이 발표된 시기는 이미 6년이 지난 후였다. 우려와 달리 역사는 친절했으며, 수십 년 동안 이어온 탁월한 지적 성취에 대한 공로를 온전히 엘리어트에게로 돌리는 것도 잊지 않았다.

가지 치기

엘리어트는 새로운 관찰과 구상을 통해 뒤이은 《투자교육회보》

에서 자신의 이론을 더욱 확장했다. 당시 발표한 글의 주제는 "기술적 속성Technical Features" "교대Alternation" "파동이론의 기본The Basis of the Wave Principle" "시간 요소의 활용Duration or Time Element" "인플레이션Inflation" "역동적 대칭성" "미국 역사의 두 주기Two Cycles of American History" "운동법칙The Law of Motion" "자연법칙Nature's Law" (2번째 저서의 전신) 등이었다.

엘리어트가 제공한 다른 서비스로는 다음과 같은 것들이 있다.

- '기밀'이라는 표시와 함께 '전통적인 가격'에 판매된 《주가 예측 소식지》: 이 1쪽짜리 회보는 지수와 개별 종목에서 주요 반전이 일어나려 할 때 즉각 조언을 얻고자 하는 사람을 대상으로 투자 타이밍 추천 정보를 제공했다.
- 기업 임원을 대상으로 생산량의 고점과 저점을 감지하는 데 도움을 주기 위한 특별 보고서
- 비구독자가 우표를 붙인 반송 봉투에 파동이론에 대한 질문을 넣어서 엘리어트에게 보낼 수 있도록 하는 '정보'라는 서비스: 엘리어트는 자신이 청구한 요금에 대한 지불이 완료되면 대답을 해주었다. 엘리어트는 "새로운 서비스는 오랫동안 느꼈던 필요를 충족한다."라고 말했다.
- 엘리어트가 제도용 도구로 만들어서 '비율 분할용 자proportional divider'라는 이름을 붙인 61.8% 자: 이 자의 기준점을 옮기면 다양한 비율을 구할 수 있다. 그래서 두 길이 사

이의 비율이 61.8%일 때 계산하지 않아도 확인할 수 있다. 엘리어트는 이 자를 25센트에 팔았다.

엘리어트는 1935년에 "파동은 오류를 저지르지 않는다. 다만 나의 버전은 결함이 있을지 모른다. 근원적 법칙에 가까이 접근할수록 오류는 줄어든다."라고 썼다. 그는 힘든 연구의 덕으로 자신이 파동이론의 유일한 권위자라고 정당하게 여겼다. 권위자로서의 입지를 다지기 위해 『파동이론과 법칙』의 표지에서 이렇게 경고하기도 했다.

> "새로운 현상을 발견하고 이를 세상에 공개하면 자칭 '전문가'들이 바로 나타납니다. 그러나 그들의 의욕과는 별개로 형성 중인 파동을 정확하게 해석하기 위해서는 상당한 경험이 필요합니다. … 저나 저의 제자가 해석한 것이 아니라면 파동이론에 대한 어떤 내용도 사실로 받아들여서는 안 됩니다."

실제로 엘리어트는 뛰어난 제자를 두고 브로드 스트리트 25번지에 있는 작은 사무실에서 비정기적으로 가르쳤다. 뉴욕증권거래소 회원인 캐럴 잔니Carroll Gianni는 1939년부터 1941년까지 때때로 엘리어트에게 파동이론을 배웠다. 1시간 동안 이어진 강의에 격식은 없었지만 엘리어트가 확고한 교수의 위치에 서서 소크라테스식 문답으로 진행되었다고 설명했다.

1940년 11월 2일, 《뉴욕 타임스》는 "비즈니스 및 금융" 섹션

25쪽에 "증권거래위원회가 투자 자문들의 명단을 발표하다"라는 기사를 실었다. 거기에는 뉴욕, 뉴저지, 코네티컷 지역에서 활동하는 605명의 이름이 담겨 있었다. 그들은 1940년 8월 22일에 발효된 투자자문법에 따라 증권거래위원회에 등록한 사람들이었다.

W. D. 간 앤드 선_{W. D. Gann & Son}, H. M. 가틀리_{H. M. Gartley}, 헨리 휠러 체이스_{Henry Wheeler Chase}, 퍼트넘 앤드 코_{Putnam & Co.}, 번스틴 매콜리_{Bernstein MacAulay}, 델라필드 앤드 델라필드_{Delafield & Delafield}, 페너 앤드 빈_{Fenner & Beane}, 스미스 바니_{Smith Barney}, 시어슨 해밀_{Shearson Hamill}, 스펜서 트라스크_{Spencer Trask}, 리먼 브라더스_{Lehman Brothers}, 라우리 앤드 밀스_{Lowry & Mills}, 맨스필드 앤드 스태프_{Mansfield & Staff}, J.&W. 셀리그먼 앤드 코_{J.&W. Seligman & Co.} 그리고 엘리어트의 동료인 조지 P. 로빈슨 등이 그 명단에 포함되었다. 이 명단에 오른 사람들의 수와 질 그리고 법이 발효된 지 얼마 되지 않아서 기사가 나왔다는 점을 고려하면 증권거래위원회에 처음 등록한 투자 자문사 대부분이 포함되었다고 볼 수 있다. 그중에 "랠프 넬슨 엘리어트 파네스톡 앤드 코_{Ralph Nelson Elliott, Fahnestock & Co.,}"가 있다. 엘리어트가 어떤 증권사와 같이 일했는지를 마침내 알려준다.

1941년 8월 31일, 엘리어트는 주요 언론의 주목을 받았다. 《뉴욕 타임스》의 "금융 도서" 코너에 실린 가필드 드루의 『주식시장에서 수익을 내는 새로운 방법』에 대한 서평에서는 엘리어트의 책이 차티스트를 위한 교재이며, 다우이론과 다양한 파생 이론을 깊이 분석하여 차트로 결과를 보여주고 자연적 리듬에 관한 방법론은 시장의 동향을 판단에 도움이 되며 단순한 우연에 따른 것보다 훨씬 정확했다는 찬사가 담겼다.

1941년 12월 30일, 엘리어트의 아내로서 여행, 경력 변경, 투병의 와중에도 곁을 지켰던 메리 엘리자베스가 74세의 나이로 사망했다. 두 사람이 함께한 시간은 39년이었다. 몇 달 후인 1942년 봄, 엘리어트는 월가 63번지로 사무실을 옮겼다.

이 무렵, 엘리어트는 기록상으로는 최소한 한 명의 제자에게 파동이론을 활용할 수 있도록 인가했다. 그 제자의 이름은 리처드 마틴Richard Martin이었다. 그는 1942년 3월부터 8월까지 "파동이론"이라는 제목으로 4개의 시장 소식지를 펴냈다. 엘리어트는 제자로부터도 자신의 이론을 보호하기 위해 만전을 기했으며, 소식지의 저작권을 자신의 이름으로 돌렸다.

엘리어트와 함께한 마틴의 경력은 길지 않았는데, 시장 전망에 대한 엘리어트의 관점에 마틴이 동의하지 않았기 때문일 것이다. 파동이론에 따라 시장의 위치를 보면 가능한 결과가 여러 개 나온다. 엘리어트는 다른 관점에 대해 기꺼이 토론하기는 했지만, 자신의 해석을 마땅히 전문적인 것으로 보고 다른 해석을 허용하지 않았다.

마틴은 한동안 사라졌다가 1943년에 『트렌드 액션, 새로운 예측 방법론Trend Action, A New Method of Forecasting』이라는 책의 저자로 재등장하여 엘리어트와 비슷한 시장 분석 방법론을 제안했다. 하지만 마틴은 프랭크 텁스Frank H. Tubbs가 개발하여 1929년에 "텁스 분석법$_{\text{Tubbs Analytics}}$"이라는 강연의 일환으로 발표한 시스템을 다듬은 것이라고 주장했다. 한때 텁스는 엘리어트가 자신의 발견을 훔쳐 갔다고 주장하기도 했다. 그러나 남아 있는 관련 자료를 보면 텁스의 분석법은 엘리어트의 파동이론과 외형적 유사성 말고는 전혀 비슷하지 않다. 따라서 모든 표절 의혹은 근거가 없다.

1940년대 상반기 내내 엘리어트는 철학, 예술, 역동적 대칭성, 수학, 물리학, 식물학, 심지어 이집트학과 피라미드학까지 추가로 연구했다. 그가 읽은 기사 중 하나는 "당신의 감정적 주기를 아십니까$_{\text{Do You Know Your Emotional Cycle?}}$"이었다. 《레드북》 1945년 11월호에 실린 이 기사는 렉스포드 허시 박사의 연구를 다룬 것이었다. 허시 박사는 인간 감정의 주기성(현재는 생체리듬이라고 불림)을 발견한 과학자였다. 엘리어트는 또한 브라운 랜던이 쓴 『대피라미드에 숨겨진 멜기세덱의 예언』과 피타고라스학회 회장인 존 마나스 박사가 쓴 『삶의 수수께끼를 풀다』 그리고 일부는 『자연의 법칙』의 끝에 나오는 참고문헌 목록에 실린 다른 책들을 읽었다. 그의 개념은 나중에 그가 '자연의 법칙'과 '우주의 비밀'이라고 부른 것에 맞는 완전한 형태를 갖추게 되었다.

1944년 이전의 한 시점에 엘리어트는 철학연구회$_{\text{Philosophical Research Society}}$의 설립자인 맨리 홀$_{\text{Manly P. Hall}}$과 서신을 나누었다. 철학연구회는 캘리포니아주 로스앤젤레스에 있는 민간 연구 및 교육 조직이었다. 홀은 '우주적 지혜'의 비밀에 대한 인류의 연구를 기록하고, "우주의 모든 것은 영원히 성장한다."라고 주장했다. 이런 주장은 『자연의 법칙』을 쓸 때 엘리어트의 사고에 영향을 끼쳤을 지도 모른다.

이 무렵 엘리어트는 오랜 친구이자 투자 자문인 조지 로빈슨의 사무실이 있는 월가 14번지로 거의 매일 찾아갔다. 로빈슨 밑에서 일하던 직원인 하워드 페이_{Howard Fay}는 엘리어트와 친구가 되었고, 브루클린 하이츠에 있는 그의 집을 여러 번 방문했다. 페이는 엘리어트에 대해 '지적이고 명민하지만 가끔 성질을 부리며' 자신의 생각에 동의하지 않는 사람들에 대한 참을성이 부족하다고 평했다.

1945년 무렵, 엘리어트는 격월로 발간되고 갱신되는 월간 차트 서비스인 그래픽스 스톡스_{Graphics Stocks}를 광고해 줄 만큼 자리를 잡았다. 그의 제자들에게는 차트가 필요했다. 배급업체인 F. W. 스티븐스_{F. W. Stephens}는 엘리어트가 파동 운동의 원칙을 그려내는 데 이상적이라고 추천하면 장사에 도움이 될 것이라고 생각했다. 연간 구독료는 50달러였다.

까다로운 시장 분석 사업을 하는 것과 광범위한 철학적 사고를 하는 것, 그리고 회계사로 일하던 경력을 살려서 『바로 배우는 농장 세금 회계_{Farm Tax Accounting as You Go}』라는 건조한 실용적 소책자를 썼다는 사실은 매우 아이러니하다. 이 책은 1945년 1월에 발간되었다. 마치 살날이 몇 년 남지 않은 엘리어트가 탐구와 사고의 여러 방면으로 가지를 칠 뿐만 아니라 오랫동안 계획했지만 아직 마무리하지 못한 프로젝트들을 끝내려는 것 같았다.

마지막 시간

생의 마지막 3년 동안 엘리어트의 고객들은 계속 그에게 연락을 했다. 주된 목적은 시장의 단기적 변동에 대한 조언을 구하는 것이었다. 그는 새로운 일감을 구하는 일을 중단했다. 마지막《시장분석소식지》를 쓴 것은 1945년 8월이었다. 그해 남은 시간과 1946년이 시작되고 5개월은 결정적인 작업이라고 여겼던 것이 분명한『자연의 법칙: 우주의 비밀』을 완성하는 데 쓰였다.『자연의 법칙』은『파동이론과 법칙』의 일부를 담았으며, 추가적인 발견과 관찰을 포함했다. 이 내용들은 그동안《투자교육회보》와《시장분석소식지》에서 자세히 소개되었다. 이 마지막 책은 파동이론에 대한 이론과 관련된 거의 모든 생각을 집대성했다.

『자연의 법칙』을 읽은 사람은 그가 개척자였다는 사실을 염두에 두어야 한다. 그의 발견 중 다수는 정립되는 동안 기록되었으며, 보기 좋게 편집할 시간이 거의 없었다. 75세의 나이에 여전히 빈혈로 고생하던 엘리어트는 파동이론에 대한 마지막 생각을 최대한 빨리 책에 담아야 한다고 생각했다. 시급성이 책의 구성보다 더 중요했다. 엘리어트는 노령과 질병이 자신을 완전히 따라잡기 전에 책을 펴내기 위해 이전의 글과 책에서는 뚜렷이 드러나던 꼼꼼한 구성보다 속도와 포괄성을 택했다. 실제로 많은 부분이《투자교육회보》에 실린 내용 그대로 삽입되었다.

『자연의 법칙』은 시간을 갖고 구상했다면 갖추었을 일관성이 결여되어 있다. 그럼에도 투자 관련 문헌에는 중대한 기여를 했다. 뉴욕 소재 저널인 《사이언스 에듀케이션_Science Education_》 1947년 2월호(31권, 1호)에는 A. W. H.가 쓴 호평이 실렸다.

> 'R. N. 엘리어트, 『자연의 법칙: 우주의 비밀』 뉴욕 월가 63번지, 1946, 64페이지.
>
> 이 소책자는 저자가 자연의 법칙이라고 부르는 것과 관련된 이론을 소개한다. 그의 이론은 리듬, 주기성, 생명 활동의 수학적 관계에 대한 개념을 토대로 삼는다. 이 모두는 개인적, 사회적 삶에서 모두 작용한다. 이 책에서 논의되는 내용은 주로 주식시장에 대한 것이다. 하지만 이집트의 피라미드, 피타고라스, 그리고 사람의 감정적 주기와 관련하여 허시도 언급된다. 64쪽에 걸쳐 많은 도표와 수학적 계산이 나온다. 마지막 장에는 저자가 신청자를 대상으로 제공하는 3가지 서비스 그리고 뉴욕의 배급업체가 정한 요금에 따라 주식 차트를 제공하는 서비스가 광고된다.'

엘리어트는 거의 5년 동안 혼자 살았다. 이 무렵 살아 있는 가족은 누나 메이뿐이었다. 먼저 간 아내의 가족은 뉴저지주 어퍼 몽클레어_Upper Montclair_에 사는 조카 마르셀라 톰슨 매킨슨_Marcella Thompson Makinson_, 캘리포니아에 사는 마르셀라의 형제들 밀턴 주니어_Milton Jr._와 랠프 톰슨_Ralph Thompson_ 밖에 없었다. 하워드 페이가 전한 바에 따르면 이 시기에 엘리어트는 스탠디시 암스 호텔에 있는 자신의 아파트에서 아주 외롭게 살아갔다. 그래도 가끔 두어 명의 월가 친구들이 찾아왔다. 로드 애벗Lord Abbott의 중개인이자 나중에 키더 피보디Kidder Peabody의 부사장이 되는 로버트 맥라우리Robert MacLaury가 그중 한 명이었다. 맥라우리는 엘리어트가 너무 아파서 시내로 나가지 못할 때면 종종 사업과 관련된 우편물을 가져다 주었다. 가필드 드루는 1948년에 펴낸 『주식시장에서 수익을 내는 새로운 방법』에서 증권사인 프랜시스 I. 듀폰 앤드 코Francis I. du Pont & Co.에서 일하는 존 싱클레어John C. Sinclair라는 또 다른 친구를 언급했다. 그는 싱클레어를 엘리어트의 '협력자'라 칭했다. 아마도 엘리어트가 파동이론의 해석자로서 승인했다는 뜻일 것이다.

엘리어트는 1946년 7월과 12월에 적어도 2쪽 분량의 정기 기고문을 추가로 발표했다. 그러나 고질적인 빈혈이 그를 괴롭히면서 다시 건강을 심각하게 해쳤다. 1947년 무렵 월가 친구들은 브루클린에 있는 감리교 병원Methodist Hospital에 입원하여 건강 검진을 받아보라고 설득했다. 아마도 같은 친구들이 6월 14일에 그가 킹스 파크 스테이트 병원Kings Park State Hospital으로 옮기도록 도와주었을 것이다.

뉴욕에 있던 정신요양시설은 요양병원 기능도 겸하며 선도적인 시스템을 갖춘 곳이었다. 거기서 엘리어트는 기본적인 필요가 충족되는 가운데 생의 마지막 기간을 보냈다. 엘리어트와 콜린스는 가끔 만나고 편지를 나누면서 계속 친구로 남았다. 전해지는 이야기에 따르면 엘리어트는 만년에도 대부분의 기간에는 맑은 정신을 유지했다. 그의 사망진단서에는 그가 사망 직전에 전형적인 치매 상태에 있었다고 기록되어 있다.

엘리어트는 1948년 1월 15일 오전 8시 50분에 사망했다. 사망 원인은 고질적으로 발생했던 심근염이었다. 심장근육에 생긴 만성 염증이 동맥경화증으로 이어진 것이었다. 이전 경력에서 강제로 은퇴하게 만든 아메바성 감염처럼 이 질병도 중남미에 머물던 시절 걸린 것이 거의 확실하다. 중남미에서는 기생충 감염으로 생기는 샤가스병_{Chagas' disease}이 고질적 심근염을 일으키는 경우가 잦으며, 초기 감염 후 수년이 지난 다음에 사망에 이르기도 한다.

어떤 전직 트레이더가 전한 바에 따르면 친구들이 십시일반으로 화장 비용을 모았다고 한다(고인에게 가족이 없을 경우의 관행). 화장은 이틀 후 뉴욕주 미들 빌리지_{Middle Village}에 있는 프레시 폰드 화장장_{Fresh Pond Crematory}에서 이루어졌다.

페어차일드 선스 장례식장_{Fairchild Sons Funeral Home}의 기록에 따르면 화장 절차를 진행한 사람은 엘리어트의 처조카(아내의 여동생인 애너의 딸)로서 뉴저지주 몽클레어에서 오랫동안 살았던 마르셀라 매킨슨이었다. 그녀는 6년 전에 메리의 유해를 인수했던 것처럼 이번에도 엘리어트의 유해를 인수했다. 당시 기록을 살펴보던 장례식장의 직원은 지금까지 근무하면서 이보다 간소한 기록을 보지 못했다고 말했다. 매킨슨은 엘리어트의 직업을 '투자 자문'이라고 기록한 것 외에는 별다른 세부 정보를 제공하지 않았다. 《뉴욕 타임스》는 1948년 1월 17일에 다음과 같은 부고를 실었다.

"랠프 넬슨 엘리어트, 1948년 1월 15일, 고 메리 F. 엘리어트의 남편

1월 17일 토요일 오후 1시 브루클린 페어차일드 장례식장에서 장례식 거행.

가족장"

1953년 12월 18일, 로스앤젤레스에서 60년을 산 엘리어트의 누나 메이가 88세의 나이로 사망했다. 그녀는 로스앤젤레스 잉글우드 공원묘지에 부모와 나란히 묻혔다. 그녀에게는 자녀가 없었다. 엘리어트도 자녀를 갖지 않았기 때문에 직간접적인 후손이 없었다.

06

엘리어트 이후의 파동이론

엘리어트 사후에는 제자 중 누구도 스승이 중단한 집필 작업을 이어가려고 시도하지 않았지만, 그가 남긴 유산은 대단히 강력한 것이었다. 엘리어트의 개념은 해당 시기에 큰 성공을 거둔 예측가들의 분석에 지대한 영향을 미쳤다. 그러나 엘리어트의 이름과 파동이론이 진정으로 생명력을 유지하도록 만든 사람은 몬트리올에 있는 볼턴 트람블레이Bolton-Tremblay의 명민한 애널리스트인 해밀턴 볼턴이었다.

당시 증권 중개인이었던 볼턴은 1939년 봄과 여름에 엘리어트가《파이낸셜 월드》에 기고한 글들을 읽었다. 그는 뉴욕에 갔을 때 한두 번 엘리어트에게 연락했으며, 엘리어트가 죽을 때까지 지속적으로 서신을 나누었다.『자연의 법칙』이 발간된 해인 1946년에 해밀턴 볼턴과 모리스 트람블레이_{Maurice Tremblay}는 자산운용사를 만들고 《뱅크 크레디트 애널리스트_{Bank Credit Analyst}》를 펴내기 시작했다. 매월 발행됐던 이 시장 분석지는 은행 신용 통계와 주가 추세의 관계에 대한 볼턴의 선구적인 연구를 토대로 삼았다. 볼턴은 '펀더멘털' 분석법에 따른 예측으로 지속적인 성공을 거두었다. 그 결과 투자 업계, 특히 기관투자자들 사이에서 날이 갈수록 명성이 높아졌다.

볼턴이 핵심 자료로 삼은 것은 은행 신용 통계였다. 그러나 콜린스와 프로스트 그리고 다른 사람들과 나눈 수많은 서신을 보면 그가 파동이론에 매료되었다는 사실이 드러난다. 그는 월간 분석지를 펴낸 지 5년 후에 당시 '엘리어트 파동이론'으로 불리던 내용을 토대로 시장을 공개적으로 분석하는 일에 나서기로 마음먹었다. 이 주제에 대한 첫 글은 1953년에 《뱅크 크레디트 애널리스트》 "부록"에 실렸다. 거기에는 장기적인 강세 전망이 제시되어 있었다. 당시 대다수 애널리스트가 주가를 고점이라고 보던 상황에서 이는 과감했을 뿐 아니라 정확한 전망이었다.

볼턴의 분석은 대단한 인기를 끌었다. 그래서 매년 4월마다 연간 특집으로 엘리어트 파동이론을 다룬 부록이 발간되었다. 볼턴의 사려 깊은 논평과 파동이론을 통한 예측의 성공은 월가가 13년 동안 파동이론에 관심을 갖게 만들었다. 엘리어트의 파동이론은 가필드 드루의 『주식시장에서 수익을 내는 새로운 방법』 1955년 판에 요약본이 실리면서 다시 한 번 약간의 동력을 얻게 된다.

볼턴은 1960년에 금융분석가협회Financial Analysts' Federation 회장으로 재직하는 동안 『엘리어트 파동이론: 비판적 평가The Elliott Wave Principle: A Critical Appraisal』라는 책을 펴냈다. 이는 엘리어트가 쓴 『자연의 법칙』 이후 처음으로 파동이론을 다룬 책이었다.

볼턴은 이 책에서 999포인트에서 다우의 주요 고점이 형성될 것이라는 유명한 예측을 했다. 실제로 다우는 6년 후 거의 정확하게 그 지점에 이르렀다. 볼턴은 또한 (이름을 언급하지 않은 채) 1932년에 정상적인 대형 주기의 저점이 나왔다는 콜린스의 개념, 1942년에 13년에 걸친 삼각형 파동에 따른 정상적인 저점이 형성되었다는 엘리어트의 개념, 1949년에 21년에 걸친 삼각형 파동에 따른 정상적인 저점이 형성되었다는 자신의 해석을 담았다. 파동이론을 공부하는 사람들 사이에서 나온 의견 불일치는 10년 동안 지속되었다. A. J. 프로스트가 회고한 바에 따르면 볼턴은 사망하기 몇 달 전에 21년에 걸친 삼각형 파동에 대한 생각을 바꾸고 1932년에 정상적인 저점이 나왔다는 콜린스의 의견에 동의했다. 뒤이은 시장의 동향은 이 파동에 대한 판단이 정확했음을 확인시켰다.

10년 고점이자 주기 파동 Ⅲ의 고점이 나온 지 이틀 후인 1966년 2월 11일, 볼턴은 이전에 두어 번 만난 적이 있던 콜린스에게 편지를 썼다. 4월에 발간될 《뱅크 크레디트 애널리스트》 1966년 부록에 실을 글을 써달라고 요청하는 편지였다. 콜린스는 이 글에서 시장에 대한 자신의 생각을 밝히면서 자신과 엘리어트의 관계에 대한 이야기를 들려주었다.

뒤이어 그는 주식시장의 파동을 중간 주기, 기본 주기, 주요 주기, 대형 주기, 초대형 주기로 나누는 방법을 설명한 후 1942년부터 이어진 주기 파동의 고점을 정확하게 파악했다. 동시에 그는 뒤이은 4파동이 대규모 A-B-C 형태로 구성될 것이며, 궁극적으로 산업 지수가 약 525선까지 떨어질 것이라고 예측했다. 당시 산업 지수가 1,000포인트에 가까웠고, 약세론자가 드물었다는 사실을 고려하면 콜린스의 예측은 실로 탁월했다. 생각하기 힘든 결과를 예측했을 뿐 아니라 그대로 실현되었기 때문이다. 콜린스가 예측한 대로 1966~1974년 조정장은 산업 지수가 570포인트(장중)에 이르면서 끝났다. 8년 전 예측치보다 겨우 45포인트 높은 지점이었다.『해밀턴 볼턴의 엘리어트 파동이론 전집The Complete Elliott Wave Writings of A. Hamilton Bolton』(1993)에 그와 콜린스의 전체 논평이 실려 있다.

A. J. 프로스트는 볼턴 트람블레이의 관리 담당 부사장으로서 1960년부터 1962년까지 볼턴과 함께 일했다. 그는 볼턴의 가장 가까운 친구가 되었고, 계속 친분을 유지했다. 그들은 자주 서신을 나누었으며, 시장과 파동이론에 대해 자세히 논의했다.

1967년 4월 5일 볼턴이 사망한 후 프로스트는 엘리어트 파동이론에 대한 부록을 쓰는 일을 맡았다. 그는 1967년 부록을 썼으며, 1968년 부록은 러셀 홀Russell L. Hall과 같이 썼다.《뱅크 크레디트 애널리스트》가 스토리 베크 앤드 어소시에이츠Storey, Boeckh &

_{Associates}에 인수된 후 엘리어트 파동이론과 관련하여 마지막으로 발행한 문헌은 프로스트가 쓴 1970년 부록이었다. 거기에는 시간 수치를 활용하여 당시 진행 중이던 약세장이 572포인트에서 바닥을 칠 것이라는 유명한 계산이 담겨 있었다. 지수는 4년 후 572.20포인트에서 저점을 찍었다. 『A. J. 프로스트와 리처드 러셀의 엘리어트 파동이론 관련 저작_{The Elliott Wave Writings of A. J. Frost and Richard Russell}』(1996)에 프로스트가 쓴 전체 논평이 실려 있다.

파동이론은 1970년대에 대중의 시야에서 멀어졌다. 소수의 책과 기사에서 간략하게 소개된 경우를 제외하면 앞서 언급한 리처드 러셀과 로버트 베크먼_{Robert C. Beckman}이 『런던 주식시장에 적용한 엘리어트 파동이론_{The Elliott Wave Principle as Applied to the London Stock Market}』(1976)에서 논의한 내용이 이 시기에 해당 주제를 가장 야심차게 다룬 것이었다.

엘리어트의 연보

1871년   7월 28일 탄생.

1885년   웨스턴 유니언에서 전신수로 일하기 시작(14세).

1896년   본격적으로 철도 회계 분야 전문성을 키움(25세).

1902년   메리 엘리자베스 피츠 패트릭과 결혼(31세).

1908~
1909년   멕시코중앙철도 감독관으로 재직.

1909년   어머니 버지니아 넬슨 사망.

1912년   멕시코전국철도 특별 감사로 근무.

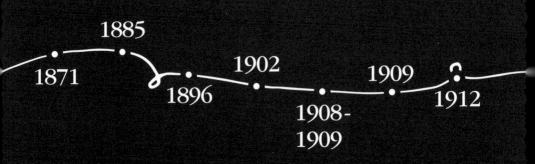

Ralph Nelson Elliott's Life Timeline

1913년   베라크루즈 터미널회사 재직.

1914년   프론테라 운수회사 대표.

1917년   타이프라이터 인스펙션 컴퍼니 재직 중 5월에 아버지 프랭클린 엘리어트 사망. 7월 블레이크
          모핏 앤드 타운 수출 담당으로 재직.

1919년   7월~12월 피어스 오일 코퍼레이션의 회계 감사로 재직.

1924년   월간 잡지《티룸 앤드 기프트숍》편집진 합류.

1925년   국무부 소속 니카라과 담당 회계 책임자로 임명. 그러나 6월에 귀국.《레스토랑 앤드 티룸
          저널》폐간. 중미국제철도 총괄 감사 재직.

1917

1924

1913

1914

1919

1925

엘리어트의 연보

1926년   저서 『티룸과 카페 경영』 발간, 미발간 원고 「중남미의 미래」 집필.

1927년   이질아메바로 인한 소화기 질환으로 귀국.

1929년   고질적 고열, 세균성이질, 체중 감소를 동반한 악성 빈혈로 원치 않는 은퇴.

1932년   주식시장의 동향을 연구하는 본격적으로 일에 몰두하기 시작.

1935년   콜린스에게 17쪽으로 구성된 글, 『파동이론과 법칙』을 보냄. 투자 전문가 모두가 비관
        적인 전망을 하는 가운데 13개월에 걸친 조정이 끝나고 반등할 것임을 파동이론을
        통해 정확하게 예측.

1938년   8월 31일, 콜린스와 작업한 저서 『파동이론과 법칙』 출간. 11월 10일 《시장분석소식지》
        첫 호 펴냄.

1939년   4월 5일 《파이낸셜 월드》에 12편의 칼럼 연재 시작.

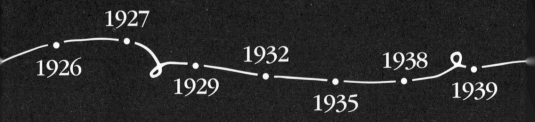

Ralph Nelson Elliott's Life Timeline

1940년   《뉴욕 타임스》"비즈니스 및 금융 세션" 투자 자문 명단에 이름을 올림.

1941년   12월 30일 아내 메리 엘리자베스 74세의 나이로 사망.

1945년   1월 『바로 배우는 농장 세금 회계』 출간. 8월 마지막 《시장분석소식지》 연재.

1946년   마지막 저서 『자연의 법칙: 우주의 비밀』 발간.

1947년   친구들의 도움으로 킹스 파크 스테이트 병원에 요양을 위해 입원.

1948년   1월 15일 오전 8시 50분 생을 마침.

1960년   엘리어트 사후에 해밀턴 볼튼이 쓴 『엘리어트 파동이론: 비판적 평가』 출간.

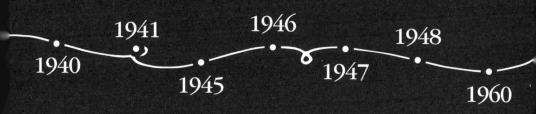

1940   1941   1945   1946   1947   1948   1960

기술적 분석의 시작과 끝
엘리어트 파동이론

초판 1쇄 발행 2022년 9월 20일
초판 2쇄 발행 2023년 1월 31일

지은이 랠프 넬슨 엘리어트
옮긴이 김태훈
펴낸이 김동환, 김선준

책임편집 정슬기　**편집팀장** 심미정
책임마케팅 권두리　**마케팅** 이진규, 신동빈
책임홍보 유준상　**홍보** 한보라, 이은정, 유채원, 권희
디자인 김세민　**조판** 이세영　**표지 일러스트** 김옥

펴낸곳 페이지2북스　**출판등록** 2019년 4월 25일 제 2019-000129호
주소 서울시 영등포구 여의대로 108 파크원타워1. 28층
전화 02) 2668-5855　**팩스** 070) 4170-4865
이메일 page2books@naver.com
종이 ㈜ 월드페이퍼　**인쇄·제본** 한영문화사

ISBN 979-11-90977-79-1　04320
　　　　979-11-90977-97-5　04320(세트)